집단지성이란 무엇인가

we-think

우 리 는 나 보 다 똑 똑 하 다

집단지성이란 무엇인가

| 찰스 리드비터 지음 · 이순희 옮김 |

21세기북스
www.book21.com

KI신서 1753

집단지성이란 무엇인가

1판 1쇄 발행 2009년 5월 28일
1판 5쇄 발행 2012년 4월 1일

지은이 찰스 리드비터 **옮긴이** 이순희
펴낸이 김영곤 **펴낸곳** (주)북이십일 21세기북스
부사장 임병주 **출판개발실장** 주명석 **기획편집** 이용우
마케팅·영업본부장 최창규 **영업** 이경희 정병철 **마케팅** 김현섭 김현유 강서영
출판등록 2000년 5월 6일 제10-1965호
주소 (우413-756) 경기도 파주시 문발동 파주출판단지 518-3
대표전화 031-955-2100 **팩스** 031-955-2151 **이메일** book21@book21.co.kr
홈페이지 www.book21.com **트위터** @21cbook **블로그** b.book21.com

ISBN 978-89-509-1812-5 03320
값 13,000원

완벽하지는 않지만, 나는 개방된 공동의 논의방식으로 집단지성에 대한 글을 쓰려고 노력했다. 이 책은 수많은 다른 사람들의 아이디어에 의존하고 있다. 이들에 대해서는 〈감사의 말〉에 언급해놓았다. 이 책을 절반쯤 썼을 때, 나는 문득 협업적 창조성Collaborative Creativity에 대한 글을 지금까지의 방식대로 쓰는 것은 어울리지 않는다는 생각이 들었다. 여기서 지금까지의 방식이란 세상과는 고립된 채 책상에 앉아서 자기만의 생각에 빠져 글을 쓰는 것을 말한다. 그래서 나는 프로파일 출판사의 지지를 받아 웹사이트에 초고를 그대로 올렸다. 그리고 사람들이 내려받아 읽고 의견을 제시할 수 있도록 했다. 독자들은 위키 버전으로 텍스트를 변경해 친구와 동료에게 배포할 수도 있었다. 나는 그 텍스트가 물수제비를 뜨는 돌멩이처럼 웹상의 수많은 링크를 따라 통통 튀어 다니도록 내버려두었다.

저자가 이런 행동을 하는 것은 언뜻 무척 엉뚱해 보일 것이다. 적어도 두 가지 면에서 말이다. 첫째, 몇몇 사람이 지적했듯이, 원고를 미리 무료로 배포한다면 과연 책이 출간되었을 때 살 사람이 있을까? 나는 책 판매에는 그다지 나쁜 영향을 미치지 않을 거란 예감이 들었다. 이 예감이 틀리지 않다는 것은 이런 종류의 다른 실험을 통해 확인할 수 있다. 원고의 다운로드 횟수가 늘어날수록 이 책에 대해 사람들이 주고받는 이야기 또한 점점 늘어날 것이고, 그러다 보면 사람들이 책을 살 가능성은 점점 높아질 테니까. 당신이 지금 읽고 있는 이 글은 웹에 처음 올린 원고와는 매우 다르다.

둘째, 왜 사람들이 뻔히 보는 앞에서 더러운 속옷을 빨려고 하는가? 누군가에게 초고를 보여주는 것은 초조하고 불안한 일이다. 틀리고 빠뜨린 부분도 있을 테고, 큰 실수도 있을 수 있다. 그래서 나는 평소에는 아내에게만 원고를 보여준다. 전혀 알지도 못하는 수많은 사람들에게 미리 원고를 공개하는 까닭은?

원고를 온라인에 올린 2006년 10월 이후로 다운로드 횟수는 하루 평균 35번이었고, 그 내용과 관련해 사이트에 올라온 의견은 거의 150개였다. 250개 이상의 블로그에 이 책 이야기가 게시되었으며, 유용한 정보를 알려주고 싶어하는 사람들이 내게 200여 통의 이메일을 보내왔다. 2007년 말, 이 책 제목과 내 이름에 대한 구글 검색 결과는 6만 5,600건에 이르렀다.

협업적 창조성과 관련한 이 작은 실험은 성공한 걸까? 하기야 잔혹하게 군 사람은 없었다. 악의를 품은 공격이나 욕설 또한 없었다. 물론 초기 방문자들 중에는 몹시 회의적인 반응을 보인 사람들이 있었다. 사이트에 오른 최초의 의견은 열정적인 아일랜드 출신의 블로거가 올린 것이었는데, 그 요지는 '당신은 자신에 대해 어떻게 생각하느냐? 나는 여러 해 동안 블로그를 운영해온 사람이다. 대체 당신이 블로깅에 대해 뭘 아느냐?'는 것이었다. 내 아이디어에 대해 "어처구니없다" 또는 "진부하다"고 말한 사람도 있었다. 어떤 사람은 다른 사람들이 나를 위해 책을 쓰게 하고 그들의 자발적인 기여를 이용해 돈을 버는 것이 현명한 행동인지 의심하기도 했다. 나중에 어떤 방문자는 다른 사람들이 참여한 것임을 확인할 수 있도록 텍스트에 '참여하고 싶으면 이곳을 누르세요'라는 버튼을 넣으라고 제안했다. 그는 인터넷상에 수많은 위조 서적들이 돌아다닌다면서 조심하지 않으면 누군가에게 아이디어를 도둑맞을 수 있다고 경고했다.

내 서투른 맞춤법과 문법에 대해서는 모두들 너그러웠다. 많은 사람들이 독자가 쉽게 참여할 수 있는 온라인 출판의 개선방안을 내놓았다. 내가 디자인한 댓글 시스템은 무척 번거로웠다. 릴리 에반스는 이 책을 아이팟 세대를 위해 컨텐츠를 자유자재로 옮길 수 있게 제작해야 한다고 지적했다. 데이브 포손은 사람들이 텍스트에 주석을 달 수 있도록 되어 있는 오픈소스 소프트웨어를 소개해주었다. 많은 사람들이 이 논의를 넓혀가는 데 도움이 된다 싶은 자료와 링크, 사례들을 알려주었다. 맷 핸슨은 수백 명의 회원이 참여하고 있는 '천사들의 무리'라는 오픈소스 영화제작 프로젝트를 소개했다. 밴쿠버의 산드라는 휴대폰을 이용한 사용자제작 만화 캐릭터에 대해 설명했다. 책이 출간되기 전에도 내가 제안한 아이디어를 쓰겠다고 밝힌 사람들이 있었다. 네덜란드의 미셀 슈워츠와 그의 친구들은 웹상의 원고 1장에 있었던 아이디어를 기리는 뜻에서 '비치The Beach'라는 이름의 씽크탱크를 만들었다. 우리가 만났을 때 그들은

'우리는 공유한다, 고로 존재한다'는 아이디어를 소개했고, 나는 이 아이디어를 1장의 제목으로 골랐다. 한국 기업 삼성에서 TV제작 일을 한다는 어떤 사람은 내 원고를 읽고 사내 TV채널을 만들려고 하는데 조언을 구한다는 내용의 이메일을 보내왔다. 폴 마크는 인도의 외진 지역을 발전시키기 위해 참여를 유도하는 접근방법을 장려하고 있다고 말했다.

많은 사람들이 시간을 들여 자세한 의견을 달아주었다. 덕분에 나는 의욕이 돋았고, 책 내용은 더욱 알차졌다. 브리스톨의 미란다 모우브레이는 어느 토요일 아침에 매우 유익한 장문의 이메일을 보내왔다. 그래서 나는 민중문화의 부활에 대해 생각하게 되었다. 경영 컨설턴트인 나이젤 에클레스는 열 가지의 유익한 비판으로 내 과도한 열의를 진정시켰다. 제레미 실버는 자기 회사 시벨리우스에 관해 내가 쓴 내용을 바로잡아주었다. 뉴욕의 팀 설리번은 다양성과 창조성에 관한 스콧 페이지의 저작을 알려주었다. 이 저작은 내 사고에 큰 영향을 미쳤다. 그러나 가장 지속적인 관심을 보내온 사람은 만나본 적도 없고 이야기를 나눈 적도 없는 하이코 스팔렉이었다. 피츠버그대학의 치과학 조교수인 그는 내 원고를 꼼꼼히 읽고서 틀리고 빠뜨린 부분을 짚어주었다. 그는 자신이 경험한 흥미로운 이야기와 책의 결론까지 직접 써 보냈다. 그가 쓴 결론은 텍스트와 함께 온라인에 올려두었다.

내 집단지성 실험은 미약하나마 부분적으로 성공을 거두었다. 나는 이 실험을 통해 여러 가지를 깨달았다. 이런 실험을 제대로 하려면 시간이 많이 걸리고 하루도 소홀히 할 수가 없다. 자신이 계획했던 곳이 아니라 전혀 다른 곳, 즉 웹 여기저기에 흩어져 있는 수많은 블로그나 사이트에서 대화가 이루어진다. 사람들을 신뢰하고 뭔가를 개방하면 사람들은 즉각 반응을 보인다. 그러나 이런 실험을 하려는 사람은 불편할 만큼 투명하게 살아야 한다. 나는 누가 보더라도 맞춤법이 서투르고 언제 마침표를 찍어야 할지 잘 모르는 사람이다. 사람들은 동기가 생겨야만 기여를 한다. 내 책에 기여한 사람들은 대부분 처음에는 기여를 하는 데 별 관심이 없었다. 그런데 무엇 때문에 기여한 걸까? 그들은 '자신'의 삶 속에서 '자기 스스로' 흥미를 느끼는 일들과 관계를 맺고 싶어했다. 이 실험의 성공비결은 서로의 이익을 위해 이런 개인적인 관심사를 모은 것이다. 내가 또다시 책을 쓴대도 반드시 이 방법을 쓸 것이다. 다음에는 충분한 시간 여유를 두고 온라인에 자료를 올리고 사람들이 쉽게 의견을 제안할 수 있도록 해서, 그 주제에 대해 충분히 논의하고 구상하고 기여할 수 있는 기회를 사람들에게 제공할 것이다.

하지만 이 책이 전적으로 협업을 통해 만들어졌다고 말할 수는 없다. 전통적인 편집과정이 몹시 중요한 역할을 했다. 출판사는 내 원고를 보자마자 도로 돌려주면서 다시 써야 한다고 말했다. 출판사의 판단이 옳았다. 온라인 협업자들 중에는 그런 말을 할 만큼 대담한 사람이 없었다. 그들은 대부분 나를 격려하고 싶어했다. 나는 엄청난 시간을 들여 모든 정보를 정확히 파악하려고 노력하면서 원고를 뜯어고쳤다. 고통스러운 마지막 탈고과정에서 나보다 글솜씨가 훨씬 나은 아내 제랄딘 베델이 내 진부한 글을 다듬어주었다.

나는 열린 방식으로 책을 집필하기 위해 시도한 이 작은 실험을 통해 아이디어를 개발하고 논의하는 데 더 많은 사람들을 참여시킬 수 있는 큰 가능성을 보았다. 그렇다고 원고의 완성을 도와주는 전문작가와 편집자가 필요없다는 말은 아니다. 이 책에서 주장하는 것처럼 성공적인 저술의 비결은 전문가와 아마추어, 개방되고 협업적인 작업 방식과 폐쇄적인 전통 방식을 적절히 결합하는 방안을 찾는 것이다.

원고를 온라인에 올리기 직전에 나는 처제 친구인 폴리 콜스에게 계획을 설명했다. 그녀는 잠깐 생각하더니 이렇게 말했다. "그러니까 진짜 의도는 책을 쓰는 것 자체가 아니라 대화를 하는 거군요." 그렇다. 바로 그것이 내가 이 책을 쓴 의도다. 이 책은 대화의 산물인 동시에 대화를 지속시키는 수단이다. 중요한 것은 책을 통해 대화를 시작하고 지속시키는 과정이다. 이 책의 가치는 그런 대화방식, 사람들이 아이디어를 자신에게 맞게 개작하는 방식에 있다.

내가 이 책에서 의도한 것은 폐쇄적으로 진행되는 일반적인 저술 과정을 개방하는 것이었다. 책이라면 보통 하드커버의 완벽한 형태로 출간되었다가 몇 달 뒤 보급판 페이퍼백으로 나온다. 나는 온라인에 다양한 원고, 즉 책 출간에 앞서 미리 글을 올리는 방식을 활용하면, 일반적인 방식보다 훨씬 빨리 공적인 인생을 시작할 수 있음을 보여주고 싶었다. 이런 방식을 활용하면 출간된 뒤에도 그 책은 더 오래, 더 다양한 생애를 보낼 수 있다. 이 종이책 외에도 나는 내 웹사이트에 다운로드해서 읽을 수 있도록 1~3장 내용과 독자들이 직접 자신의 의견과 추가 사항, 참고문헌을 덧붙일 수 있는 위키 버전, 그리고 이 책의 요지를 설명하는 4분 길이의 유튜브 동영상과 파워포인트를 올려두었다. 또한 처음 원고에는 있었지만 최종 편집과정에서 빠진 다량의 자료들도 올려놓았다. 그중에는 여러 도시에서 이루어지는 공동의 창조활동 관련 자료들과 노르웨이의 몇몇 섬에서 이루어지는 혁신적인 공유방식에 대한 소개글이 들어 있다. 내가 구상했다가 포기한 여러 가지 책 제목도 포함되어 있다.

이 책을 읽는 독자들도 대화과정에 참여해 의견을 밝히고 자신의 글을 추가할 수 있다. 내 웹사이트를 꼭 방문하라는 말은 아니다. 하지만 내가 자신의 생각을 알고 있는지 확인하고 싶은 독자가 있다면, www.charlesleadbeater.net을 방문해 의견을 남겨주길 바란다.

■ 차례

공유하는 인간의 탄생과 미래

한 젊은이가 구김살이 진 침대맡에 일렉트릭 기타를 들고 앉아 있다. 커다란 창문으로 쏟아져 들어오는 햇빛이 그의 가냘픈 몸을 감싸고 있다. 햇빛이 등 뒤에서 역광으로 비치는 데다 야구 모자를 쓴 채 고개를 숙이고 있어 얼굴은 잘 보이지 않는다. 곧 연주가 시작되는데, 이 동영상의 백미는 다름 아닌 그의 손가락이다. 연주 내내 그는 전광석화처럼 아주 빠르고 현란하게 그리고 쉼 없이 손가락을 놀린다. 그가 연주하는 곡은 요한 파헬벨의 바로크 명곡 〈캐논 D 장조〉로, 원곡을 복잡하게 변주한 록 버전이다. 〈캐논〉은 원래 하프시코드, 콘트라베이스, 세 대의 바이올린으로 연주하도록 작곡된 곡이지만, 요즘에는 결혼식과 텔레비전 광고에 널리 쓰이고 있다. 하지만 동영상에서는 이 곡을 파격적인 록 스타일로 연주하고 있는 것이다.

동영상의 주인공은 웹에서 펀투Funtwo라는 이름으로 알려진 한국인 기타리스트 임정현이다. 동영상에서 그는 타이완의 아마추어 기타리스트 제리 창Jerry Chang이 일렉트릭 기타로 연주하도록 편곡한

<캐논>을 연주하고 있다. 거의 독학으로 기타를 배운 임정현은 제리 창의 밴드 웹사이트에서 록 버전으로 <캐논>을 연주하는 동영상을 보고 감명을 받아, 그 웹사이트에서 악보와 반주 트랙을 내려받아 연습했다. 임정현은 펀투라는 이름으로 자신의 침실 연주 동영상을 한국의 악기 커뮤니티 겸 음악 사이트인 뮬Mule에 올렸고, 화질이 그다지 좋지 않은 이 동영상은 기타90이라는 닉네임을 쓰는 네티즌의 눈에 들었다. 평소 유튜브에 동영상을 올리곤 하던 기타90은 펀투의 기막힌 연주를 더 많은 사람들에게 소개하려고 이 동영상을 유튜브에 올렸고, 곧 폭발적인 반응을 불러왔다. 이 동영상의 길이는 5분 21초. 이 동영상이 유튜브에 게시된 지 약 3년 만인 2008년 말, 펀투의 기타 연주 동영상을 본 사람들의 수는 5,100만 명에 이르렀다. 이들이 시청한 시간을 모두 더하면, 약 2억 7,200만 분이 넘는 셈이다.[1]

'펀투 현상'의 의의를 가장 분명히 밝히기 위해, 세계적인 스타가 되는 과정에서 그가 '하지 않았던' 일이 무엇인가를 따져보기로 하자. 펀투가 자기 연주를 들어줄 청중을 찾기 위해 직접 연주하고 촬영한 침실 연주 동영상을 웹에 게시하는 대신, 다른 경로 즉 BBC 같은 세계적인 미디어 조직을 찾아가기로 했다면 어땠을지 상상해보자.

펀투는 먼저 무수히 많은 채널과 부서, 담당부장, 복잡한 직함과 위계 사이에서 누구를 붙잡고 이야기해야 하는지를 파악해야 하는 상황에 맞닥뜨렸을 것이다. 펀투가 오랫동안 기다려서, 두 번 세 번 간청한 끝에 간신히 어느 담당부장과 만날 약속을 잡았다고 하자. 사실 펀투는 담당부장과 같은 대학 출신도 아니고 런던 소호에 있는 미디어계 사교장인 그루초 클럽의 회원도 아니기 때문에, 현실적으로 이런 약속을 잡을 가능성은 거의 없다. 하지만 지금은 그런 의혹을 잠시 접어두고, 펀투가 모든 장애물을 극복하고 어느 막강한 담당부장을 만나러 간 장면을 상상해보자. 그들 사이에서는 아마 이런 대화가 오갔을 것이다.

담당부장 그러니까 동영상을 만들고 싶다는 얘기인데, 어떤 내용으로 만들려는 건가?

펀투 직접 일렉트릭 기타를 연주하는 걸 찍고 싶습니다.

담당부장 그럼 방음장치와 조명기기가 갖춰진 스튜디오에서 찍게 되겠지?

펀투 아뇨. 그냥 제 침실에서 만들면 될 것 같습니다. 햇빛도 잘 들고 조용하거든요.

담당부장 자네가 연주하는 동안 동영상은 누가 찍나? 연출자와 음향 엔지니어, 카메라맨은 있나? 우리와 자주 거래하는 프로덕션 회사와 함께 일하는 거 아닌가?

펀투 아뇨. 그냥 삼각대 위에 비디오카메라를 설치하고 렌즈를 제 쪽으로 고정해놓으면 됩니다. 아주 간단해요.

담당부장 어딘가에 출연해서 연주해보거나 연출해본 경험이 한번이라도 있나?

펀투 없습니다.

담당부장 동영상 시간은 어느 정도 예상하지?

펀투 아주 짧을 겁니다. 5분 21초쯤이면 될 걸요.

담당부장 아, 문제가 있군. 우리는 아무리 짧아도 30분 이상이 되는 프로그램만 진행하지. 좀 더 길게 하는 게 좋겠어. 근데 이 동영상은 언제 내보낼 생각인가?

펀투 오늘 오후에 만들 수 있으면 바로 오늘 저녁에 내보내면 해요.

담당부장 하하, 굉장하군. 자네가 세상 물정을 모르는 것 같으니, 설명을 좀 해주지. 우리는 앞으로 9개월 동안 일정이 꽉 차 있어. 현재 상황에서는 최소 일 년간은 다른 걸 내보낼 수가 없다구. 우리는 아주 많은 시청자들을 상대해. 그래서 우리는 유명인 위주로 나가야 하는 거지. 스타 진행자들과 〈레디 스테디 기타Ready Steady Guitar〉나 〈스트릭틀리 기타Strictly Guitar〉 같은 구성으로 말이야. 미안하네. 마지막으로 하나만 묻겠어. 내 태도가 지나치게 회의적이라고 생각하지 않았으면 좋겠네. 자네는 대단히 재능이 있는 사람 같으니까. 그런데 얼마나 많은 사람이 자네의 기타 연주를 보고 싶어할 거라고 생각하나?

펀투 5,100만 명쯤이요.

담당부장 하하, 대단한 익살이군.

펀투의 동영상과 관련해서 주목해야 할 점은, 그는 이런 난관에 부딪힐 필요가 전혀 없었다는 사실이다. 그는 이런 경로를 거치지 않고도 간단하게 연주와 촬영, 업로드와 공유를 할 수 있었다. 그는 누구의 허락도 받을 필요가 없었다.

바로 이것이 엄청난 변화다.

펀투는 자신이 원하는 것을 제작하고 이를 수백만 명에게 보여주기 위해, 따로 담당부장의 승인을 받을 필요가 없었다. 제리 창이 〈캐논〉을 새롭게 편곡할 때 누구의 허락도 받을 필요가 없었던 것과 마찬가지다. 펀투는 악보와 반주 트랙을 내려받을 때도 제리 창에게 허락받을 필요가 없었다. 기타 90은 뮬에 게시된 펀투의 동영상을 내려받아 유튜브에 올리기 위해서 펀투에게 허락받을 필요가 없었다. 펀투의 연주를 흉내내고 개작해서 자기 나름의 동영상을 만든 수많은 사람들 역시 펀투에게 허락을 받지 않았다. 이런 일들은 그냥 하기만 하면 되는 일이었다. 몇 달 전에 계획을 짜고 일정을 잡을 필요도 없이 말이다.

웹에서 큰 인기를 얻는 작품 대부분이 그렇듯이, 펀투의 동영상은 고독한 천재가 만들어낸 작품이 아니다. 펀투는 전통적인 방식으로 단련된 세계적인 일렉트릭 기타 연주자들이 꾸린 좁은 공동체를 들여다볼 수 있는 기회를 열어놓았다. 이들은 열정적으로 연주하고, 공유하고, 서로의 연주에 대해 의견을 나눈다. 이들은 전형적인 프로앰Pro Am(전문가 수준의 식견과 기술을 지닌 열정적 아마추어 집단)이다. 프로앰들은 돈이나 명성을 위해서가 아니라 단지 좋아서 연주를 하지만, 열정적으로 서로에게 배우기 때문에 연주의 수준이 대단히 높다. 많은 분야에서 프로앰들은 음악, 영상, 소프트웨어, 혹은 텍스트 등 컨텐츠를 그 어느 때보다 쉽게 제작하고 발표하고 공유하고 있다. 공동체들은 그 어느 때보다 쉽게 이런 활동을 중심으로 조직을 꾸려 공유하고, 공동으로 제작하고 배우고 있다. 이런 상황은 광범한 영향을 미칠 수 있는 새로운 현상을 낳는다. 즉 사람들은 사무실과 여러 관료적 절차 및 위계 등 무수히 번잡한 관문을 거치지 않고 저렴한 비용으로 새로운 방식의 조직화를 이룰 수 있다. 집단적인 자기표현과 자체조직화 능력은 새로운 방식으로 조직을 꾸리고 협업활동을 할 수 있는 새로운 대안들을 창조한다.

표석과 조약돌

1980년대 중반의 미디어, 정보, 문화산업을 조사한다고 상상해보라. 정보와 엔터테인먼트 대부분을 제공하는 이들 산업은 우리가 세계에 접근하는 것을 필터링하고 세계를 인식하는 방식을 규정한다. 이런 상황은 해변의 넓은 모래밭에 굉장히 커다란 표석標石 몇 개가 서 있고, 그 주위에 많은 사람들이 모여 있는 광경과 비슷하다. 이 표석들은 거대 미디어 기업들이다.

이런 표석들이 등장하게 된 것은 미디어산업의 높은 고정비용 때문이었다(신문사의 경우에는 인쇄기, 방송국의 경우에는 스튜디오 등이 필요하다). 이런 산업들은 신중하게 규제되었으며, 방송용 주파수처럼 이같은 자원들은 희귀한 것이었다. 이런 사정이 있기 때문에 미디어산업의 진입장벽은 대단히 높았다. 미디어 사업을 새로 시작하려는 사람은 먼 길을 걸어와야 했다. 새로운 표석을 해변으로 굴려오는 것은 많은 사람과 돈, 기계를 필요로 하는 일이었다.

1980년대 중반, 기업가 에디 샤는 영국 북부를 기반으로 한 전국신문인 〈투데이〉라는 표석을 세우려 했고, 그의 시도는 전국적인 장기 파업을 야기했다. 루퍼트 머독은 뉴스 코퍼레이션이란 표석을 런던의 한 지역에서 다른 지역으로 옮김으로써 논란을 일으켰고, 이것은 또 다른 장기적인 논쟁을 초래했다. 채널 4는 해변의 새로운 표석으로 등장하면서 물의를 빚었고, 나중에는 독립제작사의 형태로 여러 개의 표석을 번식시켰다. 1990년대에 들어와서는 프랑스의 미디어 그룹 비방디가 대서양 양편에 있는 여러 개의 표석을 하나로 합치겠다는 계획을 내놓았으나, 그 계획은 실현되지 않았다. 그라나다, LWT 같은 영국의 상업방송사들은 하나로 통합하여 ITV라는 대형 표석을 세웠다. WPP와 TBWA 등 거대 광고 회사들은 또 다른 표석들이다. 최근까지 표석들은 중심가에만 위치하고 있는 사업들이었다.

이번에는 같은 해변에서 5년의 세월이 흐른 뒤의 모습을 상상해보라. 아주 커다란 표석들은 여전히 드문드문 보이지만, 그 가운데 상당수는 우후죽순 솟아오르는 자갈들의 기세에 압도당하고 있다. 잠시도 눈을 떼지 않고 해변을 지켜보고 있으면, 수십만 명의 사람들이 와서 자갈을 떨어뜨리는 모습을 볼 수 있다. 자갈들 중 일부는 대단히 작은데, 블로그 게시글이나 유튜브에 올린 댓글 등이 그렇다. 좀 더 큰 자갈들은 펀투의 동영상 혹은 리눅스 같은 복잡한 오픈소스 소프트웨어 프로그램의 코드 등이다. 사람들이 저마다 원하는 대로 자갈을 떨어뜨리기 때문에, 각양각색의 자갈이 만들어내는 어지러운 행렬은 특별한 규칙이 없이 계속해서 이어지고 있다.

자갈들은 새로운 사업을 뜻한다. 웹이 키워내고 있는 새로운 조직 형태들은 모두 자갈과 관련된 사업들이다. 구글 등의 지능형 검색엔진은 우리가 찾고 있는 자갈의 위치를 알려주는 것을 목표로 삼고 있다. 구글은 조만간 어지러운 해변 대부분을 조직화하겠다는 주장을 내놓을 것이다. 사용자제작 무료 온라인 백과사전인 위키피디아는 사실이라는 자갈들의 거대한 집합이다. 유튜브는 동영상이라는 자갈들의 집합이고, 플리커Flickr는 사진이라는 자갈들이 모여 있는 앨범이다. 페이스북Facebook, 마이스페이스MySpace, 링크트인Linked In 등의 소셜 네트워킹 사이트는 비슷비슷한 자갈들, 즉 친구들이나 동일한 관심사를 가진 사람들을 연결시켜 준다. 미니 블로그 서비스를 제공하는 트위터Twitter는 무수히 많은 아주 작은 자갈들로 이루어진 수많은 집합의 탄생을 돕는다.

기묘한 일이지만, 아주 작은 자갈들 가운데는 거대한 표석들보다 더 막강해 보이는 것들도 있다. 유튜브에 고든 브라운 영국 총리가 채널을 열었던 같은 주에, 찰리이스소쿨라이크charlieissocoollike라고 알려진 십대 블로거가 채널을 개설해 세상사를 보는 자신의 시선을 공개했다. 그로부터 일 년 뒤, 브라운 총리 채널의 구독자 수는 6,000명에 지나지 않았지만, 그 십대 블로거의 채널 구독자수는 무려 8만 5,000명에 달했다.[2]

아직도 많은 사업체들이 표석들에게 컨텐츠와 재원, 조언과 아이디어를 제공함으로써 표석들의 존재를 유지하는 데 기여하고 있다. 아직도 많은 사람들이 표석들에게 고용되어 있다. 그러나 역동적으로 성장하는 사업은 자갈들과 관련된 사업이다. 물론, 정보와 미디어 사업은 표석에서 자갈로 이행하는 과도기의 가장 선두에 서 있다. 웹은 정보와 미디어 사업에 매우 직접적인 영향을 미치기 때문이다. 그러나 훨씬 전통적인 부문들 역시 머지않아 자갈들의 위력을 감지하게 될 것이다. 머지않은 미래에 소비자들과 노동자들은 소셜 웹을 이용해서 검색을 하고 아이디어를 공유하면서 자라날 것이고, 결국 수평적이고 자유로우며 반半구조화된 결합이라는 웹 문화를 탄생시킬 것이다.

새로운 조직 환경은 우리 주위의 모든 것을 규정지을 것이다. 과학 연구는 엄청난 양의 자갈들을 조직하는 문제에 그 어느 때보다 더 집중하게 될 것이다. 젊은 과학자들, 특히 생물정보학 같은 새로운 분야에 종사하는 젊은 과학자들의 하루 일과를 예로 들어보자. 그들은 수백 개의 데이터 뱅크를 이용하고, 전자 연구노트 소프트웨어를 이용해서 실험을 기록하고, (대개 블로그와 위키를 통해서) 그 결과를 일상적으로 공유하며, 소셜 네트워크를 통해서 전 세계에 걸쳐 연결된 다학제적 연구팀 안에서 활동하고, 오픈 액세스 온라인 저널의 형태로 연구결과(여기에는 실험과 원 데이터에서 사용된 소프트웨어의 오픈소스 버전들이 포함된다)를 발표한다. 초중고등학교와 대학교 역시 표석들이다. 이들 표석 역시, 다양한 원천에서 정보를 뽑아내고 동료들과 공유하고 서로 배우는 방식으로 자갈 사업에 참여하려는 학생들을 상대해야 하는 경우가 날이 갈수록 늘어나고 있다.

잠시 짚고 넘어가자면, 버락 오바마의 백악관 입성을 가능하도록 한 것은 바로 자갈 조직을 새로운 고지로 끌어올린 선거운동이었다. 오바마의 선거운동은 웹을 기반으로 해서 유권자들의 마음을 움직이고, 선거자금을 모으고, 지지자들을 조직하고, 미디어를 관리하고, 정치적인 공격을 수행하는 방법과 관련해 새로운 원칙을 만들어냈다. 부시 대통령 선거본부의 고문역을 맡았던 마크 맥키논은 〈뉴욕타임스〉에서 2008년은 "선거운동이 전혀 상상하지 못한 방식으로 인터넷에 영향을 미친 해이고, 우리가 빛보다 빠른 속도로 움직인 해이며, 패러다임이 완전히 역전되어 하향식이 아니라 상향식이 된 해"라고 말했다. 이런 대변동의 상당 부분은 유튜브에서 일어났다.

유튜브에서는 블랙 아이드 피스의 윌 아이 엠이 오바마의 연설문에 힙합 음악을 붙여 만든 〈예스, 위 캔Yes, We Can〉이 조회수 1,130만을 기록했고, 오바마 후보에게 홀딱 반한 젊은 여성을 그린 동영상 〈오바마 걸〉이 조회수 1,030만을 기록했다. 사람들은 자갈들을 한데 모음으로써, 그 어떤 상황에서도 무수히 많은 방법(대개는 대단히 규모가 작고 국지적인 방법)으로, 목표물을 찾아내고 영향력을 행사하고 목적한 바를 이루어가고 있다.

일부 회사들은 자갈들을 이용한 이윤창출 방법을 찾으려고 노력하고 있다. 표석들은 낡고 무겁고 성가신 것일 수 있지만, 표석들은 내리막길을 걸으면서도 여러 가지 이윤창출 방법을 시도하고 시험한다. 자갈들의 집합을 이용한 이윤창출법을 찾는 것은 더구나 더 어려운 일이다.

자갈들 가운데는 눈에 띄게 아름답고, 반짝거리고, 좀처럼 찾기 힘든 정교한 모양을 가진 것들이 있다. 이처럼 높은 가치를 지닌 자갈들은 인기 절정의 컴퓨터게임 같은 것이다. 일부 투자자들은 시벨리우스Sibelius와 거라지밴드GarageBand 같은 음악 소프트웨어 등 특별한 일을 하는 자갈들에게 관심을 가진다. 비유하자면 물수제비뜨기에서 수면을 스치며 날아가는 돌들 말이다.

흰색 자갈들만 모아서 한 줄로 늘어놓는다거나 완전한 구형의 자갈들만 모으는 식으로, 자갈들을 한데 모아서 특정한 형태로 구성하는 것도 가치 있는 일이다. 이것은 소셜 네트워킹 회사들의 활동 영역이다.

마지막으로, 해변에 커다란 그릇을 가져다 놓고 그 안에 자갈들을 차곡차곡 쌓아서, 멀리서 보면 표석처럼 보이는 커다란 물체를 만들어내는 사람도 있다. 이런 그릇들, 예를 들면 유튜브, 플리커, 위키피디아는 사람들이 자신의 컨텐츠를 한데 모아서 눈에 띄게 하는 방식이다. 이렇게 쌓아올린 자갈 무더기는 얼핏 보기에는 표석과 구분이 되지 않는다. 모양은 흡사하지만, 이 둘은 실제로는 전혀 다른 원료로 이루어져 있다. 표석은 표면적에 비해서 부피가 대단히 크다. 즉, 표석은 외부보다 내부가 더 크다. 그렇기 때문에 표석은 내성적이고, 내부에 초점을 맞추는 경향이 있다. 반면에, 자갈들은 부피에 비해서 바깥 표면적이 대단히 넓다. 자갈 하나의 부피는 표석 하나의 부피와는 비교할 수 없을 만큼 아주 작다. 이런 까닭에 자갈들은 외부 일에 눈을 돌리는 경향이 많다.

이 책을 쓰는 동안, 나는 해변에 자갈을 떨어뜨렸다. 그것은 무료로 이용할 수 있도록 온라인에 올린 이 책의 초고와 완성된 책, 그리고 유튜브에 올린 4분짜리 동영상이다. 이 동영상은 편투나 〈오바마 걸〉만큼 압도적인 수치는 아니지만, 9개월 동안 약 10만 건의 엄청난 조회수를 기록했다. 이 동영상은 한 동안 몇몇 나라의 유튜브에서 교육 부문 조회 순위 10위 안에 들기도 했다. 내 아이디어는 책을 통해서보다 동영상을 통해서, 더 광범하게, 더 젊은 청중들에게 전파될 수 있었다.

또한 그 동영상은 내가 자갈들 사이에서 무질서하게 움직이고 있는 생명들과 마주치도록 만들었다. 동영상이 오른 초기에 아스트리큰 astriQn이라는 사람이 이런 댓글을 달았다. "진지하게 묻습니다. 찰스, 당신이 사는 행성은 하늘이 무슨 색입니까? 몽상에 빠져 헤매는 이런 백치 증상은… 터무니없을 만큼 바보 같은 생각을 하는 것입니다."

나는 우리 집 정원에 있는 내 집필실 책상에 앉아 이 댓글을 한동안 들여다보았다. 표석들로 이루어진 예의 바르고 통제된 세계의 장점은 사람들이 상대방을 몽상에 빠져 헤매는 백치라고 부르는 일이 없다는 것이다. 적어도 면전에 대놓고는 말이다. 나는 정원을 지나 집으로 건너가서 아내에게 자문을 구했다. 아내는 매정하게 말했다. "인터넷이란 게 원래 그렇잖아요. 당신 대체 뭘 바라는 거예요?"

곧 댓글이 늘어났다. 회의적인 입장도 있고, 옹호를 하는 입장도 있고, 말도 안 되는 소리로 여기는 입장도 있고, 고마워하는 입장도 있었다. 협업적인 웹의 경제학과 관련해서는 아스트리큰 같은 회의적인 관점을 드러내는 사람들이 많았다. 가령 시프트페이스샘Shiftfacesam은 '무엇을 공유하느냐가 우리를 규정한다' 라는 나의 좌우명이 어떻게 식탁에 빵을 올려놓는 데 도움이 되겠느냐고 물었고, 스페이스라인스Spacelines는 "당신 의견에 전적으로 동의합니다. 철학적인 면에서 말이지요. 지금 당장 내가 해야 할 일은 내가 공유하려고 내놓은 아이디어를 인정해줄 사회와 공익사업체와 슈퍼마켓을 짓는 것입니다"라고 조롱했다. 노트북플러스Notebookplus는 이 문제를 간결하게 표현했다. "공유를 하게 되면 거래는 어떻게 하지요? 먹고 살기 위해서는 거래를 해야 합니다."

실제로 이런 회의적인 입장은 경제 문제를 넘어서서, 인터넷이 좋은 것이냐 아니냐는 문제까지 뻗어갔다. 이드포오파이브Idd405의 의견은 이랬다. "인터넷의 단점은 누구나 편견에 치우친 잘못된 정보를 내놓을 수 있으며, 사람들은 그것을 믿을 것이라는 점입니다. 확실한 정보를 찾는 것이 훨씬 어려운 일이기 때문입니다.” 몇 분만에 로리파트rorypart의 반격이 있었다. “확실한 정보는 수많은 도서관 안 보다는 웹상에 훨씬 많이 있습니다.” 크록세븐오쓰리Crock703는 다른 입장을 취했다. “인터넷은 현실적인 커뮤니티가 아닙니다. 인터넷에 는 얼굴이 없잖아요.”

인간적인 본성이 웹이 제공하는 협업적이고 창조적인 기회를 누 릴 수 있도록 허용하는가에 대해서 많은 사람들이 의문을 제기했다. 대니로드로스DannyLordLoss는 몇 가지 요인에 대해서 이야기했다. “그것은 좋은 아이디어입니다. 그러나 인간은 그것을 제대로 해낼 수 없을 겁니다. 욕심이 지나치게 많으니까요.”

나의 아이디어에 대해 회의적인 사람들도 많았지만, 열광하는 사 람들도 그에 못지않게 많았다. 메드휴Medhue는 이런 요인들을 포착 해서 다음과 같은 글을 올렸다. “인터넷은 오늘날의 세계에서 가장 큰 해방의 힘을 가지고 있다고 생각합니다. 인터넷 덕분에 각국 정부 들이 더 정직하게 행동하고 있지 않습니까? 창조적인 사람들을 위한 가능성은 무한히 열려 있습니다.” 위키드위크엔드Wickedweekend는 이 아이디어를 이렇게 요약했다. “가장 많이 공유하는 사람이 가장 많이 얻는다.” 애덤크로미어AdamCromier와 휴앤크라이뮤직HueandCryMusic 은 아이디어와 정보를 공유하면서 수익을 얻을 수 있는 사업모델이 있다고 주장했다.

인터넷이 미치는 영향이 좋은 것인가 나쁜 것인가를 두고 논쟁은 계속 이어졌다. 회의적인 반응 뒤에는 지지하는 글이 이어졌는데, 이는 사회에서, 그리고 우리 머릿속에서 벌어지고 있는 폭넓은 토론을 반영하는 것이었다. 웹이 문화·경제·정치에 미치는 영향에 관한 논쟁은 좋은 것이냐 나쁜 것이냐, 찬성이냐 반대냐 하는 간단한 문제가 아니다. 그것은 어느 누구도 감당할 수 없을 만큼 복잡한 것이며, 아직 진행 중인 대규모 실험이다. 이 거대한 실험실에는 아주 어두운 구석이 있을 가능성이 높다. 약관의 한국 청년이 자신의 침실에 앉아 5,100만 명에게 손을 뻗을 수 있는 세계에서, 사전에 계획을 짠다는 것은 불가능한 일이다. 미국 대선 기간에 활동한 자원봉사자들에 따르면, 유권자들은 인터넷을 통해서 예전보다 더 많은 의문을 제기하고, 더 많은 정보를 얻게 되었으며, 정보를 탐색하는 능력 역시 높아졌다. 그러나 더 많은 유권자들이 험담과 소문에 휩쓸리게 되는 단점도 있다. 예전 같으면 저녁뉴스 시간에 보도된 속보가 다음날 조간신문에 게재되었지만, 이제는 뉴스 사이클이 초고속으로 긴밀하게 전개되고 있다. 결국 여러 가지 문제를 제기할 수 있는 기회는 늘었지만, 그 문제에 대해서 생각할 시간은 줄어들었다는 이야기다.

여기서 인터넷의 미래에 대한 상이한 (중첩되는 경우가 많은) 관점을 5가지로 나누어 살펴보자. 물론 이 관점 중 둘 이상을 동시에 지지하는 사람도 있을 수 있다는 점은 감안하기 바란다.

인터넷의 미래에 대한 5가지 관점

첫 번째 관점은 인터넷이 과도하게 부풀려져 있다는 것이다. 인터넷은 사람들이 예전부터 늘 해오던 일을 더 빠르게 하고, 더 많은 사람들에게 손을 뻗을 수 있게 해주는 도구일 뿐이라는 것이다. 이베이eBay는 벼룩시장이자 경매 시스템이다(여기까지는 전혀 새로울 것이 없다). 이베이는 그런 시스템에 인터넷의 규모와 속도를 적용했을 뿐이다. 아마존닷컴은 예전과는 다른 방식을 이용하기는 하지만, 아무튼 고객의 문전까지 상품을 배달하는 것이 사업의 본질이라는 점을 생각하면, 전혀 대단할 것이 없는 사업이다. 빌 게이츠는 한때 이런 입장에서 인터넷을 대수롭지 않게 여겼다. 1990년대 말 '닷컴' 붐 이후, 많은 사람들이 비슷한 입장에서 인터넷에 대한 반감을 표시했다. 당시 일부 학자들은 웹은 CB 라디오(개인 간 단거리 무선통화 시스템으로 트럭 기사나 오토바이 운전자 등이 주로 이용한다)와 비슷해질 거라고 주장했다.

이 관점에는 어느 정도 옳은 면이 있다. 인터넷은 우리가 늘 하던 일들을 다른 방식으로 할 수 있게 해주는 도구다(내 아이들은 텔레비전 프로그램을 볼 때 유튜브를 이용한다). 그러나 웹을 단순한 도구라고 할 수는 없다. 웹은 사람들이 단순히 시청하고, 사고, 팔고, 클릭하는 활동을 넘어서서, 훨씬 많은 일을 할 수 있게 해준다. 마이크로소프트는 그 후 입장을 바꾸었다. 2008년, 마이크로소프트는 웹을 기반으로 하여 '클라우드cloud' 컴퓨팅을 허용하는 새로운 전략을 발표했다. 클라우드 컴퓨팅은 컴퓨터 사용자들이 자신의 컴퓨터에 소프트웨어를 설치하지 않고도 웹상에서 구름처럼 떠돌아다니는 수많은 공유 프로그램(이메일, 일정관리, 공유 문서 등)을 이용하여 작업을 하는 방식이다. 마이크로소프트조차 자갈들을 연결시키는 일의 미래 가치를 인정하고 있는 것이다.

두 번째 관점은 인터넷은 당연히 사회에 큰 영향을 미치지만, 인터넷이 일반화되기까지는 극도의 낙관주의자들이 주장하는 것처럼 짧은 시간이 아니라 훨씬 오랜 시간이 걸릴 것이라는 입장이다. 기술 변화란 것은 늘 그런 식이다. 기술 진보로 인한 엄청난 생산성 증대는 기술 자체가 혁신 초기의 활기를 잃어서 아무런 이음새도 남기지 않고 일상생활에 녹아들어갈 때에 이루어진다. 전기밥솥의 버튼만 누르면 취사가 되고, 자동차 열쇠만 돌리면 점화장치가 가동되는 걸 생각해보라. 성공적으로 안착한 기술들을 이용할 때 사람들은 애써 고민하지 않는다. 웹의 접근성과 신뢰도, 사용자 편의성은 갈수록 개선되고 있지만, 웹이 사람들 대부분에게 제2의 본성이 되려면 아직 멀었다. 이런 회의적인 관점의 대표주자는 기술사학자인 데이비드 에저튼David Edgerton이다. 저서 《구식 기술의 충격The Shock of the Old》에서 그는 기술 변화가 급격하게 진행되는 경우는 드물고, 물레방아, 마차, 라디오 같은 구식 기술이 완전히 사라지기까지는 우리가 생각하는 것보다 오랜 시간이 걸린다고 주장한다.

이런 관점은 웹에 대한 우려를 가진 사람들에게 약간의 위안을 준다. 웹이 일상화되기까지는 애초에 생각했던 것보다 많은 시간이 남아 있구나 하고 말이다. 웹으로 인한 변화는 급격하게 전개되지 않고 서서히 전개될지도 모른다. 그러나 에저튼의 관점이 옳다면, 웹이 대중적으로 확산된 지난 십 년 동안 우리가 목격한 변화, 예컨대 음반산업의 지각변동, 미국 신문산업의 급격한 쇠퇴, 청년 잡지의 무더기 폐간, 구글 등 새로운 미디어의 잇따른 탄생 등은 빙산의 일각에 지나지 않는 것일 수 있다. 우리는 향후 50년 동안 이런 변화를 겪게 될 것이다. 게다가 인터넷 기술이 널리 확산되어 여세를 몰아가게 되면, 변화의 규모는 훨씬 더 커질 수 있다.

세 번째 관점은 소수이지만 목청이 큰 집단이 주장하는 것이다. 그들은 웹이 이미 사회에 커다란 영향을 미치고 있는데, 그 영향은 대개 부정적이라고 주장한다. 이런 관점의 대표주자는 《아마추어 숭배 The Cult of the Amateur》의 저자 앤드류 킨Andrew Keen과 《빅 스위치》의 저자 니콜라스 카, 위키피디아의 공동 설립자인 래리 생어Larry Sanger, 그리고 뇌과학자인 수잔 그린필드Susan Greenfield이다.

이들의 주장에 따르면, 웹은 우리가 진실과 허구, 지식과 가설, 사실과 뜬소문을 분별할 수 있도록 도와주는 전문가, 프로페셔널, 각종 연구기관의 권위를 무너뜨리고 있다. 웹은 그 대신에 소란스러운 일반 대중에게 권한을 넘겨주고 있고, 전문가들은 수준 낮은 아마추어들에게 압도당하고 있기 때문에, 진위를 식별하기란 갈수록 어려워지고 있다는 것이다. 이런 회의적인 관점은 저널리스트, 교사, 학자, 사서 등 웹에 위협을 느끼는 수많은 프로페셔널들에 의해 되풀이되고 있다. 표석은 성가신 것일 수 있지만, 표석은 어떤 정보가 공표되기 전에 질 좋은 정보를 질 나쁜 정보 속에서 걸러냈다. 그러나 웹의 세계에서는 먼저 정보가 공표되고, 그 후 사람들이 그에 대해서 어떤 반응을 보이는가에 따라서 질 좋은 정보가 걸러진다.

니콜라스 카와 수잔 그린필드는 웹과 컴퓨터에 대한 의존성이 독자적인 사고의 능력을 갉아먹고 있다는 우려를 표명한다. "구글이 우리를 바보로 만들고 있다"가 니콜라스 카가 내세우는 경구다. 우리는 검색엔진이 내놓는 답에 대해 그것이 무엇을 의미하는지, 어디에서 나온 것인지 꼼꼼히 따져보지 않고 덥석 받아들인다. 수잔 그린필드의 주장에 따르면, 스크린은 우리의 사고를 자극에 의존하게 만든다. 인간은 스스로 문제를 제기하고 비판적으로 사고하는 존재로서의 특징을 잃어버렸다. 그린필드는 또한 웹이 프라이버시에 대한 생각을 무참하게 갉아먹고 있다고 우려한다. 젊은 사람들은 온라인을 통해서 공공연히 노출된 생활을 하기 때문에, 자기정체성에 대한 확고한 생각을 확립하고 그것을 보호하는 능력을 잃어버리게 되었다는 것이다.

내 생각으로는, 이 관점은 대체로 예전 세계에 대한 장밋빛 동경에서 기인한 기우에 지나지 않는다. 이 관점은 또한 자발적으로 조직화하고, 사실과 허구, 유용한 것과 부정한 것을 식별할 수 있는 사람들의 능력을 과소평가하고 있다. 웹은 텔레비전 앞에 멍하니 앉아 있거나 칠판에 적힌 사실들을 베껴 적는 것보다 훨씬 넓은 탐색과 참여, 비판적 사고의 기회를 제공한다. 웹과 함께 성장한 젊은이들은 자기정체성을 잃어버린 것이 아니라, 앞 세대에 비해 훨씬 개인주의적인 면모와 훨씬 협력적인 면모를 동시에 지니고 있는 것 아닐까? 이런 비판들이 중요한 문제를 제기하지 않고 있다고는 말할 수 없지만, 그런 문제들은 중심적인 것이 아니라 지엽적인 것이다.

네 번째 관점을 지지하는 집단은 인터넷은 대개는 우리에게 이득을 선사할 것이라고 주장한다. 그러나 인터넷이 왜, 그리고 어떻게 사회에 이득을 선사할 것인지에 대해서는 이 집단 내에서도 의견이 엇갈린다.

자유주의와 자유시장 경제의 지지자들은 인터넷이 다양성과 선택을 증진시키고, 그 결과 마찰 없이 더 빠르게 움직이는 시장과 다양한 자유로운 문화가 이루어질 것이라고 생각한다. 실제로 웹은 자본주의의 '풍요의 뿔cornucopia' 이나 다름없다. 〈와이어드Wired〉의 편집자이자 《롱테일 경제학》의 저자인 크리스 앤더슨은 이러한 관점을 적극적으로 지지하는 인물이다.

공동체주의를 지향하는 낙관주의자들은 정반대되는 입장을 보인다. 그들은 인터넷에서 공동체, 협업, 공유를 기반으로 한 동등계층 생산의 가능성, 그리고 시장과 위계제도를 필요로 하지 않는 조직의 형성 가능성을 본다. 그들의 주장에 따르면, 웹은 자본주의와 시장의 새로운 단계를 여는 것이 아니라, 자본주의와 시장을 대체할 수 있는 체제가 자라날 씨앗을 뿌리고 있는 것이다. 이 책은 클레이 서키의 《끌리고 쏠리고 들끓다》와 함께 이런 관점을 지지하는 진영에 속한다. 웹의 협업성을 중시하는 이런 관점을 가장 종합적으로 설명하고 있는 것은 요차이 벤클러의 《네트워크의 부The Wealth of Networks》이다.

인터넷의 영향력과 가치의 현실적인 척도는 그것이 우리가 스스로를 조직화하고, 지식을 형성하고, 아이디어를 공유하고, 문화를 창조하고, 공동으로 결정을 내리는 방식과 관련해 얼마나 상이한 대안들을 제공하는가 하는 데 있다.

사람들은 참여하고, 기고하고, 자신이 가진 단편적인 정보 혹은 관점과 견해를 덧붙이는 의미 있는 기회를 향유하기를 원한다. 사람들은 엇비슷한 사람들과 함께 공유하고 생각하고 나란히 일하는 실용적인 방법을 원한다. 사람들은 협업적인 활동방식을 추구한다. 참여, 공유, 협업이 함께 어우러질 때, 우리 스스로를 조직화할 수 있는 새로운 방법, 즉 투명성은 더 강화되고, 비용은 더 낮아지고, 상부에 의한 통제는 더 줄어드는 체계적이고 자유로운 결합 관계가 탄생한다.

웹 낙관주의자들이라고 해서 모두 이 관점에 동의하는 것은 아니다. 어떤 사람들은 고매한 공동체주의와 만연해 있는 자유시장 자유주의 모두를 배격한다. 《느슨하게 결합되어 있는 작은 조각들Small Piece of Loosely Joined》의 저자인 데이비드 와인버거David Weinberger를 대표주자로 하는 이 집단의 주장에 따르면, 웹은 이데올로기적인 면에서 하나의 입장으로 쉽게 뭉뚱그려지지 않는다. 웹은 일상생활을 구성하는 '모든 것'과 관련되어 있기 때문이다. 웹은 탐욕, 허영, 상냥함, 잔혹성 같은 인간의 욕구 모두에 영향을 미친다. 그 가운데 일부만이 의미 있는 집단적인 의견 교환에 버금가는 가치를 지닌다. 이것은 맞는 이야기일 수 있다. 그러나 내 생각으로는, 웹이 진정으로 중요한 의미를 가지기 위해서는 수많은 자갈들을 만들어내는 것 이상의 일을 해야 한다. 즉, 우리는 그 자갈들을 효율적으로, 그리고 독창적으로 결합시킬 방법을 찾아야 한다. 그럴 때에만 웹은 진정으로 강력해질 것이다.

마지막으로, 지지하는 집단은 크지 않지만, 인터넷은 지금까지는 대체로 유익한 것이고 막대한 잠재력을 지니고 있지만 유해한 것으로 돌변할 수 있다는 관점이 있다. 인터넷은 성장하면서 스팸, 악성 코드, 감시 기술, 프라이버시 침해 등 점점 많은 문제점을 야기한다. 혼란과 오용이 지나치게 많을 경우, 인터넷은 제대로 기능하지 못할 것이고, 결국 사람들은 이 문제를 해결하기 위해서 기업이나 정부에게 의지하게 될 것이다. 이런 의미에서, 인터넷은 그 자신의 가장 큰

적이다. 현재 상태로는, 웹은 굉장히 느슨하고 덜컥거리는 형태의 자기통제 방식에 의해서 작동되는 거대한 공간이다. 우리가 이것을 망쳐놓는다면, 그로 인해 빚어질 혼란은 더 전통적이고 확실한 형태의 통제에 대한 갈망을 북돋울 것이다. 표석들이 자갈들을 짓뭉개는 셈이다.

우리가 해야 할 일은 인터넷에서 자멸로 치달으려는 경향을 제거하는 것이다. 이 관점의 대표주자는 《인터넷의 미래와 제어 방법The Future of the Internet and How to Stop It》을 쓴 조나단 지트레인Jonathan Zittrain이다. 지트레인의 주장에 따르면, 우리는 웹의 초창기에 있고, 지금과 같은 초기 실험기는 일순간에 지나지 않는 것인지도 모른다. 인터넷은 탄생한 지 얼마 되지 않았는데도, 이미 초고속정보통신망(이에 대해서 왈가왈부하는 사람은 아무도 없다)과 같은 몇 가지 형태를 구현하고 있다. 웹 2.0의 대활약 속에서 전자상거래에 대해서 이야기하는 사람은 이제 얼마 되지 않는다. 많은 사람들은 이미 '클라우드'라는 새로운 패러다임에 대한 이야기를 시작하고 있다. 인터넷은 늘 변화하고 발전하고 있다. 인터넷은 다시 프로그래밍할 수 있는 다목적 개인용컴퓨터를 주요 접속 지점으로 하는 상호 간의 자조自助의 윤리 위에 건설된 것이다. 그러나 개인용컴퓨터가 개방성은 떨어지지만 개작이 가능한 장치(예컨대 애플 아이폰)로 대체되면, 해커와 아마추어, 젊은이들이 시스템의 가장자리에서 새로운 영역을 개척하는 것은 갈수록 어려워질 것이다. 애플의 개인용컴퓨터는 사람들이 창조하는 것을 돕고, 웹이 지닌 상호 자조적인 해커 윤리에 자양분이 된다. 하지만 애플의 아이폰, 아이팟, 아이튠은 전혀 다르다. 아이폰은 유혹적이라 할 만큼 위험한 도구다. 앞으로 이동성을 제한하는 장치를 통해 웹에 대한 접근이 이루어진다면, 미래의 웹은 개방성과 용이성이 현재에 비해 훨씬 떨어질 것이다.

인터넷과 관련해 대단히 특이한 사실은, 인터넷은 오직 하나라는 것이다. 인터넷은 단일한 공유 공간이고, 우리는 그 속에서 어디든지 갈 수 있다. 마이크로소프트, 야후, AOL, 컴퓨서브Compuserve는 웹을 뚝뚝 갈라서 독립된 영역, 즉 '담장이 쳐진 정원'으로 만들려고 했지만 그런 시도는 실패로 돌아갔다. 그러나 앞으로 담장이 쳐진 정원의 변형판이 다시 만들어지지 않으리란 법은 없다. 애플은 아이튠 주위에 담장이 쳐진 정원을 만들려는 화려한 구상을 실현하기 위해, 자사의 명성을 이용하는 일에 분주하다. 미래의 인터넷은 해체되어 이처럼 수많은 관리된 공간으로 나누어질지도 모른다. 구글은 전 세계의 정보를 조직화하려는 야심을 가지고 있는데, 그렇게 되면 우리는 구글에 의존해야만 '클라우드'를 조직할 수 있게 될 것이다.

조나단 지트레인은 연구자들과 컴퓨터광이 개발하여 우리에게 물려준 협업적이고 개방적인 웹의 특징은 일순간의 양상으로 끝날 수 있다고 경고한다. 공동체적 생활과 자체조직화를 목적으로 이루어졌던 과거의 실험들이 그랬듯이, 웹은 그리 오래 지속되지 않을지도 모른다. 우리는 앞으로 웹에 닥칠 운명을 알려주는 가장 좋은 사례를 350여 년 전의 영국 혁명기에서 찾을 수 있다.

새로운 수평파

왕의 처형과 새로운 민주적 군대의 창설, 사회적 · 정치적 질서의 동요 등, 일련의 혁명적인 사건이 전개되던 1649년 4월 1일, 제라드 윈스탠리는 섬기는 주인도 없고 땅도 없이 거의 굶주리고 있는 한 무리의 사람들을 성 조지 언덕으로 데려가서 버려진 땅을 개간하기 시작했다. '디거스Diggers'로 알려진 이들은 자치·협업·생산의 공동체를 꾸리려는 윈스탠리의 아이디어를 실천에 옮기면서, 영국 혁명에서도 손에 꼽히는 급진적인 분파로 자라났다.

수평파Levellers로 알려진 대규모 운동에 지적인 영감을 불어넣었던 주요 인물인 윈스탠리는 권력·지식·경제의 관계를 수평하게 만듦으로써 그 시대의 사회적 질서에 도전하기 시작했다. 윈스탠리의 경제 이론에 따르면, 충분히 이용되지 않는 토지를 공동으로 소유하면, 생산성을 향상시키고, 다수의 소득을 높이고, 배고픈 이들을 먹이고, 일 없는 사람에게 일거리를 제공하고, 부를 더 공평하게 나눌 수 있다. 윈스탠리에 따르면, 토지는 공동 소유로 유지되어야 하는 공동의 보고이다. 그는 사적 소유권의 철폐를 추구하지 않고 그 한도를 제한하는 것을 추구했다. 그는 사용되지 않는 토지를 공동으로 개간했다. 윈스탠리는 관리를 뽑을 때 재산을 가진 사람들뿐 아니라 모두가 한몫을 할 수 있도록 민주주의를 확대하여 정치권력을 수평하게 만들기를 원했다. 이런 활동의 근간은 모든 진리와 지식의 근원인 성직자들의 권위에 도전하는 것이었다. 윈스탠리는 이 활동을 하기 이전에도 남녀 청소년들에게 18세까지 대중교육을 제공해야 한다고 주장한 적이 있었다. 그는 대학이 교회의 지배에서 벗어나, 혁신의 창안을 위해 새로운 아이디어를 서로 공유하는 시스템을 만들기를 원했다. 수평파는 자신들의 대의를 알리기 위해서 최초의 대중 기관지 중 하나인 〈마더리트The Moderate〉지를 창간했다. 윈스탠리는 현대사회는 군주제와 귀족제의 멍에가 아니라 자유의 법칙에 의해 지배되며, 가능한 한 많은 사람들이 지식에 접근하고 지식을 소유할 권리를 주장할 수 있는 상황에 기초해야 한다고 생각했다.

수평파의 유명한 노래 〈뒤엎어진 세상The World Was Turned Upside Down〉의 노랫말에 나오듯이, 여러 달 동안 사회의 가장 밑바닥이 가장 꼭대기가 되고, 가난한 사람들은 권력을 손에 넣을 수 있는 기회가 제공되었다. 크리스토퍼 힐이 당시의 역사에 대해 기록한 것에 따르면, 윈스탠리의 이상향은 '비非전문가들 모두가 서로 도와 공동체를 통해서 진리에 도달하는 사회'였다.[3] 내가 보기에, 이런 이상향은 인터넷의 이상향과 다소 비슷해 보인다.

윈스탠리는 《디거스 서약The Digger's Covenant》이라고 알려진 팸플릿에서 집단 협업활동의 지침을 제시했다. 그는 태동하는 시장과 낡은 봉건제도를 대체할 수 있는 대안적인 생산 시스템으로 집단 협업활동을 여겼다. 디거스는 다른 사람(영주)을 위해 일하거나 (고용주를 위해 일해) 임금을 받아서 사는 것이 아니라, 함께 일하고 함께 먹을 것을 맹세했다. 자유로운 공동 노동만이 만인을 위한 식량을 생산할 수 있다. 윈스탠리에 따르면, 공동 생산, 공동 소유, 종교적 관용은 자유와 경건한 삶, 자유로우면서도 도덕적인 삶의 전제조건이었다.

웹이 보다 협업적이면서 덜 위계적인 공동체, 지식과 권력이 보다 고르게 분배되는 공동체를 창조하는 능력을 발휘하기를 바라는 사람들의 원대한 희망은 윈스탠리와 수평파에서 유래한 급진적이고 공상적인 사고와 맥을 같이 한다. 〈와이어드〉지를 포함한 여러 집단들은 십여 년 전부터 세계가 기술에 의해서 뒤엎어지고 있다는 주장을 펼치고 있다. 기술은 사회의 중심부에 집중되었던 권력을 주변부에 넘겨주고, 사회의 최상층에 집중되었던 권력을 최하층에 넘겨주고 있다는 것이다. 웹 2.0의 미래를 낙관하는 이들은 새로운 수평파라고 할 수 있다. 그들의 주장에 따르면, 우리는 웹이 지니고 있는 혁명적인 권력 분산 기술 덕분에 다시 새로운 수평화 단계를 거치고 있다. 기술은 새로운 것이지만, 아이디어 대부분은 새로운 것이 아니다. 아이디어들은 1649년 영국에서 시작된 혁명적 토지개간운동을 뿌리로 하고 있다.

바로 여기서 현대의 수평파가 해결해야 할 난제가 제기된다. 민주주의, 교육, 복지, 커뮤니케이션, 종교의식의 자유, 그리고 양성평등을 확장시키려고 했던 수평파의 원래 아이디어들은 대부분 실현되었다. 수평파는 미국의 독립혁명에 지대한 영향을 미쳤다. 수평파에 속했던 어떤 인물은 영국에서 종교적 박해를 피해 최초로 미국의 플리머스 지역으로 이주했던 필그림 파더스에게 작별을 고하는 설교를 했다. 수평파의 노래들은 미국 독립전쟁 때 영국의 패배를 경축하기 위해 불리기도 했다. 그러나 수평파의 아이디어들이 널리 인정되기까지는 수백 년의 세월이 걸렸다. 수평파가 실재했던 시대에는 수평파는 실패한 운동이었고, 그들의 공상사회주의적 공동체는 빠르게 무너져 해체되었다. 그들은 경제적으로 자립할 수 없었고, 기성 질서를 넘어서는 실행 가능한 대안을 제공하지 못했기 때문이다. 무엇보다 그들은 생계를 해결하지 못했다. 그들은 용감하고 진취적이었지만, 결국 하나의 실험으로 끝나는 운명을 맞이했다. 디거스가 성 조지 언덕에 본거지를 마련한 지 몇 달 만에 군주제는 권력을 재장악하고, 군대는 서민에게 등을 돌리고, 영주들은 다시 땅을 차지했다. 디거스와 수평파는 살해되거나 투옥되거나 은신처로 숨어야 했다.

앞으로 이어질 몇 년간은 웹 2.0이라는 현대의 새로운 수평파가 똑같은 운명을 밟게 되느냐 마느냐를 결정짓게 될 것이다. 새로운 수평파의 고무적이고 협업적인 계획은 자체의 약점 때문에 무너지고, 기업의 지배와 정부의 규제라는 전통적인 하향식 통제 권력이 전면적으로 원래의 지위를 복구할 기회를 잡게 될지도 모른다. 영국 역사에서 손꼽힐 만큼 대단히 급진적인 목소리를 냈던 윈스탠리는 자신이 한때 경멸한 모든 것을 품에 안은 채 삶을 마감했다. 죽기 전 그는 토지를 소유한 국교회 교구위원이자 경찰서장의 신분이었다.

향후 십 년간의 중대 사안은 우리가 스스로를 조직화할 수 있는 더 공평하고, 더 협업적이고, 더 참여적인 방식을 찾아낼 기회를 잡을 수 있느냐 하는 것이다. 이 책은 최초의 수평파가 겪은 참담한 패배를 피하기 위해 새로운 수평파가 선택해야 할 경로를 밝혀내려는 하나의 시도다. 웹이 제공하는 공유의 잠재력을 현실화하려는 우리의 야망이 얼마나 원대한가 하는 것은 성패를 좌우하는 관건이 될 것이다.

윈스탠리의 선례를 본받은 급진주의자이자 웹을 창안한 영국인인 팀 버너스 리Tim Berners-Lee는 다음과 같이 말한다. "위험은 인터넷에 대해 지나치게 많이 물어보는 것이 아니라, 지나치게 적게 물어보는 것, 즉 인터넷이 훨씬 더 큰 의의를 가질 수 있는데도 단순히 또 하나의 도구에 불과한 것으로 치부하는 데 있다. 함께 지식을 찾고, 무엇이 진리인지 알아내고, 무엇을 할 것인지 함께 결정하기 위해 우리는 스스로를 조직화할 수 있는 방안을 찾아낼 새로운 근거를 확보해야 한다."

우리는 현재 웹의 위력으로 생겨난 엄청난 수평화 과정을 거치고 있다. 웹을 이용해서 무엇을 할 것인가 하는 문제는, 다행스럽게도 아직까지는, 우리가 함께 해결해야 마땅한 문제다.

1장

우리는 공유한다, 고로 존재한다

당신은 나날이 발전하는 웹이 불안하지 않은가? 아니라면 마땅히 불안해해야 한다. 웹이 생활 속으로 파고들면서 상상했던 것들이 그대로 실현되고 있다. 우리는 점점 우리가 풀어놓은 생각이 유익한지 해로운지 묻지도 따지지도 않게 되었다. 웹은 민주적으로 협업Collaboration과 창의성을 향상시킬까? 아니면 우리를 구글과 위키피디아가 진실이라고 말하는 내용에 의존하는 멍청이 집단으로 만들고 거기다가 편협과 무분별, 범죄와 테러를 부추기는 등 오히려 나쁜 영향을 줄까? 웹은 우리의 사고와 행동방식을 어떻게 변화시킬까? 정보와 아이디어의 세계에서 갈수록 영향력이 막강해지는 웹은 우리에게 어떤 영향을 미칠까? 분명한 건 웹이 엄청난 잠재력을 갖고 있다는 것이다.

웹은 그 어느 때보다 많은 사람들에게 언론의 자유를 허용하고, 지쳐 있는 민주주의에 생기를 불어넣고, 미얀마와 베트남, 중국 등의 권위적인 사회에 민주주의를 촉진하고 있다. 이론상으로 보면 웹은 민주주의에 유익하다. 그러나 웹상에서 확대된 언론의 자유는 민주주의의 번영에 필수인 조직적이고 신중한 논쟁으로 이어지기보다는 무질서하고 혼란스런 주장으로 그치는 경우가 많다. 블로거들만의 힘으로는 권위적인 통치자들을 무너뜨릴 수 없다.

웹 덕분에 우리는 폭발적으로 자유를 누리고 있다. 우리는 재고정리를 위한 할인판매를 기다렸다가 물건을 살 수도 있고, 의사표현을 돕는 도구를 이용해 글을 쓰고 동영상을 만들고 음악을 작곡하는 등 독창성을 발휘할 수도 있다. 정말 많은 사람들이 이런 도구를 이용하고 있다. 예컨대 유튜브에 올린 행위예술가의 동영상은 수백만 시청자들의 마음을 사로잡고 있다. 이론상으로 웹은 독창적인 표현의 자유를 확대한다. 동시에 국가와 기업, 동료와 친구들의 감시 반경을 넓히기도 한다. 우리가 웹상에서 행한 일거수일투족은 추적 가능한 흔적을 남긴다. 우리는 철없는 젊은이들에게 추적을 당할 수도 있다. 소셜 네트워크라는 사용자제작 감시시스템에서는 만인이 만인을 감시할 수 있기 때문이다. 인기를 누리던 젊은 테니스 스타들이 페이스북 사이트에 생각 없이 사진을 올린 뒤 된서리를 맞은 일도 있었다. 개인의 은밀한 사생활을 보장받을 수 없는 상황에서는 당연히 자유가 없다.

웹상에서는 평등할 거라는 기대감도 있다. 정보와 지식은 모든 중요한 문제들(교육은 물론, 신약 개발과 청청에너지 시스템 고안에 이르기까지)에 있어서 중요한 투입 요소다. 정보와 지식을 차단하던 장벽은 빠르게 무너지고 정말 많은 사람들이 웹을 이용해 지식을 얻고 있다. 이런 상황은 학교와 도서관, 대학교, 실험실을 마련할 여력이 없는 세계 극빈층의 교육과 혁신에 도움을 준다. 이론상으로 웹은 평등에 유익한 것이다.

그러나 웹은 이미 좋은 연줄을 확보한 사람들이 결합하도록 허용해 기득권을 강화하는 데 한몫한다. 경제적인 측면에서 보면 웹은 많은 것을 창조하고 또 그만큼 많은 것을 파괴한다. 그래서 웹이 안겨주는 이득은 결국 제로라고 생각하는 사람들이 많다. 뉴스, 정보, 오락, 대화를 웹에 의지하는 사람이 많아지는 반면에 신문, 텔레비전, 영화, 도서관, 서점은 외면당한다. 우리는 이제까지 무엇을 읽고 무엇을 생각할 것인지를 결정해온 언론인, 출판인, 비평가 등 문화 엘리트들의 영향력에서 벗어날 수 있게 되었다. 하지만 웹을 이용한 사용자제작 컨텐츠의 범람은 전문가 훈련기관 또는 고용기관들의 경제적 토대를 잠식해 수준 높은 저널리즘과 문학, 영화, 음악의 기반을 무너뜨릴 수 있다. 크레이그스리스트Craigslist 등의 소셜 네트워크 사이트의 확산은 지방 언론사들의 토대를 흔들고 있다. 이런 현상이 장기화되면 공동체는 구심점을 잃어버릴 수 있다. 언젠가 품질과 문화를 수호하는 문지기들을 디지털 세계의 황무지로 몰아낸 유튜브 문화 혁명을 한탄하는 날이 올지도 모른다. 아마추어 블로그 운영자들이 아무리 많아도 풍부한 재정적 지원을 받은 잘 훈련된 전문가들이 정치인과 권세가들의 추문을 낱낱이 파헤치는 위력적인 저널리즘을 대신할 수는 없다.

많은 사람들이 웹이 창조한 세계가 자신의 인생에 대한 통제권을 강화할지 아니면 약화시킬지 확실한 판단을 내리지 못하고 있다. 웹은 우리가 민주주의와 지식, 창의성의 확산이라는 희망을 품을 수 있게 해준다. 이론상으로 웹은 수백만 사람들의 지식과 통찰을 결합함으로써 과거에는 미처 상상하지 못했던 거대한 집단지성을 창조하고 공동의 문제를 해결할 수 있는 엄청난 능력을 선사한다. 동시에 웹은 가공할 공포를 낳는 원천이기도 하다. 불순한 목적을 가진 스토커와 소아성애증 환자, 테러리스트, 범죄자들은 통제를 벗어나 자기들끼리 네트워크를 형성하는 수단으로 웹을 이용하고 있다.

만인과 만인을 연결하는 개방적인 웹은 협업 가능성이 무한하지만 동시에 우리를 바이러스와 무수한 공격에 노출시킨다. 연결망이 넓어질수록 우리는 더 많은 부를 확보할 수 있다. 세계 각지의 사람들과 관계를 맺고 그들의 아이디어와 재능과 자원을 결합해 만인의 번영을 확대할 수도 있다.[1] 그러나 연결망이 넓어지면 넓어질수록 작은 그룹들이 (진짜 혹은 가상의) 바이러스를 퍼뜨림으로써 혼란을 야기할 가능성이 커진다. 분산된 작은 그룹들은 웹 덕분에 예전에는 꿈꿀 수도 없었던 방식으로 협업할 수 있게 되었다. 중고 자동차 부품을 거래하는 소그룹이나 함께 포커를 치는 그룹이 늘어나는 것은 좋은 일이다. 하지만 광신자들이 만든 그룹이 대도시에 방사능 폭탄을 터뜨리는 끔찍한 일을 저지를 수도 있다. 연결망이 넓어져 협업의 가능성이 커질수록 공격에 노출될 가능성도 높아진다.

웹을 비판하는 사람들은 웹이 학습과 전문성, 전문가와 전공에 뿌리를 둔 문화의 소중한 영역들을 파괴할 것이라고 주장한다. 소셜 네트워크는 어리석은 군중심리를 쉽게 형성해 소수 의견을 가진 사람들이 발언할 수 있는 기회를 차단한다. 소셜 네트워크는 실수를 바로잡기보다는 증폭시키고, 편견을 없애기보다는 악화시키고, 거짓말을 폭로하기보다는 유지시킬 가능성이 크다. 이렇듯 사람들이 자기와 생각이 같은 사람들하고만 뭉치다 보면 공동의 문화영역이 무너질 수 있다. 예컨대 음반이나 영화 제작사들은 웹이 재능에 투자하는 핵심 사업모델을 무너뜨린다고 불평한다. 웹을 '소통'이라고 표현하는 낙관주의자들도 있지만, 웹에서 진행되는 대화는 대부분 무질서하고 제어하기 힘들다. 그래서 절제된 토론이라기보다는 술집의 왁자지껄한 난장판에 가깝다.

웹을 통해 이루어지는 모든 상호작용의 결과는 불확실하다. 공영방송을 외면하고 익명의 자원봉사자들이 자유롭게 편찬한 백과사전(예컨대 위키피디아)에 의존하는 사람들이 압도적으로 많아진다면, 어떻게 진실을 판단할 수 있을까? 사람들이 일주일에 하루를 꼬박 세컨드라이프Second Life와 월드오브워크래프트World of Warcraft 같은 가상세계에서 보낸다면, 사람들은 과연 무엇을 현실이라고 여길까? '친구'를 사귀는 문제도 마찬가지다. 원래 '친구'는 평소에 가깝게 지내면서 어려운 일이 있을 때 의지할 수 있는 사람이라는 의미였다. 하지만 웹상의 소셜 네트워크가 신흥 종교나 다름없어진 뒤로 그 공간에서 잠깐 만난 사람이나 팬, 심지어는 전혀 알지 못하는 사람들까지 '친구'에 포함되었다. 우정이라는 중요한 개념을 단번에 허물어뜨리는 웹은 과연 유익한 걸까?

우리는 곧 웹의 발전에 있어서 결정적인 단계에 이르게 될 것이고, 웹은 부유한 선진 국가만이 아니라 급성장한 아시아와 남미의 개발도상국에도 큰 영향을 미칠 것이다. 아시아와 남미의 개발도상국들에서는 십년 이내에 10억 인구가 값싼 휴대폰과 노트북을 통해 웹을 이용하게 될 것이다. 웹은 처음에 연구자들의 실험적인 파일공유 시도에 지나지 않았지만, 그후 몇십 년 사이에 전 세계의 문화와 사고방식, 관계맺기 방식을 바꾸어놓았다. 웹을 이용한 창의적인 협업방식을 찾는다면, 우리는 웹을 통해 집단지성을 키울 수 있다. 그렇게만 된다면 우리는 다가오는 십년을 민주성과 창의성, 혁신성을 대폭 향상시킨 시대, 그 어떤 시대와도 비교할 수 없을 만큼 사회적 독창성을 발휘한 시대로 회고하게 될 것이다. 그러나 웹을 이용한 창의적인 협업방식을 찾지 못한다면, 우리는 중앙의 통제를 벗어난 어중이떠중이 문화와 무정부 상태로 빠져들 것이다. 중앙 통제적인 문화에서는 숙련된 전문가 조직이 치명적인 잠재력을 가진 아이디어와 기술을 통제할 수 있다. 그러나 중앙 통제가 무력해지면 그런 아이디어와 기술은 위험한 사람들의 손으로 흘러들어갈 것이다. 그렇게 되면 우리는 알라딘의 요술램프를 열어 웹이라는 이름의 지니를 풀어놓은 것을 한탄하게 될 것이다.

무엇을 공유하느냐가 우리를 규정한다

이 책의 목적은 웹이 가진 잠재력을 민주주의의 확산, 불평등의 완화, 자유와 집단 창의성의 증진을 위해 사용할 방안을 찾는 것이다. 웹의 유익한 면인 개방성과 협업성, 공동체 문화는 웹의 출생지인 연구기관과 1960년대의 저항문화, 그리고 민중문화와 공동의 생산 기반인 공유물이라는 산업화 이전의 요소와 이어진 특성이다. 웹은 개인이 문화와 경제에 참여할 수 있는 통로다. 문화와 경제에 참여해 자신이 가진 정보와 아이디어를 내놓고 당당하게 자기 의견을 말하는 사람들이 갈수록 늘어날 것이다.

개인의 사회참여 확대는 각자의 아이디어를 공유하고 결합하는 능력과 조화를 이루어야만 큰 성과를 올릴 수 있다. 지난 30년간, 시장이 확대되고 공산주의가 붕괴하고 공공 부문이 진통을 겪으면서 거의 모든 것을 조직화할 수 있는 최고의 방안으로 민영화가 대두되었다. 웹의 확산으로 우리는 미래를 다른 관점에서 바라보게 되었다. 무엇을 소유하느냐 하는 것만큼이나 무엇을 공유하느냐 하는 것이 중요하다. 무엇을 독점적으로 소유하고 있느냐 하는 것만큼이나 무엇을 공동으로 소유하고 있느냐 하는 것이 중요하고, 무엇을 요구하느냐 하는 것만큼이나 무엇을 양보하기로 결정하느냐 하는 것이 중요하다. 물건 위주의 경제에서는 소유물(땅, 집, 자동차)이 사람의 신분을 대변하지만, 웹이 창조한 아이디어 위주의 경제에서는 무엇을 공유하고 있느냐가 그 사람의 존재를 대변한다. 즉 누구와 관계를 맺고 있는가, 누구와 연결망을 구축하고 있는가, 어떤 아이디어·사진·동영상·링크·댓글을 공개하고 있는가가 그 사람을 규정한다. 웹이 몰고 온 가장 큰 변화는 새로운 방법과 아이디어를 공유할 수 있게 되었다는 점이다. 공유하는 아이디어가 늘어날수록 더 많은 아이디어가 탄생하고 변화하고 증식하는 과정에서 창의적인 혁신과 행복이 나온다. 이 책에서 나는 공유, 특히 아이디어의 공유를 옹호하고자 한다.

웹이 중요한 것은 더 많은 사람들이 더 다양한 방식으로 더 많은 사람들과 아이디어를 나눌 수 있다는 점이다.

웹의 공유 문화는 자연발생적인 그룹들이 아이디어와 노하우를 결합해 게임이나 백과사전, 소프트웨어, 소셜 네트워크 사이트, 동영상 공유 사이트, 혹은 또 하나의 세상을 창조할 수 있는 이상적인 토대를 제공한다. 또한 정부가 대중을 통제하지 못하도록, 또는 기업이 대중의 돈지갑을 쉽게 열지 못하도록 만든다.

창의성은 다양한 기술과 관점, 통찰력을 가진 사람들이 아이디어를 공유하고 협업하여 개발하는 끊임없는 사회활동이다. 창의성이 항상 개인의 번뜩이는 통찰력에서만 나오는 것은 아니다. 창의성은 근본적으로 협업과 관련되어 있다. 웹은 이런 협업활동을 조직하고 확장하는 새로운 방식을 제공한다.

공장은 대량생산과 대량소비를 가능하게 만들고 노동자 계층을 형성했다. 웹은 혁신과 창의성을 수백만 인구가 참여하는 대중활동으로 만든다. 20세기에 선진국들은 대량생산 시스템과 공장, 산업 관련 시스템, 그리고 작업방식과 유통망을 조직하고 재편하는 일에 전념했다. 21세기의 화두는 대중혁신 경제를 창조하고 유지하는 일, 즉 더 많은 사람들이 더 효과적으로 협업해 새로운 아이디어를 창조하게 만드는 방법을 찾아내는 일이 될 것이다.

웹은 더 많은 생활영역을 형성하고 영향을 미칠 것이다. 더 나아가 우리 자신을 어떻게 조직할 것인가와 관련한 새로운 사고방식까지 형성할 것이다. 소셜 네트워크 사이트와 멀티플레이 컴퓨터게임, 무료 소프트웨어, 가상현실과 함께 자라난 젊은 세대들이 웹을 통해 학습한 사고방식은 다른 생활영역에도 영향을 미칠 것이다. 그들은 스스로 정보를 찾고, 동료들과 함께 참여하고, 협업하고, 공유하고, 일할 기회를 만들 것이다. 생활의 물질적 측면이 안정됨에 따라 웹은 우리의 관점을 서서히 바꿀 것이다. 공장의 대량생산 체제는 소비자들에게 상품을 공급하는 질서정연한 생산라인이라는 프리즘을 통해 모든 것을 바라볼 것을 권장했다. 웹은 모든 사람을 자연발생적 네트워크를 통해 집단적인 해결책 모색에 참여할 실체로 볼 것을 권장할 것이다. 그러나 이것은 우리 스스로가 집단지성을 조직할 수 있을 때 가능한 일이다. 이 책은 집단지성을 조직하는 방안에 대해 이야기할 것이다.

아이러브비즈와 위키피디아

2004년 7월, SF 컴퓨터게임 〈헤일로 2〉의 극장판 광고 마지막 장면에서 www.ilovebees.com이라는 웹사이트 주소가 깜박였다. 그 뒤 며칠 사이에 수천 명의 사람들이 그 사이트를 방문했다. 그 사이트의 운영자로 알려진 아마추어 양봉가 마가렛의 행방은 묘연했다. 그 사이트의 꿀을 이용한 요리법 소개란에는 210개의 GPS 좌표가 있고, 각 좌표에는 4분 간격으로 총 12시간이 표시되어 있었다. 그 사이트에는 또한 '시스템이 위험하다'는 경고문이 있고, 종료일이 8월 24일로 설정된 카운트다운 시계가 작동하고 있었다. 이 사이트의 하단에는 '이 페이지가 어떻게 된 걸까?'라는 질문 옆에 마가렛의 조카딸 데이나가 만든 블로그가 링크되어 있었다. 데이나는 블로그 방문자들과 100개의 이메일을 교환한 뒤 홀연히 모습을 감추었다.[2]

어떤 지시문이나 규칙도 없이 하나의 수수께끼와 복잡한 숫자들, 똑딱거리며 작동하는 시계만 있을 뿐이었다. 그후 넉 달이 넘도록 60만 명(주로 미국의 대학생과 고등학생들)이 이 홈페이지의 미스터리를 풀기 위해 GPS 좌표의 의미를 밝히는 데 매달렸다. 그 과정에서 대중의 협업적인 창의성과 지성이 놀라울 정도로 발현되었다. 아이러브비즈ILoveBees 게임에 참여한 사람들은 좌표의 의미를 밝히기 위해 아이디어를 교환하고 정보를 공유했다. 그들은 블로그와 게시판, 웹사이트, 실시간 메시지 그룹을 만들었다. 그들은 단순히 모이고 글을 올리고 정보를 공유하는 데 그치지 않았다. 그들의 수많은 이메일과 블로그 속에는 뚜렷한 질서가 있었다. 그들은 협업해 정보를 조사하고 분류하고 분석하기 시작했다. 그리고 좌표의 의미를 밝히기 위해 토론하고 계획을 세우고 팀을 나누어 서로 다른 문제점을 탐구했다. 많은 사람들이 그 과정에서 탈락했다. 남은 수천 명의 참여자들은 모두가 합의한 이론을 세우고, 하나의 목적을 위해 각각 어떤 행동을 어떻게 전개할 것인지를 결정했다. 그들은 서로에 대해 아는 것도 없이, 어느 한 사람에게 통솔권을 일임하지도 않은 채 이 단계에 도달했다. 제안을 내놓아도 돌아오는 보상도 없고, 사람들을 끌어들이기 위한 유인책도 없는 상태에서 조직을 따로 만들지 않고도 고도의 조직화를 이룬 것이다.

아이러브비즈 게임은 캘리포니아의 '42엔터테인먼트' 회사가 플래시몹flash mob을 근거로 고안한 것이었다. 플래시몹은 2003년에 뉴욕과 샌프란시스코에서 시작된 대중 행위예술로, 서너 명 혹은 수천 명에 이르는 사람들이 입소문과 휴대폰, 인터넷으로 연락해 철도역이나 횡단보도 등의 특정한 공공장소에 집결해서 기상천외한 행동을 하는 행위다.[3] 플래시몹의 선구자이자 42엔터테인먼트의 기획실장인 제인 맥고니갈Jane McGonigal은 군중의 창의성을 확인하기 위해 아이러브비즈 게임을 고안했다고 한다.

　아이러브비즈 광고가 나간 뒤로 4주 동안, 이 게임을 기획한 사람들은 수백 개의 웹사이트와 블로그, 수천 건의 이메일과 4만 건이 넘는 MP3 전송을 통해 참여자들에게 여러 가지 단서를 제공했다. 이 단서들 속에는 세계 각지의 참여자들이 자신의 역할이 중요하다고 확신할 수 있는 내용이 들어 있었다. 참여자들은 단서를 풀기 위해 증거를 공유해야 했다. 데이나의 블로그에 제시된 새로운 단서에는 며칠 만에 2,041개의 댓글이 달리고, 30초 안에 50개의 댓글이 올라올 정도로 사람들의 참여도가 높았다. 10주 사이에 참여자들은 100만 건이 넘는 글을 올렸다. 4,000여 명의 참여자들은 비키퍼스 Beekeepers라는 모임을 만들어 커뮤니티의 핵심을 이루고 좌표의 의미에 대해 여러 가지 가설을 세운 끝에, 그 좌표들이 공중전화가 설치된 세계 각지의 210개 지점이라는 것을 밝혀냈다.

　드디어 8월 24일이 되면서 게임은 절정에 이르렀다. 수천 명의 참여자들은 휴대폰번호 데이터베이스와 캠코더, GPS시스템, 스캐너, 위성전화 등 온갖 디지털 통신장치들로 무장하고 좌표에 표시된 공중전화들을 향해 이동했다. 좌표에 표시된 시각에 정확하게 해당 공중전화가 울렸고, 전화를 받은 참여자들은 질문을 하나씩 받았다. 각각의 해답은 마가렛과 관련된 드라마의 단편적인 내용들이었다. 참여자들은 그날 자정까지 모든 해답을 순서대로 나열해 그 결과를 웹에 올리라는 과업을 완수했다.

　그러나 그것은 게임기획사가 마련해둔 여러 가지 과업 중 하나에 불과했다. 그후 12주 동안 게임기획사는 좌표와 공중전화의 수를

210개에서 1,000개로 늘려갔다. 늦가을에 접어든 어느 화요일, 게임은 막바지에 이르렀다. 해가 지자마자 게임기획사는 미국의 동부 연안지역에 있는 공중전화로 전화를 걸어 전화를 받은 참여자에게 자신만이 알고 있는 정보를 다섯 단어로 말하라고 요구했다. 게다가 1,000개의 다른 공중전화에서 전화를 받는 참여자가 똑같이 그 다섯 단어를 말해야 한다는 것이었다. 게임기획사는 이런 정보전달 경주를 12단계로 진행했다. 마지막 단계에서는 전화를 받은 참여자는 15초 안에 다음 전화를 받게 될 참여자에게 그 다섯 단어를 전달해야 했다. 참여자들은 이 과업 역시 잘해냈다.

60만 명이 참여한 아이러브비즈 게임은 서로 다른 정보와 기술, 견해를 가진 독립적인 개인들로 이루어진 대중이 통상적인 조직에 의지하지 않고 효과적인 협업방식을 통해 발견과 분석, 조정, 창조, 혁신을 할 수 있다는 것을 보여주었다. 참여자들은 과업을 지시하는 상부가 존재하지 않은 상태에서도 제각각 마음 내키는 대로 행동하는 무질서한 모습이 아니라 조직적으로 협업하는 모습을 보여주었다. 이렇게 천재적인 게임기획자들이 설계한 수수께끼를 세계 각지의 수천 명이 협업해 풀 수 있다면, 조류독감 퇴치와 지구온난화 대책, 공동체의 안전유지, 이재민 지원, 금전대출, 정치적 혹은 정책적 논쟁 진행, 교수와 학습, 설계 등의 문제, 심지어는 물건 제작도 이같은 방식으로 해결할 수 있지 않을까?

이런 희망은 가능성이 있을까, 아니면 단지 허황한 공상에 불과할까? 그 대답은 현재 진행되고 있는 세계적인 공유 실험들이 성공하느냐 실패하느냐에 달렸다. 위키피디아를 예로 들어보자. 자원봉사자들이 만든 이 무료 백과사전에 쏟아지는 칭찬과 비난은 엇비슷한 수준이다. 예찬자들은 협업적인 창의성이 이룬 기적이라고 극찬하고, 비판가들은 무질서한 방종이고 반쪽 진실일 뿐이며 충분한 지식을 갖추지 못한 아마추어들이 기존의 전문가들을 대신한 무료승차권이라고 비웃는다.

위키피디아의 기원은 불운한 결말을 맞았던 협업활동으로 거슬러 올라간다. 2000년, 옵션 거래인으로 활동하던 지미 웨일스Jimmy Wales는 래리 생어를 고용해 무료 온라인 백과사전 뉴피디아Nupedia를 만들었다. 뉴피디아는 누구나 특정 항목에 대한 내용을 제출할 수 있게 하되, 전문 편집자들이 내용을 검토해 최종 결정했다.[4] 생어가 설계한 편집자 검토과정은 매우 복잡한 7단계로 되어 있었기 때문에 뉴피디아의 성장은 무척 더뎠다. 뉴피디아는 2000년 여름에 'atonality'라는 단어를 첫 번째 항목으로 공표했다. 25개 항목을 공표했던 2001년 겨울에 뉴피디아는 몹시 기울어져 있었다. 2001년 1월 2일 어느 만찬에서 생어는 소프트웨어 프로그래머인 벤 크라비츠를 통해 '위키wiki'라는 웹페이지에 접속하면 누구나 직접 편집에 참여할 수 있다는 사실을 알게 되었다.[5]

래리 생어는 위키를 이용하면 집필자와 편집자가 공유 문서를 통해 작업할 수 있으므로 개방형 백과사전을 만드는 데 도움이 되리라고 생각했다. 생어는 이런 작업방식의 장점을 이렇게 밝히고 있다.

위키 소프트웨어는 완전개방과 분산화를 지향할 뿐, 그것을 엄격하게 요구하지는 않는다. 바뀐 내용을 개시해 누구나 읽을 수 있다는 점에서 위키는 개방적이다. 특정한 사람이나 그룹이 아닌 일반 사람들이 자발적으로 작업을 진행할 수 있다는 점에서 위키는 분산적이다. 위키 소프트웨어는 또한 권위에 의존하는 방식을 제한한다. 사람들이 원하기만 하면 어떤 페이지 어떤 규모로든 작업이 진행되기 때문에 작업량이 엄청나다. 따라서 한 사람의 감독이나 소수의 감독 그룹으로는 도저히 통제할 수가 없다.

생어가 뉴피디아를 되살릴 방법을 찾고 있는 사이, 웨일스는 더 근본적인 가능성을 발견했다. 웨일스는 완전개방형이면서 고도의 협력적인 방식으로 지식을 창조할 수 있다고 보았다. 그는 2001년 1월 15일에 위키피디아 도메인을 내걸었다. 위키피디아 사전 항목은 보름 만에 31개로 늘어났고, 3월에는 1,300개, 5월에는 3,900개가 되었다. 2002년에 위키피디아를 떠난 생어는 위키피디아의 신랄한 비판자가 되었고, 2007년에는 전문가와 아마추어의 협업을 목적으로 위키피디아에 대항하는 온라인 백과사전 시티즌디엄Citizendium을 설립했다.

위키피디아의 옹호자들은 위키 문화는 창의성의 공유와 책임감 있는 자율통제를 권장한다고 생각한다. 비판가들은 위키피디아가 누구든 제멋대로 지식에 접근할 수 있도록 허용한다고 주장한다. 학생들이 위키피디아에 실린 내용은 모두 정확하다고 여기고, 위키피디아에서 찾은 답을 오려붙이기만 할 뿐 스스로 생각하고 질문하고 답을 찾으려고 하지 않는다는 것이다. 또한 비판가들은 진위 판단을 위키피디아에 의존하기 때문에 지적 활동을 저해한다고 주장한다.

즉 위키피디아에 접속한 소수의 사람들이야 스스로 더 많은 것을 생각하겠지만, 일반 대중들이 스스로 생각하는 기회는 줄어들 것이라는 것이다. 위키피디아는 아직 발전을 거듭하고 있다. 따라서 현재로서는 이런 주장이 옳다고 말하기 어렵다.

위키피디아는 엄청나게 성장 중이다. 2001년 1월, 31개에 불과했던 항목이 일년 후에는 1만 7,307개, 2006년에는 100만 개, 2007년에는 150만 개로 늘어났다. 2007년 현재 각종 언어로 표현된 항목의 합계는 600만이 넘는다. 2001년부터 2007년 사이에 영어로 표현된 항목의 성장률은 500만 퍼센트이고, 모든 언어로 표현된 항목의 성장률은 1,900만 퍼센트다. 2007년 독일어판 항목은 45만 개 이상이고, 150여 개의 언어가 1,000개 이상의 항목을 갖추고 있다.

웨일스는 자신의 목표는 전 세계의 사람들 모두가 하나의 백과사전에 실린 지식을 무료로 이용할 수 있는 정보 적십자를 만드는 것이라고 말한다. 2007년 3월, 각 사이트를 이용한 인터넷 사용자의 비율을 따지면, 위키피디아는 5.87퍼센트, 브리태니커 백과사전은 0.03퍼센트, BBC뉴스 웹사이트는 1.73퍼센트, CNN은 1.36퍼센트, 뉴욕타임스는 0.62퍼센트다. 방문자 수를 기준으로 한 웹사이트 순위에서는 위키피디아가 11위, 브리태니커 백과사전은 4,449위다.

위키피디아는 오랫동안 1인 직원 체제로 운영되다가 2007년에야 직원이 7명으로 늘어났다. 웨일스가 이 프로젝트에 투자한 금액은 거의 50만 달러다. 일반인들이 위키피디아 재단에 기부하는 금액은 갈수록 늘어나 2006년에는 기부금 총액이 150만 달러에 이르렀다. 그러나 이 금액은 위키피디아가 만드는 항목의 규모와 비교하면 아주 적은 금액이다.

　대부분의 항목들은 자원 공유에 자발적으로 참여하려는 사람들이 기고하는 것이다. 이들이 기고한 내용은 전문가가 아니라 일반인들끼리 개방적인 토론을 거쳐 편집된다. 위키피디아의 각 항목 뒤에는 무엇을 넣고 빼고 바꿀 것인지 참여자들이 의논한 모든 내용이 기록된 엄청난 분량의 회의록이 있다. 각 항목들은 평균 11번 정도의 편집과정을 거친다. 2006년 1월을 기준으로 15만 4,885명이 각자 10번 이상의 편집과정에 참여했다. 그중 7만 8,308개가 영어로 된 것이다.

　그러나 위키피디아는 다수의 기고자들이 특정 방식으로 조직화되어 있기 때문에 기능할 수 있다. 대부분의 편집과정은 아주 작은 그룹이 맡는다. 예컨대 2006년 1월에 위키피디아의 모든 언어로 된 발행판에 5번 이상 기고한 인원은 4만 2,297명인데, 100번 이상 편집과정에 참여한 인원은 7,460명이다. 이 프로젝트의 성공은 이런 방식으로 차등화된 기여자들의 활동 덕분이다. 매우 적극적인 참여자들로 이루어진 핵심 집단이 각 페이지를 검토하면서 의도적인 파괴활동을 제거하고 수정사항을 결정한다. 아이러브비즈 게임의 비키퍼스와 비슷한 역할을 하는 이 핵심 집단은 수만 명이 올리는 수백만 건의 위키피디아 기고문을 검토하고 편집한다.

　아이러브비즈 게임과 위키피디아의 초기 운영과정을 자세히 살펴보면 핵심 집단은 평등주의를 지향하지 않는다는 것을 알 수 있다. 웨일스는 위키피디아 커뮤니티의 자율통제 방식을 이렇게 표현한다.

어떤 면에서 보면, 위키피디아는 무정부주의다. 어느 누구도 내용을 통제하지 않으며, 내용의 취사선택을 사람들에게 일임한다. 결국 사람들은 가장 좋은 아이디어를 선택할 것이라는 점에서 위키피디아는 능력주의라고도 할 수 있다. 또 다른 면에서 보면, 위키피디아는 일부 내용에 대해서는 투표로 결정한다는 점에서 민주주의다. 위키피디아에는 귀족적 요소도 있다. 커뮤니티에 참여한 기간이 긴 사람일수록 커뮤니티 안에서 명성을 얻고 지위가 상승한다. 그리고 위키피디아에는 제왕이 있다. 그것은 바로 나다. 물론 나는 개입을 최소화하려고 노력한다.

위키피디아와 관련해 가장 큰 논쟁거리는 백과사전 내용의 품질 문제다. 생어는 아마추어 기고자들을 심사하는 전문가가 없다는 점에서 위키피디아의 품질을 의심한다. 문화비평가인 재런 래니어는 유력한 온라인 평론 사이트에서, 지식에 대한 익명의 집단적 설명을 장려하고 어떤 주제에 관해서든 저급하고 부정확한 일반 용어를 사용하게 만들므로 위키피디아는 일종의 '디지털 마오이즘Maoism'이라고 표현했다. 또 다른 사람들은 기고문들이 충분히 검토되지 않는 경우가 많아 위키피디아는 진실의 탈을 쓴 뒷공론과 거짓말을 허용한다고 주장한다.

현재로서는 위키피디아가 얼마나 양질의 백과사전인지, 앞으로 얼마나 양질의 백과사전이 될지 알 수 없다. 위키피디아의 품질은 위키피디아 커뮤니티가 내용의 품질을 보증하고 의도적인 파괴활동을 제한하는 핵심 집단의 역할을 강화할 수 있느냐에 따라 결정될 것이다.

하지만 누구도 의심할 수 없는 점은, 위키피디아는 항목 게재 범위 면에서 브리태니커 백과사전보다 훨씬 대중적이라는 것이다. 브리태니커 백과사전에서 바비Barbie라는 항목을 찾으면, 클라우스Klaus라는 성을 가진 나치 전범에 관한 내용이 나온다. 위키피디아에서 바비를 찾으면, 아동용 인형에 대한 길고 흥미롭고 친절한 설명이 나온다. 위키피디아는 현재 전개되고 있는 사건들을 설명할 때 능숙함을 과시한다. BBC의 고참 간부들은 2005년 7월 7일 런던 폭탄테러에 대한 위키피디아의 설명이 BBC의 설명과 비교해도 손색이 없다는 것을 인정한다. 위키피디아는 엄청난 활동성과를 올리고 있다. 예컨대 브리태니커 백과사전에 포함된 단어는 4,400만 개인 반면, 위키피디아에 포함된 단어는 2억 5,000만 개다.

물론 위키피디아는 완벽하지 않다. 출판사들이 실수를 하듯이 위키피디아 역시 실수할 수 있다.[6] 하지만 이런 실수가 중대한 것이라고 섣불리 단정하기는 어렵다. 〈네이처〉는 전문적인 검토자들에게 똑같은 42개 항목에 대한 위키피디아와 브리태니커의 설명을 비교해달라고 요구했다. 그 결과 위키피디아와 브리태니커에서 각각 4개씩, 총 4건의 심각한 실수가 발견되었다. 검토자들은 사실기록 오류, 누락, 혹은 잘못된 진술을 위키피디아에서 162건, 브리태니커에서는 123건을 찾아냈다. 〈네이처〉는 위키피디아나 브리태니커의 정확도가 서로 비슷하다는 결론을 내렸다. 브리태니커 측은 자신들의 정확도가 30퍼센트나 높다고 주장했지만, 그 정도의 차이는 대수롭지 않은 것이다.

위키피디아는 오류 가능성이 높지만 수정과정이 매우 신속하고 솔직하게 진행되는 것으로 알려져 있다. 브리태니커의 편집장이었던 로버트 매켄리는 미국 건국의 아버지 알렉산더 해밀턴Alexander Hamilton 관련 항목에 결점이 있다고 지적하면서 위키피디아를 종교적인 백과사전이라고 비난했다.[7] 해밀턴의 탄생연도가 1755년인지 1757년인지에 대해서는 전기 집필자들 사이에서도 의견이 갈린다.[8] 위키피디아는 이런 논란을 무시하고 1755년이라고 단언했던 것 같다. (매켄리는 전문가들이 집필하는 상업적인 온라인 백과사전들 역시 이 논란을 반영하지 않고 있다는 점을 밝히지 않았다.) 그러나 매켄리의 공격이 있은 지 일주일 만에, 위키피디아는 자가치료 메커니즘을 가동해 해밀턴의 요약 전기를 적절한 내용으로 수정했다. 어느 연구자는 위키피디아에서 2003년 5월에 발생한 고의적인 파괴행위 일체가 몇 초 만에 바로잡아진 것을 발견했다.[9] 위키피디아가 성장함에 따라 공개적인 출판물에서는 배제되었던 폭언과 심한 논쟁에 휩싸이는 항목들이 크게 늘고 있다(대표적인 예: 조지 W. 부시 대통령, 이스라엘-이라크전쟁). 폭언과 자기선전, 고의적 만행은 갈수록 기승을 부리는데, 이는 600만 개의 항목을 가진 완전개방형 백과사전에서 충분히 예상할 수 있는 상황이고, 이런 부정적 상황이 발생하는 비율은 1퍼센트 미만이다.

분명한 사실은 위키피디아는 특정한 주제를 탐구하기 시작한 사람에게는 유익하지만, 결정적인 정보는 거의 제공하지 못한다는 점이다. 위키피디아가 지식공급을 독점하면, 이러한 위키피디아의 취약점은 지식의 확립방식을 위협하게 될 것이다. 그런 일이 일어날 가능성은 극히 희박하지만.

하지만 더욱 중요한 점은, 세계 대부분의 사람들은 브리태니커와 위키피디아의 품질을 저울질하고 있을 여유가 없다는 사실이다(이것이야말로 편협한 미국 중심적인 비평가들이 자주 간과하는 사항이다). 그들은 앞으로도 오랫동안 제대로 된 백과사전을 마련할 여력이 없을 것이다. 위키피디아는 세계 각지의 학교나 가정이 자기 나라 말로 무료로 이용할 수 있게 허용함으로써 전 세계를 아우르는 지식의 대중적인 토대를 만들고 있다. 인터넷을 할 수 없는 아프리카의 어느 공동체에서는 교사들이 CD에 내려받은 위키피디아 복사본을 사용한다. 위키피디아를 부정적으로 생각하는 사람들은 더 큰 것을 놓치고 있다. 지미 웨일스와 그의 공동체는 세계 전역에 걸쳐 집단적으로 지식과 아이디어를 공유할 수 있는 새로운 방법을 만들어내고 있다. 위키피디아는 우리에게 "공유하는 것이 많아지면 더 부유해진다"는 교훈을 던진다.

위키피디아는 세계 전역으로 지식을 운반할 뿐 아니라 참여와 책임과 공유의 습관을 가르친다. 위키피디아의 기반은 집산集散주의에 대한 고지식한 확신이 아니라 책임 있는 개인들의 협업활동이다. 그렇기에 현대의 가장 놀라운 문화적 창조물 중 하나다. 위키피디아는 직원도 자금도 거의 없는 상태에서 자원활동가들의 활동을 기반으로 6년에 걸쳐 600만 개의 항목이라는 세계적인 규모의 자원을 축적했다. 위키피디아는 지식이라는 이름의 거대한 새 둥지다. 그러나 이 둥지에는 여러 가지 정보들이 쌓여 있을 뿐, 각각의 정보를 어디에 놓으라고 지시하는 새가 없다. 정보들이 스스로 구축하고 있을 뿐이다.

새로운 조직화와 혁신방식

아이러브비즈 게임과 위키피디아는 집단지성의 사례들이다. 내가 정의하는 집단지성이란 웹이 창조한 집단적 사고방식과 집단적 놀이방식, 집단적 작업방식, 집단적 혁신방식을 뜻한다. 대부분의 영역(과학, 문화, 사업, 학문)에서는 서로 다른 장점과 기술과 노하우를 가진 사람들이 각자의 아이디어를 결합해 새로운 것을 만들어내는 과정에서 창의성이 나온다. 웹은 과거에는 상상할 수 없었던 수준으로 집단 창의성을 발휘할 수 있는 토대를 제공한다. 웹은 아이디어를 공유하고 사고하는 방식을 변화시킨다.

군인이자 철학자였던 프랑스의 르네 데카르트는 1637년 우리 문화에 "나는 생각한다, 고로 존재한다"는 금언을 새겨넣었다. 그 말은 인간의 자아 인식에서 파격적인 내향 전환을 선언하는 것이었다.[10] 데카르트는 의심을 품는 행위가 곧 우리가 존재한다는 증거라고 주장했다. 그는 인간의 인식능력을 향상시키고 인간 존재에 대한 확신을 불어넣음으로써 인간 존재를 최고의 지위로 끌어올렸다. 그러나 날이 갈수록 웹이 창조하는 세계와 "나는 생각한다, 고로 존재한다"는 금언이 부딪히는 경우가 늘고 있다. 데카르트는 내면을 보라고 촉구하지만, 웹은 바깥으로 눈길을 돌려 아이디어를 찾으라고 촉구한다. 데카르트는 사고는 대부분 개별적인 활동이라고 주장하지만, 웹은 날이 갈수록 사고를 사회적인 활동으로 바꾸어놓고 있다. 창의성은 사람들이 아이디어를 공유하고 결합함으로써 아이디어의 이화수분異花受粉을 허용하는 집단지성의 세계에서 왕성해진다. 데카르트에 따르면, 사고는 우리의 두뇌 내부에 있는 아이디어들을 통제한다. 집단지성의 확립에 중요한 것은 사회의 조직화다. 협업적 사고를 하기 위해 우리는 어떤 방식으로 아이디어를 공표하고 논쟁하고 검증하고 개선하고 폐기해야 할까? 20세기에 일반화된 개념에 따르면, 아이디어는 특별한 장소에서 일하는 특별한 재능을 가진 사람들(골방에 틀어박힌 작가, 작업실에 틀어박힌 예술가, 실험실에 틀어박힌 과학자)로부터 나온다. 그러나 아이러브비즈 게임과 위키피디아의 사례에서 보듯이, 서로 다르지만 서로 보탬이 될 가능성이 있는 통찰력을 가진 사람들이 그 통찰력을 결합하는 무수한 창의적 상호작용이야말로 아이디어를 뿜어내는 원천이다. 창의적 상호작용 속에서 사람들이 관계를 맺을 기회가 더욱 늘어나고, 집단 창의성을 발휘할 수 있는 능력 또한 더욱 강력해질 것이다. 이런 사고방식을 갖고 자라나는 세대들에게 어울리는 모토는 바로 "우리는 생각한다, 고로 존재한다"가 될 것이다.[11]

그러나 집단지성의 가능성을 일깨운 아이러브비즈 게임과 위키피디아는, 집단지성은 정교하게 균형을 이룬 상황에서만 무성하게 자라날 수 있다고 경고한다. 소셜 네트워크 사이트에 드나드는 사람들이나 사용자제작 동영상을 열어보는 사람들, 블로그에 깊이 빠져 있는 사람들만으로는 집단지성을 만들어낼 수 없다. 그들은 귀청이 터질 듯한 논쟁이나 객관성을 상실한 합의, 악의적 불화, 혹은 기득권의 철저한 강화라는 결과로 빠져드는 경우가 적지 않다. 웹을 통해 관계를 맺은 사람들은 대부분 의견일치를 보거나 계속 논쟁할 뿐, 협업적으로 사고하는 경우는 무척 드물다. 위키피디아의 사례에서 보듯이, 협업적인 사고가 가능하려면 원료의 세심한 배합이 필요하다. 이런 조건이 선행되어야만 우리는 조직(분명한 위계질서와 직급, 인사관리부를 가진 조직)이 없는 조직화를 이룰 수 있다. 집단지성의 구축 비결은 참여와 인식과 협업, 이 3가지 요소의 균형에 있다.

백과사전 항목 하나를 추가하거나 수수께끼 단서를 풀거나 프로그램의 결함을 제거하거나 정보를 추가하는 과정에서 집단지성이 성공하려면, 협업 프로젝트에 기여할 유능한 참여자들을 확보해야만 한다. 집단지성의 관건은 다수의 유능한 기여자들을 협업활동에 열중하게 만드는 것이다. 콘웰 광산의 광부나 컴퓨터게임을 하는 청소년, 혹은 선구적인 유전학자들을 공동체에 끌어들이는 요인은 그 사람의 기여를 주위에서 인정해주는 것이다. 집단지성 공동체의 참여자들이 중요하게 여기는 것, 그것은 참여자 자신의 기여도와 자기 아이디어의 가치, 자신의 작업기술에 대한 주위의 인정이기 때문이다.

참여자들이 관계를 맺고 결합하고 성장하면서 확고하고 믿을 만한 것(예컨대 소프트웨어 프로그램, 공유하는 가상세계, 혹은 과학이론)을 창조하기 위해서는 수많은 개개인의 기여를 조직화할 수 있는 방안이 마련되어야 한다. 또한 변변치 않은 아이디어들 속에서 유익한 아이디어를 가려내고 서투른 이론들 속에서 유익한 이론을 가려낼 협업적인 활동방안이 마련되어야 한다. 자율통제가 효과적이지 않는다면, 현실 관계에 기초하지 않은 커뮤니티들은 물밀듯이 몰려드는 다양한 의견과 폭언, 거짓말, 뒷공론, 기만, 진실, 소문에 붕괴되고 말 것이다. 이것은 과거에 존재했던 수많은 공동체와 조합들이 우리에게 주는 교훈이다.

또 하나 강조해두어야 할 것은, 기여자들이 집단에 매몰되어 개별적 사고를 중단하는 상황이 일어나지 않게 해야 한다는 것이다. 위키피디아는 종파가 아니다. 커뮤니티 참여자들에게는 지미 웨일스가 축적한 작업들을 읽거나 위키피디아 방식으로 훈련된 부분 조직에 가담해야 할 의무가 없다. 집단지성은 독립적인 개인들로 이루어진 다양한 그룹이 효과적으로 협업할 때 나오는 것이다. 개인적으로 생각하는 것을 멈추고 일정한 그룹에 몰입하는 것은 집단지성이 아니라 군중심리다. 군중은 현명할 때도 있고 어리석을 때도 있다. 위키피디아의 사례에서 보듯이, 개별적 구성원들이 참여와 협업, 다양성과 공통의 가치, 독립된 사고와 공동체적 특성이 적절히 결합할 때에만 강력한 집단지성이 탄생한다. 결합이 부적절할 경우 불협화음 혹은 순응주의를 부른다.

이런 요소들을 적절히 결합할 수 있는 방법은 무엇일까? 웹의 영향력이 커진 현실에서 어떻게 적절하게 결합할 것인가 하는 문제에 부딪힌 조직이 더욱 많아졌다. 컴퓨터 프로그램이나 게임, 백과사전을 만들기 위해 서로 낯선 참여자들이 제공하는 것들을 조화시킬 방법은 무엇일까? 사람들이 아무런 보수도 받지 않고 협업적인 창조활동에 뛰어들어 자신의 활동성과를 내놓는 이유는 무엇일까? 집단지성에 속하는 혁신자들은 아무런 대가 없이 자신의 아이디어를 공개하고 다른 사람들이 자신의 노력을 빌려가 개량하도록 허용한다. 그들은 아무런 대가 없이 혁신에 엄청난 노력을 쏟을 뿐 거기서 이익을 얻으려고 하지 않는다. 지금까지의 통념에 따르면, 이것은 참으로 기이한 행동이다. 그러나 웹에서는 이런 행동이 새로운 표준이

된 듯싶다. 자신의 활동에 재투자를 할 수 있을 만큼의 수익을 창출하지도, 활동가들에게 보수를 지급하지도 못하는 공동체가 과연 집단지성을 존속시킬 수 있을까? 또한 앞서 말한 제한조건에 매인 전통적 하향식 조직들은 과연 집단지성의 힘을 발휘할 방법을 찾을 수 있을까?

객관적으로 볼 때, 그 대답은 매우 회의적이다. 집단지성은 여러 가지 면에서 실패할 가능성이 높다. 집단지성은 한정된 분야(예컨대 컴퓨터게임, 소셜 네트워크, 신변잡기적인 온라인 공동체)에서 한동안 성공을 거두겠지만 얼마 못 가서 전통적인 기업에 흡수되고 말 것이다. 설사 그렇게 되지 않는다고 해도 이런 공동체는 실패로 끝난 과거의 수많은 유토피아 공동체들과 마찬가지로 영리집단으로 탈바꿈하거나 붕괴할 것이다. 집단지성의 초기 사례들은 마치 별똥별처럼 잠깐 하늘에서 빛을 내뿜다가 사람들의 눈길이 닿기도 전에 흔적도 없이 사라져버렸다. 수많은 경제조직들(예컨대 화학공장, 철도기업, 발전소, 식품공장, 금융업, 여가산업)이 이런 협업적인 개방풍조에 영향을 받는 일은 없을 것이다.

강조하고 싶은 것은, 우리는 색다른 자체 조직화 방식의 탄생을 목격하고 있으며, 그런 조직화 방식은 우리에게 작업과 소비와 혁신방식을 개선할 중요한 기회를 제공하리라는 것이다. 질서정연한 위계질서를 가진 조직의 구축이 유일한 조직화 방식이던 시대는 지나갔다. 헨리 포드가 대량생산 공장을 고안하기 전인 20세기 초에는, 수천 명의 기업가들이 소규모의 자동차 제작방식을 탐색하는 오랜 실험기를 이어갔다. 지금 우리는 그와 비슷한 실험기를 거치고 있다.

앞으로 10년간은 새로운 조직화 방식을 확립할 훌륭한 기회가 될 것
이고, 이런 조직화 방식은 포드의 대량생산 방식만큼이나 광범위한
영향력을 행사하게 될 것이다. 집단지성은 이제까지와는 다른 방식
으로 공유와 협업과 참여를 확대하고 민주주의와 평등과 자유를 확
장하는 체계적인 토대를 제공할 것이다.

다음 장에서 서술하겠지만 집단지성의 성공은 완벽하게 새로운
실체가 아니라, 낡은 것이 일부분 섞인 실체에 좌우될 것이다. 웹에
그토록 강한 흡인력이 있는 이유는 산업 조직들이 배제했던 집단적
협업방식을 되살리려는 시도를 웹이 하고 있기 때문이다. 웹의 위력
은 새로운 관계형성 방식을 허용하는 것이다. 웹은 낡은 사고방식이
뿌리 깊은 사람들을 향해 말한다. 새로운 아이디어와 지식을 생산하
기 위해서는 대중과 관계를 맺고 아이디어와 지식을 공유해야 한다
고. 공유는 새로운 기술로 협업적인 혁신을 이루는 데 중심 역할을
할 것이다. 자원 집약도가 낮고 환경파괴 영향이 낮은 경제활동 방
식을 창출하기 위해서는 혁신이 필요하다. 혁신이 중요해질수록 이
런 공유의 윤리 또한 점점 더 중요해질 것이다. 앞으로 살펴보겠지
만 아이디어를 공유하고 발전시키는 공동체는 대개 자신의 지식을
기여하는 사람들 주위에서 시작된다.

1672년에 아이작 뉴턴은 영국왕립학회의 헨리 올든버그에게 색과
빛 이론을 개괄하는 내용의 편지를 보냈다. 올든버그는 뉴턴의 편지
를 〈철학회보Philosophical Transaction〉에 실었다. 〈철학회보〉의 창간 목
적은 과학의 발견을 신속하고 질서 있게 유포하는 것이었다. 과학계
에 자신의 아이디어를 공개한 뉴턴의 기여로 탄생한 과학공동체는

그후 수백 년 동안 지식을 창출해내는 원천이 되었다. 뉴턴의 기여는 기존의 공동체에 보내는 선물에 그치지 않고 자신을 중심으로 새로운 공동체를 구축하는 원동력이 되었다.

이 책에 소개될 순수한 집단지성의 시도들은 모두 지식의 기여로부터 출발했다. 소프트웨어, 프로그램 개발도구, 아이디어, 정보 등 온갖 종류의 지식을 아무런 대가 없이 공개하는 행동은 공동체의 성장을 촉진하고 더 많은 지식을 창출하는 토대가 되며 시장의 번영에 한몫한다. 우리가 중시해야 할 것은 공동체다. 시장은 상품을 거래하고, 공동체는 지식을 낳는다. 아이디어는 개개인의 마음속에 머물러 있는 것이 아니라 기여의 형태로 공동체 내에서 끊임없이 순환한다. 환경에 대한 우려 때문에 생산과 소비 활동이 더욱 제한된 21세기, 인류의 행복은 무엇을 소유하고 소비하느냐보다는 다른 사람들과 협업해 무엇을 공유하고 창조하느냐에 달렸다. 인간에 대한 평가기준도 무엇을 소유하느냐가 아니라 무엇을 공유하고 나눠주느냐로 바뀔 것이다. 웹의 중요성은 바로 여기에 있다. 우리는 웹에서 새로운 공유방식, 새로운 혁신방식을 찾을 수 있다.

2장

집단지성의 기원

컴퓨터광, 연구자, 히피족, 농부 이렇게 네 사람이 합동 프로젝트를 진행하기 위해 모였다고 하자. 연구자는, 아이디어를 공유하고 그 아이디어는 동료들의 심사로 검증해 지식을 발전시켜야 한다고 주장한다. 히피족은 권위적인 것들에 대한 극도의 반감을 드러내면서 자연발생적인 평등주의 공동체에 의존해야 한다고 주장한다. 농부는 옛날부터 이어져 내려온 공유자원(숲과 어업자원 등)의 공동사용과 민중문화(구전된 이야기와 음악 등)가 중요하다고 말한다. 컴퓨터광은 컴퓨터와 모뎀, 공유기를 이용해 네트워크를 구축하면 이루지 못할 것이 없다고 주장한다.

컴퓨터광, 연구자, 히피족, 농부는 웹이 변화시킨 현재의 문화를 이루는 뿌리들이다. 이들은 지식 등의 자원을 공유하는 공동체의 힘에 대한 신념이라는 토대 위에서 결합해 현재의 문화를 형성하고 있는 것이다. 다시 말해 웹이 창조하는 문화는 컴퓨터광으로 비유되는 탈脫산업화 네트워크와 히피족으로 비유되는 저항문화의 반反산업화 이데올로기, 농부로 비유되는 산업화 이전의 조직관(20세기에 흩어졌다가 부활하고 있는)이 결합해 형성된 강력한 조합물이다. 협업적인 창의성을 발휘할 수 있는 기회가 갈수록 늘고 있는 것은 현재의 문화를 형성하는 이런 요소들의 결합 덕분이다. 먼저 컴퓨터광과 웹 2.0에 대해 살펴보자.

컴퓨터광과 웹 2.0

구글 검색 칸에 아스날 풋볼 클럽Arsenal Football Club이라고 입력하면, 검색결과 상단에서 아스블로그Arseblog라는 웹사이트를 찾을 수 있다. 아스블로그는 아스날 풋볼팀의 팬이 운영하는 블로그다. 우리는 이 작은 아스블로그를 통해 아이디어의 공유와 협업방식을 변화시키는 웹의 위력을 확인할 수 있다.

2007년 1월 13일, 아스날 팀과 블랙번 로버스 팀의 시합이 있었다. 아스날은 선수 한 명이 퇴장당한 상황에서 10명의 인원으로 2대 0의 승리를 거두었다. 이튿날 〈옵저버〉는 티에리 앙리가 71분에 넣은 골이 아스날에게 승리를 안겨주었다고 보도했다. 아스날 풋볼 클럽의 공식 사이트인 아스날닷컴Arsenal.com은 축구 만화 《로이 오브 더 로버스Roy of the Rovers》가 연상되는 글을 올렸다.

질베르토가 12분 만에 레드카드를 받고 퇴장한 상황에서도 아스날은 기품과 인격이 넘치는 행동으로 블랙번을 격퇴했다. 대부분의 축구팀은 그런 상황에 몰리면 휘청거리기 쉬운데, 아스날은 풋볼의 기본 원칙을 충실히 지키면서 소중한 승리를 따냈다.

아스블로그는 다음과 같은 반응을 보였다.

차도 옆을 지나가다가 폭발 위기에 놓인 버스 2대를 보았다고 하자. 한 버스에는 외계에서 온 킬러로봇들이 타고 있는데, 이들은 지구인들에게 전염병을 퍼뜨리고 지구인의 아내들을 겁탈하고 얼마 전에 새로 칠한 당신 집에 똥을 발라놓으려고 온 놈들이다. 다른 버스에는 블랙번 로버스 팀이 타고 있다. 버스 2대 중 하나만을 구할 수 있다면 어느 쪽을 선택하겠는가? 그거야 물으나마나다. 우리는 당연히 흑사병에 걸리고 벽에 똥칠이 된 쪽을 택할 것이다.

이 세상에 존재하는 수많은 조직들은 조만간 아스블로그처럼 감정적 선동에 앞장서는 무보수의 독립적인 상근 논평가를 최소한 하나 이상 가지게 될 것이다.

아스블로그는 운영자의 강박관념을 배출하는 통로로만 이용되는 것이 아니다. 그가 올리는 게시글은 수백 개씩 댓글이 달리기도 하는 등 활기찬 토론을 불러일으킨다. 아스날 소속 선수 중에는 프랑스와 스페인 태생 선수들이 있다. 아스블로그는 영국뿐 아니라 일부 소속 선수들의 출신국인 프랑스와 스페인의 온오프라인 매체에 보도된 간단한 뉴스까지 제공한다. 아스블로그는 아스날 팀과 관련된 15개의 점잖은 블로그들을 링크해놓고 거기에 게시된 글들을 인용하기도 하고, 다른 축구팀 팬들이 운영하는 블로그의 게시글을 소개하기도 한다. 우즈벡 출신의 러시아 과두재벌 알리세르 우스마노프가 아스날 풋볼팀의 투자자가 되었을 때, 아스블로그는 우스마노프에 대해 신문보다 훨씬 많은 읽을거리를 제공했다.

아스블로그의 사례를 통해 웹 2.0이 어떻게 사람들이 정보·매체와 관계를 맺는 방식을 변화시키고 있는지를 확인할 수 있다. 웹은 사람들이 자기 관심사에 대해 대화할 수 있는 공간을 제공한다. 산업화 시대의 낡은 매체인 신문과 TV의 공간은 제한적이기 때문에 독자와 시청자들의 사소한 관심거리를 빠짐없이 다룰 수가 없다. TV와 신문은 스튜디오와 인쇄소가 필요하고, 이로 인한 막대한 자본비용을 충당하기 위해서는 많은 독자와 시청자를 끌어들여야 한다. 그에 비해 웹의 소요비용은 아주 적다. 그래서 아는 것이 많고 열정적인 사람들은 같은 관심사를 가진 사람들과 관계를 맺는 통로로 웹을 이용한다. 초기의 정적인 웹과 달리 웹 2.0은 이런 공동체들이 대화를 나눌 수 있도록 고무한다. 사용자들은 이런 공동체 안에서 댓글을 올리고 서로 이야기를 나눈다. 웹을 통한 대화는 일방통행이 아니다. 아스블로그는 틈새시장을 노리는 출판 벤처기업과는 달리 팬 공동체 사이의 대화를 중심으로 활동한다.

최초의 웹 소프트웨어를 만든 것은 유럽입자물리연구소에서 근무하던 팀 버너스 리였다. 당시 그는 아스블로그의 탄생을 예상하지 못했을 것이다. 그러나 단순히 새로운 정보전달 방식을 넘어서 협업의 토대를 구축하려는 그의 바람은 웹을 통해 실현되었다. 웹 2.0이라는 용어는 2005년에 기술 해설자이자 출판업자인 팀 오레일리Time O'Reilly가 처음 보급한 이후 빠르게 퍼져나갔다.[1] (2007년에 사람들은 1990년대의 사람들이 @표시를 즐겨 사용한 것처럼 최첨단이라는 것을 암시하기 위해 2.0이라는 딱지를 즐겨 사용했다.) 그러나 웹 2.0의 참뜻을 분명히 아는 사람은 별로 많지 않다. 열성적인 웹 사용자들은 웹 2.0이라는 용어를 사진과 동영상을 포함한 정보들을 출판하고 공유할 수 있는 도구(예컨대 위키와 블로그)와 같은 뜻으로 사용한다. 반면에 소프트웨어 프로그래머들은 끊임없이 갱신하지 않아도 변경된 내용이 웹페이지에 표시되는 소프트웨어에 초점을 맞춘다. 또 어떤 사람들은 사용자 제작 컨텐츠를 활용한 사업모델이 있다는 것을 암시하기 위해 웹 2.0이라는 말을 즐겨 사용한다. 그중 문제의 핵심을 정확히 짚은 정의는 찾을 수 없다.

웹 2.0이 사람들의 관심을 끄는 진정한 이유는 문제해결 방법을 제공할 가능성 때문이다. 수백만 사람들이 웹의 공간을 통해 단순한 컨텐츠 수신자가 아니라 컨텐츠 제작자로 나서면서 엄청난 양의 정보를 생산하고 있다. 1993년 6월에는 전 세계에 130개 웹사이트가 있었다. 2007년 중반에는 등록된 웹사이트가 1억 3,500만 개, 활동 중인 웹사이트가 6,100만 개에 이르렀다.[2] 미니 출판을 할 수 있는 도구가 확산되면서 수많은 원천으로부터 폭포수처럼 정보가 쏟아지고 있다. 미국의 퓨 인터넷 앤 아메리칸 라이프Pew Internet & American Life가 시행한 연구에 따르면, 인터넷을 사용하는 십대의 약 60퍼센트가 블로그 등을 사용하며 스스로를 컨텐츠 제작자라고 여기고 있다. 2006년, 영국의 방송통신 규제기관인 오프콤Ofcom이 시행한 연구에 따르면, 십대의 70퍼센트가 온라인 컨텐츠를 생산한 경험이 있었다. 대량의 컨텐츠는 웹에 생기와 매력을 불어넣기도 하지만, '정보의 바다'를 형성함으로써 목적지를 찾아가려는 우리의 시도를 좌절시킬 수도 있다.

웹 2.0은 이 문제에 대처할 수 있는 방안을 제시한다. 그것은 바로 수백만 명이 동일한 가상공간을 공유할 때 형성되는 집단지성의 능력을 이용하는 방법이다. 우리는 웹 2.0을 이용한 협업활동을 통해 밀림을 뚫고 목적지를 찾아갈 수 있다. 구글의 검색시스템이 그 대표적인 예다. 구글의 검색시스템은 하나의 웹사이트에서 다른 웹사이트로의 링크를 1표의 득표로 간주한다. 즉 A 웹사이트에서 B 웹사이트로 링크되면, A가 B에게 투표를 한 것과 같다. 많은 링크를 확보한 웹사이트는 더 많은 표를 얻는다. 많은 링크를 확보한 A 웹사이트가 B 웹사이트에 던지는 한 표가, 링크가 전혀 없는 C 웹사이트가 B 웹사이트에 던지는 투표보다 훨씬 가치가 높다. 인터넷 사용자가 검색을 시작하면, 구글의 알고리즘은 사람들이 던진 표의 수를 헤아리고, 그 투표결과를 검색 능력과 품질에 대한 평가로 간주한다. 우리가 구글에 무엇을 찾아달라고 요청하면, 구글은 사람들이 형성한 링크 속에 함축된 집단 선택의 결과를 제시한다. 이것이 곧 집단지성 서비스다. 바로 이것이 웹의 소음과 혼란에 대한 일차적인 해결책(완벽한 해결책은 아니라는 의미에서)이다. 우리는 혼자 힘으로는 웹이 형성한 다량의 정보를 이해할 수 없다. 유일한 희망은 공유 지성을 이용하는 것뿐이다. 컨텐츠를 제공하는 사람들이 늘어날수록 협업의 필요성은 더욱 커진다. 웹을 통해 "나는 이렇게 생각한다"고 말하는 사람들이 늘어날수록 "우리는 이렇게 생각한다"는 판단이 더욱 절실히 필요해진다. 이런 판단에 따라 무수한 정보 속에서 질서를 만들고 알곡과 쭉정이를 가려낼 수 있다.

블로그의 역사를 살펴보는 것만으로도, 대량으로 창출되는 컨텐츠를 이해하기 위해서는 집단지성이 필요하다는 것을 확인할 수 있다. 블로깅은 극도로 개인적인 활동이다. 블로그는 사람들의 무수한 관심사와 견해를 반영한다. 너무나 다양한 특성을 가진 사람들이 너무나 많은 블로그를 운영하고 있기 때문에, 블로그 세계 속에서는 신문사처럼 집중된 편집과 품질 통제시스템을 구축할 수 없다. 어떤 블로그가 유익한지 알고 싶으면, 다른 웹 사용자들이 믿을 만하다고 판단한 블로그를 찾아가는 것이 가장 좋다.

1993년에 웹 브라우저 회사인 모자이크Mosaic가 자체 웹사이트에 'What's New'라는 페이지를 만들고 다른 사이트를 링크해놓은 것이 블로그의 원형이다.[3] '웹로그weblog'라는 용어는 1997년에 작가 존 버거John Berger가 최초로 사용했다. 1999년에 피터 머홀츠가 자신의 사이트에서 '위 블로그wee blog'라는 용어를 사용했는데, 그것이 순식간에 블로그로 축약되어 퍼져나갔다. 1999년에는 23개의 웹블로그가 있었다.[4] 그해 7월에 앤드류 스메일스가 당시 온라인 일기장으로 활용되던 블로그를 쉽게 제작하기 위해 피타스닷컴Pitas.com이라는 최초의 자율제작 블로그 도구를 만들었다.[5] 한 달 뒤에 발표된 블로거닷컴Blogger.com은 가장 인기 있는 블로깅 소프트웨어가 되었고, 얼마 후 알려지지 않은 가격으로 구글에 매각되었다. 블로거닷컴은 수많은 사람들을 작가와 출판업자로 변신시켰다.

블로그가 급증하면서 집단지성의 요소들이 나타나기 시작했다. 블로그 통합 사이트인 브리지트 이튼Brigitte Eaton의 이튼웹Eatonweb에 소속된 블로그 수는 1999년 초에는 50개에 불과했지만, 2007년에는 무려 6만 5,000개로 늘어났다.[6] 전문가 블로그 검색 서비스인 테크

노라티Technorati에 따르면, 2007년을 기준으로 7,500만 개의 블로그에서 하루에 160만 번의 업데이트가 이루어지고, 하루에 17만 5,000개의 새로운 블로그가 만들어지고 있다.[7] 슬래시닷Slashdot과 디그Digg, 플라스틱Plastic, 파크Fark와 같은 사이트들은 협업적 필터링 등의 도구를 사용해 블로그와 사용자들의 기여물을 모아 분류하고 있다. 또한 블로거들이 자신의 블로그에 링크된 다른 블로그들과 트랙을 유지할 수 있도록 지원하는 트랙백Trackback 서비스도 개발되었다.[8] 수많은 블로거들의 집합이 집단지성의 실체를 형성하고 있는 것이다. 2004년, 미국 블로거들은 자발적인 조사를 통해 위조된 기록을 파헤친 끝에, 조지 W. 부시 대통령이 군복무 중 특혜를 받았다는 기사를 내보낸 특정 뉴스매체의 보도를 정정했다. 슬래시닷 웹사이트는 하루 방문자 수가 300만에 이르는데, 이 방문자들이 참여하는 여러 가지 토론은 대부분 자율규제로 진행된다.[9] 한국의 오마이뉴스Ohmynews는 5만 5,000명의 시민기자들을 확보하고, 종래의 보수적인 신문과 방송국에 필적하는 뉴스 서비스를 제공하고 있다.[10] 유튜브와 플리커는 동영상과 사진의 광범위한 공유를 지원하고, 태그와 협업적 필터링을 사용해 컨텐츠를 평가하고 분류할 수 있도록 돕는다. 이렇듯 집단지성은 엄청난 컨텐츠의 생산과 기여의 기회를 최대한 활용할 수 있는 핵심 방법을 제공한다.

공통의 관심사를 가진 사람들을 연결해주는 소셜 네트워크 사이트(마이스페이스와 페이스북, 베보Bebo 등)에서도 고도로 발전된 협업활동이 전개되고 있다. 1990년대에는 오랫동안 소식이 끊겼던 학창시절 친구들을 연결해주는 온라인 게시판과 서비스(예컨대 프렌즈 리유나

이티드Friends Reunited)가 등장했고, 1997년에는 최초의 소셜 네트워크 사이트인 식스디그리즈닷컴SixDegrees.com이 출현했다. 식스디그리즈닷컴이 실패로 끝나면서 시대를 너무 앞서가거나 시대에 뒤처진 사업은 실패한다는 교훈을 남겼다. 5년 후인 2002년에 창립된 라이즈닷컴Ryse.com은 성공적으로 운영되었다. 라이즈닷컴은 기업 네트워크에 초점을 맞추어 약 25만 명의 정규 사용자를 확보했다. 2002년 가을, 20~30대를 위한 데이트 서비스를 자처한 프렌드스터Friendster가 설립되어 실리콘밸리부터 시작해 샌프란시스코와 뉴욕까지 급속히 퍼져나갔다. 프렌드스터의 사용자들은 개인 프로필 페이지를 작성하고 이것을 표준 포맷으로 사용해 다른 사람들과 관계를 맺었다. 2003년 10월, 프렌드스터는 무려 330만에 이르는 사용자를 확보했다. 2007년에는 마이스페이스가 7,800만, 한국의 싸이월드가 1,500만 회원을 확보하면서 프렌드스터를 추월했다. 페이스북은 원래 하버드대학 학생인 마크 주커버그Mark Zuckerberg가 대학 구내의 다른 주거지역에 사는 사람들과 관계를 맺기 위해 만든 것이지만, 2007년 말 현재 가장 빠른 성장세를 보이고 있다.

그밖에도 미래의 물결이 될 가능성이 높은 소셜 네트워크들이 많다. 생태 네트워크 가이아온라인Gaia Online은 500만 명의 회원과 8억 5,000만 개의 게시글을 확보하고 있다. 링크트인은 기업 네트워크에 초점을 맞추고 전문가 인맥 형성을 주된 목적으로 내세워 750만 명의 회원을 확보하고 있고, 스웨덴의 십대들을 겨냥한 플레이어헤드 Playahead는 100만 명의 회원을 확보하고 있다. 2007년에 미국의 대통령 후보들은 빠짐없이 소셜 네트워크 사이트에 프로필을 게시했다. 필리핀, 한국, 스페인의 국회의원 선거는 휴대폰과 온라인 소셜 네트워크를 통해 조직적으로 움직이는 그룹이 좌우했다. 노무현 대통령을 지지하는 온라인 그룹인 노사모와 같은 일부 소셜 네트워크들에서는 온라인 여론광장을 통해 정책토론과 의사결정을 진행하는 구조가 확립되어 있다.[11]

소셜 네트워크 사이트가 활성화되려면 협업적인 자율규제의 분위기가 형성되어야 한다. 프렌드스터는 지나친 하향식 관리 때문에 많은 회원을 상실했다. 소셜 네트워크 사이트는 그 자체만으로는 집단지성을 창조할 수 없다. 공통의 관심사를 가진 대규모 그룹들이 연결됨으로써 집단지성의 전제조건이 생긴다. 우리는 블로그를 비롯한 여러 도구를 통해 의사표현의 기회를 확보할 수 있고, 소셜 네트워크를 통해 다른 사람들과의 관계를 형성할 수 있다. 그러나 창조적인 협업을 지속시키는 체계를 구축하기 위해서는 그밖에도 여러 가지 도구들이 필요하다. 그중 대표적인 도구가 바로 위키wiki다.[12] 하와이 말로 '빠르다'는 뜻의 위키는 '내가 아는 것what I know'의 앞 글자를 딴 것이기도 하다. 위키는 웹의 HTML 압축판을 이용하기 때문에, 처음에는 '빠른 웹'이라고 불렸다. 최초의 위키는 1995년 3월, 오리건주 포틀랜드에서 프로그래머로 활약하던 워드 커닝햄Ward Cunningham이 만들었다. 위키는 10년 사이에 3만 페이지로 늘어났다.[13] 위키는 접속하는 모든 사람들에게 로그인을 하기만 하면 페이지 내용을 직접 편집할 수 있는 권한을 준다. 이 과정은 위키피디아처럼 매우 개방적인 방식으로 진행될 수도, 특정 조직에 속한 그룹에게만 허용된 제한적인 방식으로 진행될 수도 있다. 위키 서비스를 제공하는 사이트(이른바 위키팜wiki farms)들은 위키피디아와 그 자매 사이트들 말고도 수없이 많다(소셜텍스트SocialText, 에디트미EditMe, 오픈위키OpenWiki, 스위키Swiki 등). 위키를 활용하면, 많은 사람들이 협업해 어떤 토론을 요약하거나 특정한 정보를 모아 공동저술로 문서를 만들 수 있다. 위키가 가장 큰 성과를 발휘할 수 있는 경우는, 많은 사람들이 뚜렷한 목적을 가진 공통의 과업(예컨대 백과사전 출판, 회의계획, 목록의 업데이트, 과학적 자료수집, 보고서 작성 등)에 집중할 때다. 위키는 엇갈린 여러 의견들을 조정하는 데는 적합하지 않다. 위키 소프트웨어 회사인 조트스포트JotSpot의 공동창립자인 조 크라우스에 따르면, 위키는 대개 명확한 목적을 갖고 정해진 기간의 프로젝트를 협업적으로 진행하는 소규모 그룹에 가장 적합하다.[14]

웹은 협업적 활동을 통해 다수가 자기표현을 하는 혼란스런 상황을 통제할 수 있는 힘을 제공한다. 우리는 노트북 컴퓨터와 디지털 카메라가 장착된 이동전화, 블로그 소프트웨어 따위의 여러 가지 도구 덕분에 블로그와 사진, 동영상으로 쉽게 자신의 의견과 아이디어를 웹에 올릴 수 있게 되었다. 그러나 이런 상황은 유익한 정보를 가려내기 어려운 정보의 혼란상태를 초래한다. 지금 웹에서는 '나는 이렇게 생각한다'는 자기표현이 유례없이 엄청난 규모로 이루어지고 있다. 따라서 웹은 풍요로우면서도 번잡하다. 웹이 쏟아내는 수많은 자료들 속에서 자신이 원하는 정보를 찾을 수 있는 가장 효율적인 방법은 검색엔진이나 협업적 필터링, 위키, 믿을 만한 블로그, 혹은 소셜 네트워크 친구들의 추천 등을 통해 알곡과 쭉정이를 가려내는 집단지성에 의지하는 것이다.[15]

웹은 공유를 권장한다. 웹의 이런 특성은 공유의 필요성이 제기되고 이 필요성을 충족할 수 있는 소프트웨어가 개발되는 과정에서 형성된 것이 아니라, 웹이 탄생했던 1960년대 학구적 문화와 히피족 문화에 깊은 뿌리를 두고 있다.

디지털 생활공동체

40여 년 전인 1968년 12월 9일, 샌프란시스코 브룩스 홀에는 빠르게 성장하던 미국 컴퓨터 산업계의 핵심 인물들이 모여 있었다. 더그 엥겔바트Doug Engelbart는 커다란 화면을 통해 컴퓨터의 발전 가능성을 제시했다. 그는 자판과 마우스를 사용해 컴퓨터 화면상에서 직접 텍스트를 편집하고, 하나의 문서 속에 다른 관련 문서들을 연결하는 링크를 삽입하고, 텍스트에 그래픽과 동영상을 집어넣고, 전화선을 이어 멀리 떨어져 있는 컴퓨터들을 연결하고, 컴퓨터와 컴퓨터를 연결하는 네트워크를 통해 서로 다른 대륙에 있는 사람들이 똑같은 문서를 갖고 작업하는 날이 올 거라고 주장했다. 그가 청중들에게 보여준 것은 바로 훗날 인터넷이라는 이름으로 알려지게 되는 실체의 뼈대였다.

당시 사람들은 복잡한 연산작업을 완료하려면 방안을 가득 채우는 커다란 컴퓨터와 펀치 카드가 있어야만 한다고 알고 있었다. 그러니 대부분의 청중들은 엥겔바트의 이야기를 터무니없는 소리라고 여겼을 것이다. 그러나 엥겔바트가 90분 동안 청중들에게 선보인 것은 현대 산업과 문화의 주춧돌인 컴퓨터와 통신의 미래였다. 프레드 터너는 그 당시의 기록에서 이렇게 말한다.

우리는 난생처음 연산처리가 아니라 정보의 보급과 작업 커뮤니티의 건설로써 고도의 맞춤형 또는 대화형 컴퓨팅 시스템이 구축될 수 있다는 것을 알게 되었다.[16]

그후 컴퓨터는 사회와 조직 혁신의 기수가 되었다.

엥겔바트는 1957년에 캘리포니아 팔로알토 스탠포드연구소에 입사했다. 그리고 3년 후에 개인용 컴퓨터와 유사한 수준의 컴퓨터를 이용해서 문서 내부의 '관련 링크'를 결합할 수 있다는 내용의 메모를 미국 공군에 보냈다. 이것이 바로 웹의 하이퍼텍스트hypertext의 선구다. 1963년 엥겔바트는 인간의 지능을 확대하기 위한 연구소를 설립했고, 1966년부터 1968년 사이에는 훗날 인터넷 구축에 중요한 구성요소가 되는 온라인 시스템(Online System: NLS라고도 함)을 제작했다. 엥겔바트의 연구소는 1974년 논쟁에 휘말리면서 분열되어 문을 닫았다. 1990년대 중반에 와서야 저렴한 개인용 컴퓨터와 인터넷이 결합한 컴퓨터 산업의 발전 덕분에 엥겔바트의 꿈은 실현되었다. 기업과 관료를 통제하는 비인간적인 도구라고 여기던 컴퓨터는, 엥겔바트의 활약 덕분에 개인과 언론의 자유 도구이자, 위계를 허물고 조직의 권력을 분산하며 집단적 창의성의 제약 굴레를 벗겨내는 잠재력을 가진 도구라는 새로운 평가를 받게 되었다.

1968년 12월 바로 그날, 29세의 스튜어트 브랜드Stewart Brand가 엥겔바트의 강연을 기록하고 있었다. 순회 음악가이자 저널리스트로 활동하던 브랜드의 특이한 취미로 미루어보면, 그는 새로운 예술형식을 탐구하는 맨해튼의 전위 예술가들과 새로운 생활양식을 추구

하는 뉴멕시코 삼림지대의 생활공동체, 그리고 기술과 저항, 마약이
뒤섞인 샌프란시스코의 저항문화와 관련을 맺고 있었던 것 같다. 엥
겔바트 같은 연구자들이 컴퓨터를 사용한 새로운 협업방식을 구상
하는 동안, 또 다른 사람들은 생활공동체를 통한 협업방식을 직접
실험하고 있었다. 1970년 당시, 약 75만 명이 수만 개의 공동체를 꾸
리고 소박하고 진정한 생활양식을 추구하며 생활하고 있었다. 브랜
드는 자유분방한 보헤미안주의와 최초의 디지털 생활공동체라는 새
로운 기술의 갈림길에 서 있었다.

브랜드의 가장 큰 공헌은 1968년에 〈호울 어스 카탈로그Whole Earth
Catalog〉를 창간한 것이었다. 이 잡지에는 탄트라 예술부터 사이버네
틱스에 이르는 폭넓은 소식과 도구 소개, 도서 추천, 통신판매 목록
이 실려 있었다. 창간호 발행 당시 판매부수는 1,000부에 지나지 않
았지만, 폐간호를 내기 직전인 3년 뒤에는 1,500만 부로 뛰어올랐다.
브랜드는 이 잡지 제작으로 '전미 도서상'을 수상했다. 448쪽의 폐간
호를 살펴보면 1,072개의 흥미로운 상품들이 소개되어 있다. 〈호울
어스 카탈로그〉에는 이베이와 크레이그스리스트에 비견할 만한 최첨
단 웹 2.0의 요소들이 포함되어 있었다. 독자들이 기고한 내용이 상당
부분을 차지했고, 흥미로운 물건을 소개하는 기사에는 그 물건을 최
초로 추천한 사람의 이름이 게재되었다. 브랜드는 인터넷 게시판의
선구격인 '호울 어스 일렉트로닉 링크The WELL, The Whole Earth 'Lectronic
Link'의 제작을 지원했다. 호울 어스 일렉트로닉 링크는 온라인 언론
자유를 옹호하는 '일렉트로닉 프론티어 파운데이션Electronic Frontier
Foundation'과 진취적인 기술 관련 기업가들을 혁명의 기수로 적극 추

커올리는 신경제의 경전 〈와이어드〉의 창간을 촉진했다.

 1971년 6월 21일, 〈호울 어스 카탈로그〉의 과도한 제작업무에 시달리던 브랜드는 결국 샌프란시스코 중심부의 '팰리스 오브 파인 아트Palace of Fine Arts'에서 잡지의 폐간을 선언하는 파티를 열었다. 이 파티에는 광대와 벨리 댄서, 트램펄린 곡예사, 티베트의 사원 음악과 아일랜드의 지그 춤곡을 연주하는 '황금두꺼비'라는 밴드가 출연했다. 오후 9시 30분, 브랜드는 수도승이 입는 검은 의복을 갖춰 입고 무대 위에 섰다. 그는 청중에게 〈호울 어스 카탈로그〉 창간 비용에 해당하는 2만 달러를 보여주며 이 돈으로 〈호울 어스 카탈로그〉의 정신을 이어갈 사업계획을 내달라고 부탁했다. 브랜드는 칠판에 50여 명이 제출한 내용을 적었지만 의견은 일치하지 않았다. 그 와중에 2만 달러 중 일부가 군중 사이로 사라졌다가 파티가 끝날 즈음에야 거의 회수되었다. 그때 마이크 앞에는 후일 협업적인 웹의 창조에 기여하게 되는 프레드 무어Fred Moore가 1만 4,905달러를 쥐고 서 있었다.

 프레드 무어는 직업 군인의 아들이지만 십대 시절에 평화주의자로 살기로 결심했다. 1959년에 버클리대학에 입학해 과학을 전공하던 그는 흰 양말과 멜빵, 테니스 신발, 깔끔하게 접어올린 청바지 차림으로 다녔다. 미국의 평범한 십대 모습 그대로였다. 그러나 무어는 신입생 주간에 학생들에게 의무 군사훈련에 반대하는 캠페인을 지지해 줄 것을 호소하는 활동을 시작했다(미국은 1868년 이후 남학생들의 군사훈련을 의무화했다). 학생과장은 그를 불러서 신체장애가 있거나 군대근무 경험 또는 외국 시민권을 가진 사람들은 군사훈련을 면제하겠다고 말했다. 1959년 10월 19일 아침, 무어는 물과 방석, 탄원서를 들고 대학행정 건물인 스프라울 홀의 계단에 나가 군사훈련을 반대하며 7일간 단식농성에 돌입했다. 무어는 최초의 저항학생이었다. 그의 저항 덕분에 군사훈련은 선택사항으로 변경되었다. 시민권 운동과 베트남전쟁이 있었던 1960년대에 수만 명의 학생들이 그의 뒤를 쫓았고, 대학 캠퍼스는 저항의 무대가 되었다.

무어가 '폐간 파티'가 끝날 때까지 남아 있다가 그 돈을 손에 넣은 것은 기이한 일이었다. 그는 평소 돈을 사악한 것이라고 생각하는 사람이었다. 그러나 그 받은 돈을 계기로 사회변화의 도구에 대한 그의 관심은 저항에서 컴퓨터로 옮겨갔다. 1970년대 초에 무어는 '피플스 컴퓨터 컴퍼니People's Computer Company'에 관여했다. 1975년 그 회사가 해체되자 그는 함께 자원활동을 하던 고든 프렌치Gordon French와 의논해 컴퓨터가 사회에 미치는 영향에 관심 있는 아마추어들을 모으기 시작했다. 무어는 자전거를 타고 팔로알토를 누비고 다니면서 다음과 같은 전단을 붙였다.

아마추어 컴퓨터 사용자 모임, 홈브루Homebrew 컴퓨터 클럽입니다. … 가입하십시오. 자신의 컴퓨터를 가지고 싶으십니까? … 비슷한 관심으로 정보와 아이디어를 교환하고 각자의 전문 분야에 대해 이야기하면서 프로젝트 활동에 기여하는 사람들의 모임에 참여하고 싶으신가요? …

프렌치의 차고에서 열린 창립 모임에는 32명이 참석했다. 그중 6명은 이미 직접 제작한 컴퓨터를 갖고 있었다. 그 클럽은 각자 직접 물건을 만들고 다른 사람들이 직접 물건을 만드는 것을 돕는 '해커 윤리'를 실천했다. 이 클럽의 아마추어 자가제작DIY 회원들의 계보에서 애플을 비롯한 23곳의 하이테크 회사들의 유래를 찾을 수 있다. 1997년, 프레드 무어는 55세의 나이에 교통사고로 사망했다. 그는 널리 알려지지는 않았지만 최초의 저항학생이며, 지금 우리가 누리는 디지털 혁명의 상당 부분을 일으킨 클럽의 공동창립자로서 현대 미국의 형성에 기여한 인물이다.

몇 차례 회의를 거친 후, 홈브루 컴퓨터 클럽은 컴퓨터 엔지니어인 리 펠젠슈타인Lee Felsenstein에게 회장직을 맡겼다. 펠젠슈타인은 학생시절에 베트남전쟁 반대운동에 참여한 적이 있고, 전위적인 출판물 〈트라이브The Tribe〉에 글을 기고하던 인물이었다. 1973년에 그는 중앙컴퓨터와 사람들의 출입이 잦은 레코드가게 또는 대학도서관에 설치된 컴퓨터 단말기를 연결하는 '커뮤니티 메모리' 프로젝트를 주도했다.[17] 웹 2.0의 초기 형태라고 할 수 있는 '커뮤니티 메모리'가 표방하는 것은 이것이다.

커뮤니티 메모리는 적극적인 개방형 정보시스템으로, 중앙의 편집과정이나 교환정보에 대한 통제과정을 거치지 않고 사용자들이 직접 커뮤니케이션에 참여할 수 있도록 허용한다. 이 시스템은 중앙에서 결정된 메시지를 다수의 수동적인 청중에게 방송하기 위해 전자매체를 활용하는 지배적인 방식과는 정반대되는 개념이다.

펠젠슈타인이 컴퓨터를 일상적인 자기표현과 협업을 위한 도구로 사용하는 방식을 개발하기 시작한 것은 급진적인 철학자 이반 일리히의 저술을 읽은 뒤부터였다. 당시 샌프란시스코의 하이테크 보헤미안들 사이에서 벌어지는 토론의 배경은 이반 일리히의 사상이었다. 펠젠슈타인과 무어, 브랜드는 일리히의 사상을 실현하는 통로로 컴퓨터를 택한 것이다.

이반 일리히는 일반 통념을 깨뜨리는 일에 평생을 바쳤다. 그는 사제교육을 받고 가톨릭 성직자 제도 내에서 빠르게 지위가 상승했지만, 로마 교황청에 대한 맹렬한 비판자가 되었다. 1970년대 대부분의 기간 동안 그는 좌파에 우호적이었고, 대규모 기업들이 운영하는 일차원적인 사회를 비판하는 허버트 마르쿠제와 의견이 같았으며, 환경운동이 자리 잡기 전부터 환경주의자로 활동했다. 한편 일리히는 쿠바의 카스트로 정권에 대한 맹렬한 자유주의적 공격으로 많은 좌익들을 실망시키고, 기존의 성별 역할분담을 옹호해 여권운동가들을 격분시키기도 했다.

일리히는 1926년 오스트리아 빈에서 토목기사의 아들로 태어나 유복한 중산층 집안에서 성장했다. 1941년 그는 어머니가 유대계라는 이유로 나치에 의해 고국에서 추방당했다. 이후 그는 소유물을 거의 지니지 않고 방랑하는 지식인으로 여생을 보냈다.[18] 1970년대의 절정기에 일리히는 《학교 없는 사회》, 《병원이 병을 만든다》, 《쓸모없어진 직업들Disabling Professions》, 《성장을 멈춰라 : 공생을 위한 도구》 등 짤막한 논쟁적 서적들을 집필하면서 현대적인 기구와 그것을 조직한 전문가들, 그리고 그들이 고안한 시스템의 취약점을 해부하는 일에

뛰어들었다. 그는 사람들이 전문가의 전문지식에 의존할수록 자신의
행동능력에 대한 자신감을 잃게 된다고 말했다. 그러니 소비자로서
허비하는 시간을 줄이고 자신의 행복을 만들어가는 생산자로서 활동
하는 시간을 늘려야 하며, 공생을 위해 손쉽게 이용할 수 있는 도구
를 더 많이 마련해야 한다고 주장했다.

일리히의 《성장을 멈춰라 : 공생을 위한 도구》는 가장 낙관적인 책
으로, 펠젠슈타인을 비롯해 1960년대의 해커 커뮤니티에 소속된 사
람들에게 영감을 불어넣었다. 이 책은 공생에 대해 이렇게 설명하고
있다.

내가 생각하는 바람직한 미래를 달성하기 위해서는, 소비가 아니라
행동하는 생활을 의식적으로 선택하고, 생산과 소비뿐인 생활양식을
유지하는 데 급급하지 말고 자발적이고 독립적이면서도 서로 어우러
진 생활양식을 창조해야 한다.

공생적인 기구들은 지시가 아니라 대화를 통해 운영된다. 즉 전문
가가 의뢰인에게 일방적으로 전달하는 것이 아니라 사용자와 생산
자, 학습자와 교수자가 공동창조처럼 사람들 사이의 상호지원을 통
해 자율적인 공생이 이루어지는 것이다. 일리히는 1971년에 출간한
《학교 없는 사회》에서 자율적인 교육시스템을 확산하기 위한 몇 가
지 원칙을 밝혔다. 시간에 구애받지 않고(학교뿐 아니라 공항이나 공장,
사무실, 박물관, 도서관에서도) 학습자료를 이용할 수 있게 하는 것, 지식
의 공유를 원하는 사람들이 자신에게 배우기를 원하는 사람들과 기

술교환 수업의 목록을 제공하는 방법을 통해 관계를 맺을 수 있게 하는 것, 그리고 원하는 사람들이 토론과 학습을 위한 주제를 쉽게 제안할 수 있게 하는 것 등이다. 1971년 당시 사람들은 이런 주장은 터무니없는 이야기라고 여겼다. 집단지성의 집단적인 자립활동은 일리히가 꿈꾸었던 이런 이상을 실현하려는 시도라고 할 수 있다.

기술의 활용방식을 구체화할 아이디어를 제공한 철학자는 일리히 뿐만이 아니었다. E.F. 슈마허는 《작은 것이 아름답다》에서 '대중을 위한 생산이 아니라 대중에 의한 생산'이 이루어지는 사회를 주창했다. 마샬 맥루한은 《미디어의 이해》라는 책에서 관료제 이전의 인본주의와 부족사회로의 복귀를 주장했다. 1968년, 프랑스의 문학비평가 롤랑 바르트는 예술작품의 의미를 독단적으로 결정하는 '저자가 죽어야만' 텍스트의 이해에 적극적으로 몰두하는 '참여자로서의 독자가 탄생'할 수 있다고 주장했다. 무정부적인 상황주의 인터내셔널 Situationist International을 창립한 기 드보르Guy Debord는 현대 사회를 '스펙터클의 사회society of spectacle'에 지나지 않는다고 비난하면서 "스펙터클(구경거리)이란 대화의 반의어다. 현대적인 수동성으로 지어진 제국에는 해가 지지 않는다"고 주장했다. 드보르는 구경거리 문화가 쇠퇴하고, 사람들이 사회적이고 협업적이며 평등한 관계를 강화하면서 서로 아이디어를 교환하는 참여 문화가 탄생하는 시대를 상상했다.

최첨단의 웹 2.0 문화는 현재 좌우익을 불문하고 정치인, 회사원, 교육자들이 수용하지만, 역사적으로 살펴보면 1960년대 저항문화를 바탕으로 이런 아이디어의 혼합 속에서 태어난 혼혈아다. 우리는 누구나 자신을 구경거리로 내놓을 수 있는 유튜브와 소셜 네트워크 사이트에서 드보르가 구경거리 사회에 대한 해독제로 제시한 대중참여 형태를 찾을 수 있다. 자유의지와 자발적 노력에 따라 캘리포니아와 뉴멕시코에서 피었다가 스러진 수천 개의 공동체들은 자체 규칙과 통화를 만들어가는 소스포지SourceForge의 오픈소스 커뮤니티와 세컨드 라이프의 가상 농장으로 부활했다. 다른 사람들이 제공하는 구성요소를 재결합하는 콜라주와 혼성모방pastiche은 상황주의만이 아니라 미래주의, 큐비즘, 다다이즘, 팝아트의 핵심을 이루고 있다. '떠서 섞고 굽는rip-mix-burn' 기능을 갖춘 애플 아이팟과 힙합뮤직, 유튜브 동영상 역시 드보르의 사상을 구현하는 것으로 볼 수 있다. 희소성의 경제에서 벗어난 조화로운 사회, 프레드 터너의 말을 빌리면 "개인이 자기가 흥미를 느끼는 활동을 하면서도 통합된 사회영역을 생산할 수 있는 '모두가 하나'인" 세계, 중앙 집중을 벗어나 자유와 평등이 실현되는 세계를 갈망했던 1960년대 급진주의자들의 희망은 집단지성 세대에 의해 실현되고 있다.[19]

웹은 1960년대의 저항문화가 안고 있던 취약점을 거의 그대로 물려받았다. 당시 생활공동체는 효율적인 관리와 노동체계를 구축하지 못해 붕괴했다. 공동체 참여자들은 평등주의와 개방주의를 옹호했지만, 대학교육을 받은 중산층 백인이 대부분이었고, 여성들은 대개 집안일에 묶여 있었다. 가장 강조하고 싶은 것은, 홈브루 컴퓨터 클럽에서 시작된 논쟁, 즉 프레드 무어로 대변되는 공유의 경제이론과 빌 게이츠로 대변되는 사적 소유의 경제이론 사이의 논쟁은 오랜 세월이 지난 지금까지도 이어지고 있다는 점이다.

홈브루 컴퓨터 클럽의 3차 모임에서는 최초의 개인용 컴퓨터를 운영하기 위해 고안된 알테어 베이직Altair BASIC이라는 소프트웨어 프로그램의 사본이 등장했다. 긴 종이테이프 위에 기록된 그 프로그램은 빌 게이츠와 폴 앨런이 공동창립한 마이크로소프트가 최초로 제작한 것으로, 반도체 기술자 댄 소콜이 고속 복사기로 복사한 것이었다. 소콜은 당시 학계에서 무료로 유통되고 있던 베이직 소프트웨어를 조금 고친 수정판을 개인용 컴퓨터 사용자가 이용할 경우 500달러를 지불해야 하는 것이 부당하다고 생각했다. 그래서 다음 모임에서 알테어 베이직 프로그램의 사본 70개를 내놓았다. 빌 게이츠는 취미 삼아 컴퓨터를 만지작거리는 아마추어들 때문에 회사가 위기에 처하게 되었다면서 이들에게 불만을 토로하는 편지를 보냈다.

애호가들은 이미 알고 있겠지만, 당신들은 소프트웨어를 훔쳐 쓰고 있다. 하드웨어는 돈을 주고 사야 하는 것이고, 소프트웨어는 그냥 나눠가질 수 있는 것인가? 소프트웨어를 만드는 사람들은 굶어죽든 말든 나 몰라라 하면 그만인가?

정보의 소유와 그에 따른 대가지불과 관련된 디지털계의 내전은 이렇게 시작되었다. 팔로알토의 작은 애호가 그룹에서 시작된 논쟁은 수천만의 거실과 침실, 세계 전역의 법정으로 퍼져나갔고, 논쟁의 대상은 소프트웨어를 넘어서 영화와 음악을 포함한 거의 모든 종류의 정보로 확대되었다. 공유를 가치창출의 원천으로 보는 프레드 무어의 협업적인 윤리관은 사적 소유를 이윤의 원천으로 보는 빌 게이츠의 고지식한 경제이론과 정면으로 부딪혔다. 2007년에 마이크로소프트는 비스타Vista 운영체제에 해당 소프트웨어의 불법사용을 감시할 수 있는 보안장치를 삽입함으로써 디지털계의 내전에 최첨단 폭탄을 터뜨렸다.[20] 대부분의 내전이 그렇듯이, 수시로 입장을 바꾸는 사람들의 태도 때문에 디지털계의 내전 역시 복잡하게 전개되고 있다. IBM과 HP 같은 대규모 기업들은 오픈소스 소프트웨어 프로그램의 개발과 실행을 지원함으로써 이윤을 얻고 있고, 구글은 웹의 집단지성에 의지해서 엄청난 수익을 올리고 있다. 수많은 사람들이 사심 없이 참여한 협업활동이 소수의 사람들에게 유례없이 많은 돈을 안겨주고 있는 것이다.

웹은 세계를 뒤바꿀 혁신을 추구하는 특별한 상황에서 탄생했다. 웹은 시장에서 나온 것도, 연구실에서 나온 것도 아니다. 웹의 뿌리는 시장을 거부하는 평등한 사람들, 컴퓨터와 소프트웨어의 개발자이면서 동시에 사용자로 활동하던 연구자와 몽상가, 해커, 히피들의 결합으로 거슬러 올라간다. 1960년대와 1970년대의 오픈소스 프로그래밍과 온라인 커뮤니티의 선구자들은 협업과 공공성을 옹호했다.[21] 웹은 이런 공공성과 협업의 기반을 강화한다. 영리를 추구하는 회사들 역시 웹을 자기들의 목적에 굴복시키는 것이 어렵다는 사실을 알고 있다. 웹과 영리조직이 협업할 수 있다고 해도 그 관계는 위태로울 것이다. 미래의 과학, 문화, 정치, 경제는 영리조직과 공동체, 사유와 공유의 협업관계가 어떠하냐에 따라 무척 달라질 것이다.

이런 면에서 볼 때, 개발도상국은 부유한 선진국에 비해 훨씬 유리한 입장에 있다. 웹 문화는 산업화 과정을 거치는 동안 선진국들이

밀쳐두었던 산업화 이전의 낡은 조직형태를 부활시키고 있다. 대부분의 개발도상국에는 아직도 산업화 이전의 사고방식이 팔팔하게 살아 있다. 컴퓨터광들이 창조한 네트워크가 시골 농사꾼의 처지에서 갓 벗어난 수백만 인구의 전통 및 습관과 결합하면 어떤 일이 벌어질까?

옛 사고방식의 급진성

이반 일리히는 자신이 살던 시대에서 한참을 뒤처져 있었기 때문에 오히려 그 시대를 앞서갔다. 그는 산업화를 비판하면서 산업화 이전의 조직형태로 회귀하자고 주장했다. 산업화 이전의 조직은 공동체 성향이 훨씬 강하고 위계적인 성격이 훨씬 덜했으며, 낮은 기술 수준으로 지역에 국한된 생산을 하면서도 수요를 충족할 수 있는 최상의 체계를 갖추고 있었다. 산업화 시대에 주변부로 밀려난 이런 낡은 조직방식을 웹이 복원하고 있다. 새로운 것이라고 알려진 것들은 우리가 생각했던 것보다 더 오랜 연륜을 갖고 있다.

집단지성은 공유와 상호의존 역시 사적 소유와 마찬가지로 생산활동의 토대가 될 수 있다는 생각을 뒷받침하고 있다. 집단지성은 자원의 공동 저장고를 이용하던 마을과 공동체에서 이미 오래전에 확립된 전통을 부흥시킨다. 공유물이란 자동차가 지나가는 도로와 비행기가 날아다니는 하늘, 휴식을 즐기는 공원과 해변 같은 것이다.[22] 공유물은 공동체의 소유다(만인의 소유일 수도, 한정된 공동체의 소유일 수도 있다). 공유물은 대개 그것을 사용하는 사람들의 합의를 통해 관리된다. 공유 관개시설에서 물을 끌어와 오렌지밭을 경작하는 스페인 농부들이나, 조업 제한영역을 넘어가면 배를 돌리는 터키의 어부들은 공유물의 사용자다. 깨끗한 공용 해변에서 하루를 보내는 것도 공유물을 사용하는 것이다. 특별히 통제하는 사람이나 책임자가 없어도 해변에서는 질서가 유지된다. 공용 해변은 전형적인 시민 공간이다. 이곳의 분위기는 너그럽고 흥겨우며, 자율적이고 민주적이다. 날이 밝으면 사람들은 다른 이들도 자리를 잡을 수 있도록 안배하면서 자기 자리를 잡는다. 이곳에는 구획설정에 관한 규정도 없고, 울타리나 경계선도 없다(스페인, 프랑스, 이탈리아에는 그렇지 않은 곳도 있다). 한 가족이 무리에 섞일 때 질서가 형성된다. 복잡한 해변을 찾은 사람들은 대부분 서로 아주 가까운 거리에서 온종일 시간을 보내면서도 예의를 지키고 서로를 배려한다. 안전을 관리하는 인명구조원들을 제외하면 통제하는 사람이 아무도 없기 때문에 사람들은 자율적인 행동을 해야 할 의무를 느낀다. 해변에서는 진입 장벽이 낮기 때문에 누구나 평등한 대우를 받고, 사유재산이 없기 때문에 통상적인 규칙이 통하지 않는다. 공용 해변은 즐거움을 제공하는 공유물이다. 축제장소, 공원, 도서관과 같은 대부분의 공공장소들은 이런 대중의 자율규제 윤리를 바탕으로 성장한다. 그리고 웹은 이런 공용 해변의 윤리를 아이디어와 정보의 공유에 도입하고 있다.

공용 해변의 사례에서 알 수 있듯이, 웹 2.0이라는 문화적 공유물에 울타리를 치자는 아이디어는 터무니없는 것이다. 우리가 즐겨찾던 공용 해변을 마이크로소프트가 사들였다고 하자. 그 해변에 가려면 마이크로소프트가 파는 돗자리와 바람막이를 사야 할 뿐 아니라, 지불하는 금액에 따라 이용영역에 제한을 받기도 하고, 파도타기를 하려면 추가 비용을 지불해야 한다. 우리는 2년마다 한번꼴로 예전에 사놓은 돗자리로는 해변의 모래를 막을 수 없음을 깨닫게 된다. 마이크로소프트가 바람막이 의장意匠의 핵심 부문을 잠금장치로 보호하기 때문에 우리는 취향에 맞게 바람막이를 고칠 수도 없다.

비판자들은 공유자원에 대한 무제한적인 이용이 허용되면 사람들이 자원을 남용하는 부정적인 결과가 나올 가능성이 높다고 자주 비판한다. 다시 말해 만인의 소유는 곧 어느 누구의 소유도 아니기 때문에 남용이 일반화되고, 따라서 공동조업권역에서는 대구의 씨가 마르고, 공동방목장에는 풀이 남아나지 않을 거라는 얘기다. 이들에 따르면, 그 공유물을 사용하는 사람들은 자원의 고갈 가능성이 있어도 이용을 자제할 필요성을 느끼지 못한다. 이런 '공유지의 비극'[23]을 피할 수 있는 유일한 방법은 공유물을 사적 소유로 조각조각 나누어 울타리를 치거나 아예 국유화하는 것이다. 오늘날 미디어와 음악·영화 회사들은 이런 '공유지의 비극' 이론을 동원해 웹의 문화 공유물들에 울타리를 치려고 한다. 이들에 따르면, 자유로운 이용권은 파일 복제의 성행과 소프트웨어 절도 같은 남용을 낳는다. 이들은 사람들이 음악이나 소프트웨어에 대한 대가를 지불하려고 하지 않는다면, 자신들은 그 생산을 중단할 것이고, 그러면 모든 사람의 형편이 나빠질 것이라고 주장한다. 빌 게이츠가 홈브루 컴퓨터 클럽을 공격할 때 썼던 것과 똑같은 논리다. 그러나 공유물이라고 해서 항상 그런 비극을 맞는 것은 아니다. 인디애나대학의 정치학 교수인 엘리노어 오스트롬은 방목장을 공유하는 스위스 마을과 쌀농사용 관개시설을 공유하는 필리핀 마을을 포함해 천년 이상 이어져 내려온 공유물들을 연구했다.[24] 오스트롬에 따르면, 사람들은 일반적으로 평판을 중시하는 공동체에서 배제되는 것을 싫어하기 때문에 공유물에 대한 자율관리가 가능하고 참여자들이 서로를 감시하는 것이 쉬우며, 규칙위반에 따른 효과적인 제재방법이 있다면 공유물은 존속될 수 있다. 공유물은 소규모의 한정된 공동체 내에서 가장 효율적으로 이용된다. 대규모의 개방된 공동체라도 소집단이나 동업조합으로 세분화되어 있을 경우에는 공유물을 존속할 수 있다. 수많은 농사꾼들은 공동 소유의 관개시설을 공유의 토대로 삼아 상업을 번창시킬 수 있다.

공유물이 숲과 토지 같은 유한자원이 아니라 지식과 아이디어인 경우에도 마찬가지다.[25] 옛날부터 전해 내려오는 구전 음악은 문화적 공유물이다. 아인슈타인의 상대성 이론, 제임스 왓슨과 프랜시스 크릭의 DNA의 이중나선 구조이론도 공유물이다. 언어 역시 일종의 공유물이다. 사전 출판업자와 방송업자와 교사들은 언어 방면에서 자신의 권위를 주장할지 모르지만, 그들이 그런 주장을 할 권리가 있는지에 대해서는 논란의 여지가 많다. 언어는 어느 한 사람의 소유가 될 수 없다. 영어는 수많은 다른 언어를 흡수하면서 발전해왔으며 교역과 과학, 문화를 위한 세계 공용자원으로 활용되고 있다.[26] 영어를 모국어로 사용하는 인구는 3억 8,000만 명, 제2언어 혹은 제3언어로 사용하는 인구는 3억 명이 넘는다. 10억에 이르는 상류층 혹은 상승 계층은 영어를 공용어로 여기고 있다. 영어의 특징은 다른 나라로부터 단어를 빌려오거나 훔쳐오거나 상황에 맞게 개작하기에 편리하다는 것이다. 16세기 말에 영어는 약 50개 언어에서 단어들을 흡수했다. 개인이 혼자 사용하는 언어는 생명력이 없다. 언어는 사람들이 주고받는 대화 속에서 생명력을 유지하며, 공공의 규칙에 따라 구조를 갖춘다. 언어는 많이 사용하면 닳는 것이 아니라 더욱 성장한다.[27] 양떼를 계속 똑같은 들판에 풀어놓으면 들판의 풀은 동나고 만다. 언어, 백과사전, 게임과 같은 문화적인 공유물이라면 양떼들은 쉬지 않고 풀을 먹어치울 것이다. 많이 먹으면 먹을수록 그만큼 배설을 많이 할 것이고 들판, 즉 공유물은 재생해 신선한 풀을 키울 것이다.[28]

오늘날 작업결과에 대한 동료들의 검열방식이 급속히 퍼져나가고 있다. 페이스북과 같은 소셜 네트워크 사이트는 친구와 지인들의 네트워크를 방계로 연결하는 방식을 채택하고 있다. 대부분의 오픈소스 프로젝트는 소프트웨어 코드에 대한 동료들의 엄격한 검열과정을 거침으로써 성과를 올리고 있다. 동료 간 검열활동의 폭발적인 증가는 새로운 현상이지만 그 아이디어의 기원은 16세기 말로 거슬러 올라간다.

16세기 중반까지만 해도 대부분의 과학연구는 연금술과 마술에 비유되면서 극비리에 진행되었다. 17세기 후반, 유럽 각지의 과학단체들은 현재 웹에서 이루어지는 관행, 즉 아이디어를 공개적으로 발표하고 그에 대해 토론하는 관행을 실행에 옮기면서 매우 발전했다.[29] 스탠포드대학의 경제학 교수인 폴 데이비드에 따르면, 동료들의 검열시스템은 귀족적인 기원을 갖고 있다. 왕과 왕자를 비롯한 귀족들은 오락거리를 제공하고 자신의 위신을 드높일 여흥시인과 음악가, 건축가, 과학자들을 거느리고 있었다. 그런데 과학 분야에서 까다로운 문제가 생겼다. 과학이 점점 복잡한 이론으로 발전하고 수학에 대한 의존도가 높아짐에 따라 귀족들은 자신이 후원하는 과학자의 능력을 직접 판단하기가 어려워졌던 것이다. 과학자들은 자신의 명성을 확인해줄 공동체를 만들기 시작했다. 헨리 올든버그는 측정하기 힘든 지적인 작업능력을 가장 잘 판단할 수 있는 것은 동료들뿐이라는 데 착안해 1660년에 영국왕립협회를 창립했다. 그후 수십 년 사이에 수많은 과학단체들이 생겨난 것은 동료들로부터 인정을 받으려는 과학자들의 욕구를 반영한 것이다.

16~17세기 자본주의 이전의 유럽에서 귀족들과 과학계의 엘리트층으로부터 시작된 혁신적인 조직화 방식은 웹을 통한 집단적인 작업방식으로 이어지고 있다. 일부 비평가들은 대가를 받지 않고 자신의 활동성과를 공개하는 오픈소스 프로그래머들의 작업방식을 귀족적이라고 평가하는데, 사실 이런 평가는 진실에 가깝다. 동료들의 검열을 통해 인정을 받으려는 태도는 돈을 중시하지 않았던 과학계의 귀족적인 전통에서 비롯한 것이다.

공동체는 공유의 토대와 동료들의 검열이 필수인 작업방식을 채택함으로써 혁신을 이룰 수 있다. 현재 웹에는 혁신 추구를 목표로 하는 공동체가 빠르게 확산되고 있는데, 이것 역시 과거에 뿌리를 둔 것이다. 공동체와 대화는 창의성을 낳는 원천이다. 아이디어는 개인의 머리뿐 아니라 공동체에서도 나온다. 그 대표적인 예로 18세기 산업 혁명 직전의 콘웰 주석채광산업을 살펴보자.

콘웰은 파격적인 혁신과 산업기술을 탄생시킨 당대의 실리콘밸리였다. 콘웰 지방의 주석과 구리 광산은 갱도가 깊어질수록 침수 가능성이 높아 기술자들의 탁월한 재능이 필요한 몹시 힘든 일터였다.

1769년, 제임스 와트는 독립적인 축전기를 써서 석탄 소요량을 3분의 2로 절감할 수 있는 엔진을 개발함으로써 채광업계의 경제적 판도를 바꿔놓았다. 와트와 그의 동업자 매튜 볼튼이 시장에 내놓은 엔진은 순식간에 콘웰 채광업계로 퍼져나갔다. 그러나 광산 소유주들은 그리 흡족해하지 않았다.[30] 볼튼과 와트는 광산 소유주들에게 신형 엔진의 설치로 절약되는 비용의 3분의 1을 특허권 사용료로 지불할 것을 요구했다. 광산 소유주들 사이에서 불만이 터져나왔다. 신형 엔진 디자인은 특허권의 보호를 받고 있었기 때문에 성능을 향상시키고 싶어도 임의로 손을 댈 수가 없었다. 볼튼과 와트는 가만히 앉아만 있어도 엄청난 돈이 굴러들어오는 형편이라 엔진을 개량하려는 동기가 없었다. 1790년부터 콘웰의 광산 소유주들은 거기에 반발해 지금이라면 '소프트웨어 해적'이라는 비난을 받을 만한 일을 감행했다. 특허를 승인받은 엔진이 아닌 개량된 엔진을 설치하기 시작한 것이다. 볼튼과 와트는 법원으로 달려가 특허권 기한을 1880년까지 연장하는 판결을 따냈다. 그리하여 혁신의 불길은 꺼지고 말았다. 그러나 이후 볼튼과 와트는 다시는 콘웰에서 특허를 팔지 못했다. 1811년, 콘웰의 유력한 기술자인 조엘 린이 〈린스 엔진 리포터 Lean's Engine Reporter〉라는 월간지를 창간했다. 이 잡지의 발행 취지는 광산 운영자들이 새로운 아이디어를 공유할 수 있게 함으로써 협업과 자유경쟁을 장려하는 것이었다. 이 잡지는 엔진 디자인과 관련된 모든 사항을 다루면서 백년 가까이 발행되었다. 창간 이듬해에 리처드 트레비틱과 아서 울프가 소개한 신형 디자인이 빠르게 확산되어 광산업계의 표준 운영시스템이 되었다. 울프와 트레비틱은 특허를 신청하지 않고 휠 프로스퍼 광산에 설치한 엔진을 다른 업체들이 무료로 모방할 수 있도록 허용하고, 자신들은 엔진을 설치하고 개량하는 일로 수익을 올렸다. 콘웰의 기술자 공동체는 〈린스 엔진 리포터〉를 통해 기본 아이디어 개량에 필요한 아이디어를 교환하고 강한 결속력을 유지했다.

볼튼과 와트의 획기적인 발명이 우월한 지위를 유지하는 사이에 혁신이 중단되었지만, 그후 30년 이상 개방적이고 협업적인 시기가 이어지면서 수많은 사용자 겸 기술자들이 울프와 트레비틱의 디자인을 향상시키며 끊임없는 혁신을 이루었다. 이들은 이때 이룬 발명에 대해 일절 특허를 신청하지 않았다. 1845년, 콘웰 채광업계에서 사용하는 엔진은 1800년대에 볼튼과 와트가 개발한 엔진보다 3배나 높은 효율을 자랑했다. 이 엔진들은 기술이 누적되고 협업적이며 집단적인 혁신의 특성이 반영된 '콘웰 엔진'이라는 이름으로 불렸다. 이 시기의 콘웰은 세계에서 가장 빠른 스팀 엔진을 가진 지역, 또한 영국 내에서 특허권 신청 비율이 가장 낮은 지역이라는 기록을 남겼다.

콘웰의 엔진 역사는 오늘날 마이크로소프트와 오픈소스 소프트웨어 사이의 싸움을 예고하는 것이었다. 공유는 영리추구를 위한 매우 효과적인 토대가 될 수 있다. 콘웰의 광산들은 경쟁관계였음에도 불구하고 아이디어를 공유함으로써 많은 비용을 절감했다. 이는 광산 소유주들은 공통의 관심사를 갖고 있었고, 광산기술자들은 자신의 업적을 알리는 데 관심이 컸기 때문에 얻은 성과였다. 콘웰의 광산들은 컴퓨터가 나오기 수백 년 전에 이미 오픈소스 소프트웨어를 활용했던 것이다. 오늘날 공동체적 혁신방식은 〈린스 엔진 리포터〉 대신 웹을 통해 부활하고 있다.

웹을 통해 다수의 아마추어에게 컨텐츠를 만들고 공유할 수 있는 권한을 부여하는 집단적 창의성의 조직화 방식은 민중문화라는 가장 오래된 형태의 창의성을 복원하고 있다. 2006~2007년에는 DIY 방식의 사용자제작 컨텐츠가 크게 유행했다. 2007년 슈퍼볼 기간에는 아마추어들이 직접 제작하거나 아이디어를 제공한 광고가 숱하게 등장했다. 노르웨이 라르비크 출신인 22세의 라세 예르센은 자체 제작 동영상을 편집해 만든 동영상으로 유튜브의 200만 시청자들의 관심을 사로잡으며 국제적인 인물로 부상했다. 2007년 〈타임〉지는 이런 협업적인 일상적 창의성의 급증을 기념하기 위해 우리 모두를 '올해의 인물'에 선정했다. 다시 한번 강조하지만 이런 현상은 대량생산과 출판문화산업, 20세기의 영화산업 때문에 숨통이 끊어질 위기에 놓였던 민중문화가 부활하면서 나타난 것이다.

앞으로 몇 년 동안 우리는 협업적이고 토속적인 문화가 디지털이라는 도구에 의지해 부활해서 그 어느 때보다 민주적이고 창의적이며, 어느 누구도 통제할 수 없는 문화로 성장하는 모습을 목격하게 될 것이다. 소셜 네트워크와 블로그, 유튜브가 성장하면서 다양한 민중문화가 되살아나고 있다. 민중문화는 예로부터 진정한 재능을 가진 숨은 실력자들을 극찬하는 경향이 있다. 민중은 혼자서 음악을 익힌 자작곡 가수가 어쿠스틱 기타 하나만 들고 등장하고, 혼자서 미술을 익힌 예술가가 물에 떠내려온 나무로 조각을 하는 모습에 열광한다. 오늘날 수많은 아마추어 음악가들이 혼자서 음악을 익히고 거라지밴드GarageBand라는 무기로 창작한 작품을 마이스페이스나 유튜브에 올리고 있다. 대량생산 과정이 확립되고 상업화된 문화계의 현실에서 별도의 정규 교육을 받지 않아 상업계의 훈련과 유혹으로부터 벗어나 있는 순수한 재능은 더할 나위 없이 참신한 매력을 발산한다.

민중문화는 아웃사이더들의 예술로서 주류문화와 영리활동에 도전장을 던진다. 민중 예술가들은 자신의 명성을 위해서가 아니라 유익한 예술을 생산하는 즐거움을 누리기 위해 활동한다. 이들은 미술대학이나 음악대학에서 습득하는 강한 자의식과 격식, 고등기술을 갖춘 예술양식에서 벗어나서 일상적인 것을 활용한다. 웹 2.0은 문화생산 도구를 이용하는 주체의 범위를 넓힘으로써 진정한 실력자들이 일으키는 새로운 물결에 돌파구를 제공한다. 유튜브에서 활동하는 사람들이나 살람 팍스Salam Pax 같은 블로거, 혹은 제 프랭크Ze Frank나 애스크 어 닌자Ask a Ninja 같은 인터넷 행위자들은 붕어빵 기계나 다름없는 주류문화 산업시장에 굴복하지 않고도 청중을 찾아간다. 민중문화의 물결은 디지털이라는 도구 덕분에 명사 중심의 인공적이고 부자연스러운 주류 TV문화를 교정하는 역할을 하고 있다. 사람들은 동영상이 선명하지 않고 흔들림이 많을수록 꾸미지 않은 생생한 현실이라고 생각한다. 그래서 전문적인 광고주와 광고회사들이 세련되지는 않더라도 참신한 동영상을 찾는 일에 치중하고 있는 것이다.

민중문화는 공동체가 독특한 양식으로 창조한 독창적인 문화에 의존한다. 노래와 가락들은 여러 세대를 거치며 전해지고 모방된다. 사람들은 권위와 명성에만 의존하는 태도를 거부하고 다른 사람이

만든 자료를 다시 가공하며 자신을 앞서간 사람들에게 경의를 표한
다. 집단적인 창의성의 안개 속에서 권위는 무용지물이 된다. 민중 예
술가들은 저작권 보호 대신에 아이디어 차용을 권장한다. 포크 음악
의 대부 우디 거스리는 자신의 저작권에 대해 이렇게 표시하고 있다.

이 노래는 저작권 번호 154085에 의거하여 미국에서 28년간 저작권의
보호를 받는다. 하지만 우리 허락 없이 이 노래를 부르다 체포된 사람이
라도 우리의 좋은 친구가 될 수 있을 것이다. 우리는 아무래도 상관없
다. 출판을 해도 좋고, 악보를 써도 좋고, 노래를 불러도 좋고, 연주를
해도 좋고, 요들송으로 불러도 좋다. 우리는 이 노래를 작곡했다. 우리
가 원했던 것은 그것뿐이다.

집단지성 세대에게는 거스리의 이런 저작권 통지 문구가 파일공
유를 옹호하는 슬로건이 될 수 있다.

미래를 이해하기 위해 시간을 한참 거슬러가 과거를 살펴보자. 미
시간대학의 교수이자 미국의 주도적인 민속학자인 도로시 노예스에
따르면, 《일리어드》와 《오딧세이》 같은 서사시들은 고대 그리스 전
역의 시인과 공연자들 수백 명이 오랜 세월에 걸쳐 발전시켜온 것이
다. 《일리어드》와 《오딧세이》는 수많은 사람들이 핵심 규칙을 지키
면서 특별한 장면과 에피소드들을 전문적으로 나누어 맡아 개선해
온 결과물이다. 《일리어드》와 《오딧세이》의 원본 텍스트는 이런 숱
한 노력이 이어져 탄생한 것이다. 노예스는 두 서사시의 지은이로
알려져 있는 호머에 대해 이렇게 말한다.

그 이름은 수많은 사람들이 오랜 세월에 걸쳐 참여했던 집단적인 창
조과정을 상징하는 것이다. 고대의 희곡에서 시작된 신화들은 어느 한
저술가의 창조물이 아니라 수많은 저술가들이 끊임없이 가공해온 창
조물이며 매우 협업적이고 집단적인 창조과정의 결과다.

인간 역사의 대부분 기간 동안, 특히 대량인쇄 기술이 확립되기 전
까지는 대개 문화와 예술은 민중의 것이었다. 수많은 개발도상국에
서 문화는 여전히 민중의 것으로 남아 있다. 가나의 전통의상 양식
은 이미 사망했거나 살아 있는 장인, 후원자, 마을 주민 전체를 포함
하는 공동체의 소유다. 호주 원주민들의 민담도 마찬가지다. 집단지
성의 대중문화는 민중문화와 디지털 기술이 결합하면서 탄생한 돌
연변이다.

옛것과 새것의 결합

집단지성 문화는 컴퓨터광과 연구자, 히피족, 농부가 각각 지닌 기
묘한 요소들이 결합하면서 탄생한 것이다. 대규모 인쇄소와 값비싼
TV스튜디오에 의존하는 미디어와 문화산업은 막대한 비용을 충당
하기 위해 대중을 겨냥한 상품을 생산해왔다. 웹의 확산으로 발언을
하고, 주장을 펼치고, 동영상과 사진을 공개하고, 작곡에 참여하는
사람들의 수는 엄청나게 늘었다. '나는 이렇게 생각한다'는 발언이
많아질수록 컨텐츠와 정보의 양 또한 늘어나기 때문에 정보의 옥석
을 가릴 수 있는 집단지성이 절실히 필요하다. 산업화에 반대하던
1960년대의 저항문화사상, 분산적이고 탈집중적인 기술에 대한 더

그 엥겔바트의 통찰력, 프레드 무어의 공유 윤리관은 평등주의와 자율관리를 실천하는 공동체를 향한 우리의 희망을 북돋는다. 결론적으로 말해 집단지성은 옛것과 새것(블로그와 위키)을 결합함으로써 산업화 이전의 조직형태와 동료들의 검열을 거치는 작업방식, 공동체의 혁신과 민중의 창의성을 부활시키고 있다. 집단지성은 수많은 기여자들이 함께 생각하고 활동하고 실험하는 도구와 능력을 손에 넣어 격식에 얽매이지 않으면서도 체계적인 작업방식과 집단적인 창의성의 조직화를 이룰 수 있는 기회를 제공할 것이다. 많은 사람들이 단순히 참여하고 발언할 기회가 늘어나는 것만으로는 부족하다. 사람들이 모든 분야에서 다른 사람들의 행동을 토대로 협업하고 활동하면서 융합과 상호비판, 지원과 모방을 통해 성장할 수 있는 조건이 형성되어야만 한다. 그럴 때에만 우리는 백과사전, 소프트웨어 프로그램, 컴퓨터게임, 뉴스보도, 과학이론, 서사시 등의 가치 있는 생산물을 창조할 수 있다(물론 예외도 있을 것이다). 다음 장에서는 이런 일이 언제 어떻게 이루어질 수 있는지 살펴보자.

3장

집단지성의 성공 조건

군중이 항상 지혜로운 것은 아니고, 민중이 항상 현명한 것은 아니다. 어떻게 꾸리고 결합하느냐에 따라 달라진다. 어떤 협업활동은 집단지성이 되어 자율적인 동력과 지성을 발휘하는데, 어떤 협업활동은 집단지성이 되지 못하는 이유는 무엇일까? 왜 협업활동의 일부만이 성공하는 걸까?

전통적인 산업화 시대의 조직관에 비추어보면, 바쁘게 살아가는 숙련된 사람들이 아무런 보수도 받지 않고 대중적인 협업활동에 시간을 할애하고 자신의 노동성과를 내놓을 것이라고 단정하기는 어렵다. 또한 그들의 수많은 기여들이 하나의 통일체로 모아질 것이라고 보기도 힘들다. 오히려 혼란을 일으키거나 뿔뿔이 흩어지거나 숱한 의견으로 갈라져 논쟁의 늪에 빠지기 십상이다. 하지만 창의적인 공동체는 아웃사이더들이 내놓는 새로운 아이디어를 무시하거나 배척하지 않는다. 그 이유는 무엇일까?

집단지성의 성공적인 시도들은 조직과 관련된 이런 근본적인 질문에 대해 좋은 답변을 제공한다. 모든 참여자들이 이타심이나 공동체에 대한 이상으로 무장해야 할 필요는 없다. 집단지성은 백과사전이나 소프트웨어 프로그램, 새로운 서비스, 다른 사람들은 하지 않는 특이한 행동 따위의 생산물을 내놓는다. 물론 집단지성이 생산물을 내놓으려면 구성요소들이 조화되어야만 한다. 이런 조건이 안 되면 집단지성은 작동하지 않을 것이고 어느 누구도 시간을 허비하려고 하지 않을 것이다. 몇 가지 사례를 살펴보면서 집단지성의 작동방식에 대해 설명하겠다.

꼬마선충 프로젝트와 리눅스의 성공 요인

꼬마선충C. elegans은 앞쪽 끝으로 양분을 흡수하고 뒤쪽 끝으로 찌꺼기를 배설하는 단순한 생물이다. 하지만 이 단순한 벌레는 머리가 멍해질 만큼 복잡한 과업을 수행한다. 유전자가 입력한 지시에 따라 자가생식을 하는 것이다. 꼬마선충의 자가생식 과정의 수수께끼는 연구자 그룹이 협업방식으로 밝혀냈다. 이들의 성과는 30년 후에 인간 게놈 지도를 밝혀내려는 세계적인 공개 연구방식의 토대를 형성했다. 인간 게놈 지도는 정교한 연구업적이 이룬 공유의 산물이다. 꼬마선충 게놈을 분석해낸 과학계의 협업활동은 웹이 확산하고 있는 집단지성 문화의 유력한 모델이다.

프랜시스 크릭과 제임스 왓슨이 DNA의 이중나선 구조를 발견한 지 12년 뒤인 1965년, 시드니 브레너는 꼬마선충의 게놈을 밝혀내는 데 착수했다. 당시 유전자의 활동방식에 대해서는 밝혀진 것이 거의 없었다. 브레너는 꼬마선충의 유전자가 성장에 관여하는 방법을 알아내는 데 착수했다. 그러나 그에게는 몇몇 초보 연구자와 조악한 도구뿐이었다. 당시 과학자들은 꼬마선충을 집어서 세균배양 접시에 올려놓을 때 뾰족하게 갈아만든 이쑤시개를 사용했다. 라이트 형제가 발명한 최초의 비행기를 목격한 사람이 점보제트기의 발명에 착수한 꼴이었다.[1]

이 공동체의 핵심에는 브레너의 분자생물학 연구실이 있었다. 그는 이 연구에 박차를 가할 연구 인력과 이 야심찬 연구로 다른 연구실 사람들을 끌어들일 수 있는 추진력을 확보했다. 이 작은 연구실은 수천 명의 연구자들을 끌어들이는 세계적인 프로젝트를 추진할 수 있는 연구관행을 유지했다. 연구실 사람들은 힘든 일에 몸을 사리지 않고 평등한 관계를 유지했으며 대화를 중시하고 실적 중심으로 움직였다. 사람들은 휴게실에 모여 여러 가지 아이디어를 내놓고 이야기를 나누었다. 그들은 새로운 길을 개척하면서 신대륙을 탐험하고 있었다. 따라서 넘어서는 안 될 성역이 따로 있을 수 없었다. 아이디어는 통상적으로 공유했다. 공동체가 점점 커지자 연구자들은 진전된 정보를 공유하기 위해 실용적인 잡지 〈웜 브리더스 가제트Worm Breeder's Gazette〉를 발행했다. 이것은 콘웰 주석광산에서 혁신을 주도한 〈린스 엔진 리포터〉와 유용한 기술목록을 제공한 스튜어트 브랜드의 〈호울 어스 카탈로그〉의 성격이 혼합된 간행물이었다. 브레너의 개방적인 태도는 지식 공유의 선순환을 가져왔다. 이는 그 프로젝트를 수행할 수 있는 유일한 방법이었다. 브레너는 그 프로젝트가 어떤 연구실도 단독으로 완성할 수 없는 복잡한 과업이라는 것을 이해했다. 그 퍼즐은 그림조각이 너무나 많기 때문에 대규모의 협업을 통해서만 완성될 수 있는 것이었다. 특정한 유전자 역할에 대한 지식은 다른 유전자 정보가 결합하지 않으면 아무런 쓸모가 없었다. 이 프로젝트의 미국 측 대표인 밥 워터스톤은 이렇게 설명했다.

우리가 내놓는 것이 많으면 많을수록 다른 사람들의 기여를 끌어들이는 것이 쉬워졌다. 지식의 흐름에 제약이 많아지면 연구결과를 내놓기 전에 먼저 협상을 해야 한다고 느끼는 사람들도 많아진다. 우리가 아무런 조건 없이 데이터를 내놓자, 사람들은 우리처럼 자신이 가진 데이터를 망설임 없이 공개했다.

지식의 공동 저장소가 커짐에 따라 공동체는 점점 커져갔다. 꼬마선충 게놈 연구 프로젝트가 시작된 지 10년 만인 1975년에 열린 최초의 국제회의에는 24명이 참석했다. 다시 10년 뒤에는 꽤 두꺼운 교과서를 채울 만큼의 정보가 쌓였고, 1998년에 완벽한 유전자 서열이 발표되었다. 당시 미국 부통령 앨 고어는 그것을 달 착륙에 버금가는 위대한 업적이라고 찬사를 보냈다. 2002년의 회의에는 1,600명이 참석했다. 꼬마선충의 두뇌 내부에 존재하는 뉴런의 회로를 5,000개나 밝혀내는 연구보고서도 나왔다. 이렇게 해서 꼬마선충은 유전자 정보가 지구상에서 가장 완벽하게 파악된 생명체가 되었다.

기술의 발전 역시 이 프로젝트를 성공으로 이끈 요인이었다. 처음에 이쑤시개로 연구하던 연구자들은 자동화된 유전자 서열 제어장치를 이용하면서 1960년대에는 여러 달이 걸리던 작업을 단 몇 초에 처리할 수 있게 되었다. 하지만 꼬마선충 프로젝트와 그 뒤를 따르던 인간 게놈 프로젝트는 기술이 이룬 업적인 동시에 조직이 이룬 업적이었다. 오픈소스 소프트웨어 운동의 대표주자인 에릭 레이먼드Eric Raymond는 대중의 협업으로 혁신이 이미 확립된 완벽한 설계도를 장인이 구현하는 성당 건축이 아니라 시끄럽고 개방적인 시장에 비유했다.[2] 꼬마선충 프로젝트는 성당 건축 프로젝트처럼 완벽한 계획 따위는 있을 수 없었다. 다음에는 무엇을 찾게 될지, 그것이 어디에 맞아 들어갈지 아는 사람은 아무도 없었다. 연구자들은 뿔뿔이 흩어져 탐험을 계속하면서 아이디어를 공유하고 퍼즐의 한 조각 한 조각을 맞춰갔다. 꼬마선충 프로젝트는 또한 시장에도 비유할 수 없는 것이었다. 그 프로젝트가 존속할 수 있었던 것은 브레너의 지휘와 핵심 기여자들 덕분이었다. 브레너의 열정은 공동체에 생기를 불어넣고 본보기가 되었다. 그리고 그의 연구실의 평등하고 개방적이면서도 도전적인 작업방식은 프로젝트 전체로 확산되었다. 브레너는 먼저 정보를 개방하는 모범을 보이면서 다른 연구자들에게도 똑같이 행동할 것을 권유했다. 브레너는 모든 조각이 제대로 끼워지고 있는지 확인하는 역할을 하면서 영원한 가치를 지니는 결과물을 만들어냈다.

꼬마선충 프로젝트는 집단지성을 구축하는 방식을 제시한다. 브레너는 위계질서와 관료제도에 의존하지 않고도 수많은 연구자들로 이루어진 거대한 공동체를 구축하고 서로 다른 재능과 관심사를 결합하는 방법을 찾아냈다. 그의 연구실은 공동체의 핵심을 형성했고 〈웜 브리더스 가제트〉의 발행과 잦은 회의는 연구자들이 아이디어를 연계할 수 있는 통로를 제공했다. 그리고 정보의 개방적인 공유 덕분에 수천 명의 연구자들은 서로 협업할 수 있었다. 오늘날 과학자들과는 다른 대중적인 집단지성의 시도가 웹을 통해 꼬마선충 프로젝트 작업방식을 모방하고 있다. 오픈소스 소프트웨어 커뮤니티인 리눅스가 그 대표적인 예다.

수북이 쌓인 모래더미 위에 모래알을 하나씩 하나씩 얹어가다 보면 언젠가 그 모래더미는 무너진다. 어느 모래알이 모래더미를 무너뜨릴 것인지 예측하기란 거의 불가능하다. 1991년 9월, 컴퓨터 분야에서는 모래더미를 무너뜨릴 모래알 하나가 얹어졌지만 그 분야 사람들 대부분은 그것을 알아채지 못했다. 바로 리누스 토발즈Linus Torvalds가 리눅스 컴퓨터 프로그램의 초판을 인터넷에 공개했던 것이다. 토발즈는 그 프로그램뿐만 아니라 소스코드와 기본적인 비법까지 온라인에 공개하고, 소프트웨어 마니아들이 다운받아 마음껏 주무르고 비판하고 개선방안을 제안할 수 있도록 허용했다. 오픈소스는 어느 한 사람의 소유가 아니므로 모든 사람이 사용하고 누구든 개선할 수 있는 소프트웨어다. 오픈소스 라이선스 규정은 아이디어와 정보의 공유를 허용해 대중 협업에 의한 혁신을 권장하는 방식이다.[3] 토발즈의 시도는 복잡하고 확고하면서 널리 사용되는 프로그램을 만들었을 뿐만 아니라, 컴퓨터 애호가들 사이에 민주주의의 구축과 협업적인 사고와 창의성의 조직화 가능성을 실험하는 단초였다. 또한 리눅스 커뮤니티는 오랫동안 지속성을 유지하는 집단지성의 가장 대표적인 예다. 거대한 리눅스 커뮤니티는 15년 이상 아이디어를 공유하면서 매우 정교하면서도 믿을 수 있는 생산물을 개발하고 있다. 우리는 리눅스의 사례를 통해 웹상에서 아이디어가 문제될 때

합리적인 해결방안은 공유라는 것을 알 수 있다.[4]

수많은 획기적인 혁신들이 그렇듯이, 리눅스 역시 완전히 새로운 혁신은 아니다.[5] 리눅스의 기반은 40년 이상 축적되어온 소프트웨어의 공유와 컴퓨터 분야의 혁신이다. 그러나 리눅스는 매우 적절한 시기에 출현했다. 인터넷이 확산되면서 인터넷 응용 프로그램을 운영하는 리눅스에 대한 수요는 점점 늘어났다. 1999년부터 2004년 사이에 리눅스 설치비율은 해마다 28%씩 증가했으며, 2006년에는 세계 각지의 컴퓨터 서버에 설치된 소프트웨어 가운데 약 80%가 리눅스를 이용했다.[6] 2006년 당시 세계 각지에 등록된 리눅스 사용자 수는 2,900만 명이었다. 그러나 실제로 오픈소스 소프트웨어를 사용하는 사용자들은 이보다 훨씬 많을 것이다.[7] 구글의 서버가 리눅스로 운영되고 있는 점을 고려하면, 구글에서 검색하는 사람들은 모두 리눅스 사용자라고 볼 수 있다.

소프트웨어가 갈수록 복잡해지면서 리눅스의 점유율 역시 증가하고 있다. 2000년 3월에 레드 햇Red Hat이 배포한 기업용 리눅스의 소스코드는 1,700만 행으로 이루어져 있었다. 직업적인 소프트웨어 개발자 한 사람이 이 소스코드를 개발하려면 4,500년의 시간과 6억 달러의 비용이 소요될 것으로 추정된다.[8] 2005년 9월, 데비안Debian이 발표한 배포판의 소스코드는 2억 2,900만 행으로, 소프트웨어 개발자 한 사람이 6만 년의 시간과 80억 달러의 비용을 들여야 개발할 수 있는 규모다.[9] 비교하자면 2002년에 배포된 마이크로소프트의 윈도우XP의 소스코드는 약 4,000만 행이다. IBM은 최근에 소프트웨어 회사로서는 유일하게 리눅스와 유사한 오픈소스 공유방식에 대한 투자를 개시했다. IBM의 임원들은 리눅스를 현재 수준으로 자체 내에서 개발하려면 개발비용이 리눅스 커뮤니티에 참여하는 경우보다 10배나 더 들었을 것이라고 추정한다.

리눅스 커뮤니티가 이렇듯 놀라운 성장을 지속할 수 있는 것은 집단지성이라는 조직화 방식을 채택하고 있기 때문이다. 이 커뮤니티의 핵심에는 소규모의 유능한 프로그래머 그룹이 있고, 그 곁에는 묵묵히 모범적으로 활동하면서 이 그룹에 영감을 불어넣는 토발즈가 있다. 알려진 바에 따르면, 프로그램의 중핵을 관리하는 이 핵심 그룹 구성원들은 아무런 대가 없이 고품질의 프로그램을 개발하는 데 장시간을 투입한다고 한다. 핵심 그룹의 인원은 1994년에는 80명이었지만 2001년에는 400명으로 늘어났다. 한편 리눅스 커뮤니티에는 엄청난 규모의 사용자와 기여자가 존재한다. 2007년 현재 91개국, 655개의 리눅스 사용자 그룹들이 웹사이트와 게시판, 대면 회의를 통해 아이디어를 공유하고 있다.

리눅스가 일회성이라면 아주 재미있고 색다른 일이 벌어졌을 것이다. 그러나 리눅스는 일회성이 아니다. 인터넷의 대부분은 오픈소스 소프트웨어에 의거해 협업을 통해 창조된 것이다. 대개의 웹사이트는 오픈소스 아파치Apache 프로그램을 활용하는 서버에 의존하고 있다. 마이에스큐엘MySQL은 오픈소스 데이터베이스 프로그램이며, 펄Perl과 파이톤Python은 오픈 프로그래밍 언어다. 그밖에도 듀프랄Dupral, 이볼트Evolt, 톰캣TomCat, 제이보스JBoss 등 수많은 오픈소스 소프트웨어들이 있다. 2007년 현재 소스포지닷넷Sourceforge.net 디렉토리에는 9만 건이 넘는 오픈소스 발의안이 게재되어 있다.[10]

집단지성 프로젝트의 5가지 성공 원칙

리눅스의 성공은 자발적으로 꾸려진 커뮤니티의 후원과 아이디어를 창조하고 공유하고 검증하고 폐기하고 개발하는 체계적인 방식 덕분이다. 리눅스와 꼬마선충 프로젝트에서도 확인할 수 있듯이, 집단지성 프로젝트의 성공은 다음과 같은 5가지 주요 원칙을 기반으로 한다.

첫째, 핵심의 원칙

모든 것은 어디든 출발점이 있어야 한다. 모든 조직에는 다른 사람들보다 더 열심히, 자발적으로 일하는 사람이 있어야 한다. 이 핵심이 없으면 조직이 꾸려질 수 없다. 리누스 토발즈가 공들여 만들어 인터넷에 공표한 핵심에서 리눅스가 시작된 것처럼, 혁신을 이루어내는 커뮤니티들은 누군가가 자신이 가진 지식을 내놓는 데서 시작된다.

훌륭한 핵심은 유능한 기여자와 개발자들을 끌어들여 커뮤니티를 꾸린다. 핵심은 견고하되 완벽하지 않아야 하고, 개선에 대해 개방적이어야 한다. 핵심이 완벽하다면 개선할 이유가 없다. 제인 맥고니갈의 말을 빌리면, 아이러브비즈처럼 성공적인 게임의 핵심은 그 출발점이 모호하고 여러 가지 해석의 가능성이 열려 있다. 꼬마선충 프로젝트와 아이러브비즈 게임은 서로 다른 재능을 가진 사람들의 협업에 의해서만 해결이 가능한 수수께끼를 제기했다. UC버클리대학의 정치학자인 스티븐 웨버는 효과적인 오픈소스 소프트웨어 프로젝트는 대개 이질적인 기술들을 가진 사람들의 참여를 권장하며 다차원적이고 복잡한 방식으로 구성되어 있다고 말한다. 토머스 쿤은 과학혁명의 역사를 다룬 저서에서 새로운 지식 커뮤니티의 핵심은 모호한 특징을 지니며, 과학의 새로운 패러다임은 선구자들로 이루어진 작은 그룹이 획기적인 발전을 할 때 나온다고 설명한다.

핵심 그룹의 발전은 경쟁관계에 있는 과학계의 활동양식을 거부하는 확고한 지지자 그룹을 형성함으로써 전례가 없을 정도로 위력을 발휘했다. 또한 핵심 그룹의 발전은 온갖 문제들을 분석할 수 있는 새로운 연구자 그룹을 형성한다는 점에서 충분히 확장 가능성이 있었다.[11]

그러나 그 발전은 핵심 그룹이 다른 사람들이 작업을 하고 덧붙이고 정교화할 수 있는 자료를 내놓을 때 이루어진다. 혁신의 성공은 어떤 문제를 탐구하기 위해 자신만의 기술과 통찰력, 지식을 결합하는 사람들 사이의 창조적인 대화에서 나온다.[12] 집단지성은 이런 창조적 대화가 나올 수 있는 새로운 방법을 제공한다.

둘째, 기여의 원칙

창조적인 커뮤니티가 성공할 수 있는 전제조건은 독특한 아이디어와 통찰력, 기여가 가능한 도구 활용 능력을 가진 사람들의 적절한 배합이다. 집단지성을 작동하려면 4가지 질문에 대한 답안을 확보하고 있어야 한다. 누가, 왜, 어떤 방식, 어떤 내용으로 기여하는가?

창조적인 커뮤니티는 특정한 인적 구조를 가진다. 앞서 살펴봤듯이, 소수의 헌신적인 핵심 그룹이 고된 작업을 처리하는 경향이 있다. 대표적인 예가 슬래시닷의 토론 중재자들과 세컨드 라이프의 원주민들이다. 그들은 남들보다 더 많은 일을 더 오랫동안 해온 경력을 인정받는다. 그래서 그들의 의견은 더 많이 청취되는 경향이 있다. 그렇기에 그들은 웹 2.0의 귀족이다. 전혀 이상할 것이 없다. 기업이든, 영화제작 그룹이든, 연구실이든, 대개의 혁신 프로젝트는 특정한 열정을 가지고 있거나 공통의 문제를 해결하기 원하는 작은 그룹 내부의 강력한 협업으로 시작된다. 시드니 브레너 주위에 모인 케임브리지대학의 꼬마선충 연구자들이 바로 그런 사례다.[13] 그러나 때로는 그런 커뮤니티들이 폐쇄적이고 내부 지향적으로 바뀔 수도 있다. 활기차게 활동하기 위해서는, 지식을 추가하고 인습에 도전하는 더 다양한 기여자들이 존재하는 더 넓은 세계에 문호를 개방해야 한다.

집단지성 프로젝트는 핵심의 주위에 모여드는 군중의 규모가 비약적으로 늘어날 때 성장한다. 물론 그 군중들은 프로젝트에 대한 관심 정도가 훨씬 낮다. 그러나 이들이 가끔 내놓는 작은 기여들의 총합은 처음에 핵심 그룹이 이룬 작업만큼이나 귀중한 것일 수 있다. 예를 들어 리눅스는 400명의 핵심 프로그래머 외에도 약 15만 명의 회원이나 다름없는 등록된 사용자들을 확보하고 있다. 이들은 가끔 프로그램의 사소한 오류를 지적하는 정도일 뿐이지만, 이런 지적은 중요한 혁신적인 노력의 출발점이 된다. 조직화된 군중은 헌신도가 높은 핵심 참모진만큼이나 중요하다. 군중이 현명하게 행동할 수 있으려면, 내부에 다양한 관점과 자신의 의견을 표명할 수 있는 자신감과 독립성을 가진 구성원이 있어야만 한다.[14] 복잡계 연구자인 미시간대학 교수 스콧 페이지에 따르면, 정교한 컴퓨터 모델을 사용해 다양한 관점과 기술을 가진 그룹이 같은 관점과 기술을 가진 똑똑한 그룹보다 현명한 해결책을 찾는 경우가 많았다.[15] 그러니까 적절한 방식으로 조직화가 이루어질 경우 이질적인 사고를 하는 사람들로 이루어진 그룹이, 아주 똑똑하지만 엇비슷한 사고를 하는 사람들로 이루어진 그룹보다 나을 수 있다.

페이지에 따르면, 복잡한 문제에 대해 견해가 많을수록 더 쉽게 해결한다. 똑같은 방식으로 생각하는 전문가 그룹이 내놓는 해결책은 그중 한 사람이 내놓는 해결책보다 나을 게 없다. 따라서 똑같은 방식으로 생각하는 사람들을 더 늘려봐야 그룹의 능력은 향상되지 않고 다른 해결책도 나오지 않는다. 똑같은 사고방식의 그룹은 대개 똑같은 지점에서 막다른 골목에 부딪힌다. 그들은 모두 거대한 산맥 언저리의 작은 언덕에 올랐기 때문에 언덕 너머로 솟아 있는 더 높은 봉우리에 오를 능력이 없다. 이와는 달리 다양하게 사고하는 그룹은 문제에 대한 대처방안을 다양한 각도에서 강구할 가능성이 높다. 그래서 막다른 곳에 갇힐 가능성이 낮고 설사 막다른 곳에 갇힌다고 하더라도 쉽게 빠져나갈 길을 찾는다. 다양한 관점은 더 많은 해결방안을 찾아낸다. 관점이 올바르면 어려운 문제도 쉽게 해결할 수 있다. 혁신은 문제를 여러 각도에서 다양한 관점으로 생각해보고 그중 해결이 간단하게 보이는 지점을 찾아내는 행동이다. 토머스 에디슨의 말을 빌리면, "우리는 가벼운 전구를 만들지 못하는 1,000가지 방법을 알고 있다."

소프트웨어 프로그램의 사소한 오류는 대개 다양한 상황에서 가동될 때 드러난다. 한 사람이 잇따라 1,000번의 테스트를 하는 것보다 1,000명이 한꺼번에 다른 테스트를 하는 것이 훨씬 낫다. 오픈소스 프로그램이 독점 개발된 소프트웨어보다 안정된 경우가 많은 까닭도 여기에 있다. 오픈소스 프로그램은 개발 초기부터 훨씬 더 광범위한 사용자 그룹들이 테스트를 했기 때문이다. 로테르담대학의 바르트 누테붐 교수는 이런 분산 테스트 방식이 혁신을 부르는 핵심 요소라고 주장한다. 그는 17세기 네덜란드 선박의 발전을 연구하는 과정에서 선박의 구조가 바뀐 것을 발견했다. 다양한 테스트를 통해 색다른 조건에 대처할 수 있도록 선박의 구조를 개선했던 것이다. 선원 공동체는 선박 항해시의 색다른 조건을 처음에는 운하, 다음에는 호수, 다음에는 내륙의 큰 강, 근해, 북극해, 대서양으로 점점 넓혀갔다.[16] 집단지성은 아이디어를 개발하는 확고한 핵심 그룹과 아이디어를 검증하고 걸러내는 다수의 사람들 간에 끊임없이 교류함으로써 아이디어를 더 폭넓고 다양한 관점에서 더 빠르게 검증한다.

이런 검증과정이 이루어지기 위해서는 사람들이 흡족한 기여를 할 수 있도록 도구를 제공해야 한다. 다중 컴퓨터게임은 게임 참여자이자 개발자들이 컨텐츠를 창조하는 데 필요한 도구를 쉽게 선택할 수 있을 때 번창한다. 블로그에는 사용하기 편리한 온라인 집필 또는 출판용 소프트웨어가 갖추어져 있다. 카메라폰은 시민 기자들이 어디든지 갖고 다니면서 사용할 수 있다. 이런 도구들은 초기의 컴퓨터 해커들이 가졌던 자립의 윤리관을 확장한 것이다. 리눅스에 토대를 제공한 유닉스Unix 운영체제 초판을 개발한 프로그래머들은 사용자들을 기술적인 측면에서 지원할 여유가 없었다. 그래서 그들은 사용자들에게 프로그램을 보내면서 그들이 스스로 문제를 해결할 수 있도록 도구까지 딸려 보냈다.[17] 도구를 확보한 사람들은 게임자이자 참여자이자 개발자로 변신해 여러 가지 서비스를 생산할 수 있다. 신문을 읽던 독자가 필자나 발행인이나 배포책이 되고, 관객이 카메라맨이 되고, 청중이 논평가나 비평가가 된다.

가장 어려운 질문은 사람들이 어떻게 기여를 하느냐가 아니라 왜 기여를 하느냐 하는 것이다. 사람들이 아무 보수도 받지 않고 자신이 노력한 성과를 나눠주는 까닭은 무엇일까? 상업용 프로젝트 제공자, 특히 마이크로소프트에 대한 혐오감 때문에 오픈소스 소프트웨어 프로젝트에 참여하는 사람들은 극소수에 불과하다.[18] 이타심에서 참여하는 사람들 역시 소수다. 어떤 사람들은 오픈소스 커뮤니티에서 기술을 과시하면 일자리를 얻는 데 도움이 될 거라는 생각에서 참여한다.[19] 그러나 대다수의 사람들은 남들로부터 인정을 받고 싶은 마음에서 참여한다. 그들은 남들이 해결을 원하는 문제를 해결함으로써 스스로 성취감을 느끼고 동료들에게 인정받기를 원한다. 웹 2.0의 융성은 사용자들이 자신이 부딪힌 문제들(블로그와 트랙을 유지하는 문제, 동영상과 사진을 온라인으로 공유하는 문제)을 해결할 도구를 찾아내고, 이 도구가 똑같은 문제를 겪던 다른 사람들 사이로 신속하게 퍼져나간 데서 시작되었다.

오픈소스는 지적 소유권을 포기하고 다른 사람들에게 무료로 배포한다. 집단지성은 여기서 더 나아가 어떤 것을 창조하는 과정에 참여하고 협업하도록 권유하는 행동이 필요하다. 오픈소스 프로젝트가 강력한 힘을 발휘하려면 다수의 협업에 의거한 혁신방식을 허용해야 한다. 이렇게 혁신이 가능하려면 기여자들이 서로 만나 관계를 맺는 과정에서 많은 아이디어들이 결합되어야 한다.

셋째, 관계맺기의 원칙

1904년, 세인트루이스 세계 박람회장에서 어느 아이스크림 가게에 아이스크림을 담을 컵이 동이 났다. 바로 옆에 있던 와플 가게 주인은 와플을 원추형으로 둥글게 말아 아이스크림을 담는 방법을 고안했다. 아이스크림과 와플의 원료는 바뀌지 않았지만 두 가지가 결합하면서 획기적인 아이스크림콘이 탄생한 것이다. 공동체가 창조할 수 있는 결합이 많을수록 더 많은 혁신이 이루어진다. 독창적인 조직은 이런 결합이 가능한 곳이다. 집단지성의 경우도 마찬가지다.

다양한 아이디어가 있어도 제각각 이리저리 떠돌아다니기만 할 뿐 함께 결합해서 결실을 맺지 못하면 아무런 쓸모가 없다. 다양하기는 하지만 조각조각 분열된 공동체는 창의성을 발휘할 수 없다. 다양한 아이디어를 가진 사람들이 서로 관계를 맺고 의사소통을 할 수 있는 방법을 찾아야 한다. 이것이 적절히 이루어지면 그야말로 폭발적인 결과가 나타난다. 제임스 왓슨과 프랜시스 크릭은 각자 다른 관점을 결합하는 방법을 찾아냄으로써 DNA의 이중나선형 구조를 밝혀냈다. 크릭은 물리학과 생물학, 화학에 정통했고, 동물학을 전공한 왓슨은 바이러스를 연구하면서 DNA에 관심을 갖게 되었다. 그들은 끊임없이 열정적인 대화를 나누면서 서로의 아이디어를 포

용했다. 왓슨과 크릭의 협업은 1 더하기 1을 해서 12의 성과를 올린 경우다.[20]

그룹의 규모가 크면 클수록, 그리고 관련된 관점이 다양하면 다양할수록 그 관점들의 결합을 통해 얻는 혜택도 커진다. 전혀 다른 기술을 한 가지씩 가진 사람들이 다섯이 있다고 하자. 이들의 기술을 둘씩 결합하면 10가지 조합이 만들어진다. 여기에 다른 기술을 가진 사람 하나를 추가해보자. 그러면 조합의 개수는 15개로 늘어난다. 20개의 서로 다른 도구를 가진 그룹은 도구를 둘씩 짝지으면 190개의 조합이 나오고, 세 개씩 묶으면 1,000개의 조합이 나온다. 15개의 도구를 가진 그룹과 13개의 도구를 가진 그룹의 도구 개수 비율을 따지면 100 대 87이다. 그다지 차이가 안 난다. 그러나 네 가지 도구를 결합해서 일을 해야 하는 경우에는 이야기가 달라진다. 도구를 네 개씩 묶으면 15개의 도구를 가진 그룹은 1,365개의 조합이 나오지만, 13개의 도구를 가진 그룹은 약 52퍼센트인 715개의 조합이 나온다. 도구와 기술을 적절히 결합해서 복잡한 과업을 수행해야 하는 경우, 그룹 내부에 존재하는 도구와 기술이 많으면 많을수록 유리하다.

시장은 다양한 기술을 가진 사람들이 관계를 맺고 결합할 수 있는 최선의 방법이라고 할 수 없다. 우리는 어떤 문제가 생기면 시장에서 해결방안을 가진 사람을 찾는다. 예컨대 건물 내부에 물이 새는 곳이 있으면 배관공을 찾아간다. 이것이 이른바 이노센티브Innocentive 모델이다. 이노센티브는 '과학적인 문제해결 공동체'다. 과학적인 해결방안이 필요한 문제를 가진 기업들은 10만 명이 넘는 과학자들이 등록된 이노센티브의 웹사이트를 찾아가 도움을 청한다. 그러나 이런 형태의 시장은 한계가 있다. 이노센티브를 통해 해결할 수 있는 문제는 특정한 과학자 단독으로 해결할 수 있는 문제뿐이다. 시장은 어렵고 복잡한 퍼즐을 풀 수 있는 지속적인 창의성과 혁신의 토대를 제공하지 못한다. 복잡한 문제를 해결하기 위해서는 수준 높은 협업이 필요하다. 꼬마선충 프로젝트의 경우, 문제해결의 발단은 브레너 연구실 안 휴게실에서 이루어진 연구자 모임이었다. 집단지성을 발휘하기 위해서는 다중이 만나서 자유롭게 아이디어를 교류하고 창의적인 대화를 나눌 수 있는 중립적인 공간이 필요하다. 집단지성 프로젝트는 토론 광장과 위키, 게시판, 공동체 내부 자문, 혹은 〈린스 엔진 리포터〉, 〈웜 브리더스 가제트〉와 같은 소박한 간행물 등 사람들이 교류할 수 있는 통로를 마련함으로써 1 더하기 1로 12의 몇 곱절이라는 성과를 낼 수 있다.

집단지성 프로젝트는 대개 상호접속용으로 규격화된 수많은 모듈을 이용해서 레고 블록처럼 딱 들어맞는 생산물을 내기 때문에 아이디어의 결합이 훨씬 쉽다. 물론 부품의 규격화는 새로운 방식이 아니다. IBM이 규격화된 모듈로 '시스템 360' 컴퓨터를 개발한 1960년대 이후 컴퓨터를 개발할 때는 꼭 규격화된 모듈을 사용하게 되었다. 프레드 브룩스Fred Brooks는 프로그램 개발 프로젝트의 참여자들이 다른 참여자들의 작업내용을 파악할 수 있도록 날마다 프로그램의 변화를 기록하게 하고 그 일지를 모든 사람에게 유포했다. 사람들은 한 뼘쯤 되는 두꺼운 일지를 살펴보는 일로 하루를 시작했다. 결국 의사소통과 조정에 들어가는 비용은 급증하고, 의사소통이 원

활하지 않아 작업내용을 제대로 이해하지 못하는 경우가 점점 늘어
났다. 프로젝트에 인원을 충원하는 것으로도 문제는 해결되지 않았
다. 작업량이 늘어나는 만큼 착오와 결함도 함께 늘어났다. 일지의
두께가 150센티미터가 되었을 때, 브룩스는 독립적인 작업이 가능
한 개별적인 모듈 단위로 시스템 360을 개발하기로 결정했다. 그 결
과, 핵심 그룹은 모듈의 규격과 결합방식을 상세히 규정한 규칙을
제시하면서 시스템 전체의 구조를 관리하는 역할에 집중하고, 모듈
제작자들은 각자의 분담구역에 집중할 수 있게 되었다. 모듈을 개량
하는 경우에도 처음부터 다 뜯어고칠 필요 없이 개량된 모듈만 시스
템에 끼워넣으면 되었다.[21]

모듈 작업방식은 개방적인 작업방식과 결합할 때 효과가 증폭된
다. 각 팀은 동일한 모듈로 작업을 하면서도 서로 다른 해결책을 제
안할 수 있기 때문에 수많은 실험을 동시에 진행할 수 있다. 오픈소
스는 모듈 작업방식과 개방적인 작업방식을 결합함으로써 무엇에든
꼭 들어맞는, 수많은 분권화된 혁신을 이룬다. 레고 블록은 여러 가
지 색깔, 모양, 크기로 되어 있지만 연결부위는 항상 똑같은 구조로
되어 있다. 집단지성 프로젝트에서는 핵심 그룹이 관계맺기 규칙을
제공한다. 바로 이런 관계맺기 규칙을 기반으로 독립적이면서도 상
호 연결된 다수의 혁신이 가능해진다. 다중 컴퓨터게임, 협업적인
블로그, 오픈소스 프로그램, 인간 게놈 프로젝트는 하나같이 수많은
모듈들을 끼워 맞추는 방식이다.

그러나 레고 블록식의 구조는 집단지성의 충분조건이 아니다. 다
양한 기여자들의 아이디어를 결합하려면 우선 그 기여자들이 동의

하는 협업방식을 마련해야 한다. 자율규제가 효과적으로 이루어지지 않으면 공유물은 황폐해진다. 이는 말은 쉽지만 실행하기는 매우 어려운 일이다.

넷째, 협업의 원칙

아무리 기여가 많아도 질서정연한 실체를 창조하지 못하면 바람에 날리는 재꼴이 된다. 백과사전은 개인들이 제멋대로 내놓은 기여물을 모아놓은 군집이 아니라 지식의 체계화된 기록이다. 게임을 하는 사람이나 공동체를 만드는 사람들이 스스로를 통제하는 규칙에 동의하지 않으면 모든 일이 뒤죽박죽이 된다. 집단지성 공동체는 통제력을 장악하고 법을 집행하는 뚜렷한 위계제도 없이 어떻게 자율적인 관리를 할까? 이것은 기술적인 문제가 아니라 정치적인 문제다. 집단지성은 확고한 자율통제가 이루어질 때에만 작동한다. 구성원이 매우 다양한 공동체에서는 자율통제가 더욱 어렵다.

사람들이 저마다 생각이 다른 것은 가치관이 다르기 때문이다. 사람들은 저마다 중요시하는 것이 다르다. 미술과 영상을 통해 세계를 보는 사람은 그림을 그리는 기술을 습득하고, 이 기술을 활용해 일을 한다. 숫자와 돈으로 세계를 보는 사람은 붓 대신 계산기를 두드리는 회계사가 될 가능성이 높다. 연장 상자에 붓과 계산기, 화가와 회계사가 모두 들어 있으면 혁신을 이루는 데 유리하다.

다양한 사고방식은 혁신의 필수조건이다. 하지만 근본적으로 다른 가치관을 가진 사람들은 어떤 일을, 왜 해야 하는지에 대해 쉽게 의견 일치를 보지 못한다. 가치관이 다르면 어떤 일의 중요성에 대한 판단이 달라지기 때문에 말다툼이 생길 수밖에 없다. 다양한 사람들로 구성된 공동체는 의료, 복지, 공공주택 등의 복지방안에 대해 좀처럼 의견이 일치하지 않는다. 다양한 그룹들이 각자의 차이점에 집착해 자원 혹은 목적을 놓고 갈등을 빚는다면 생산적인 활동이 이루어질 수 없다. 엘리노어 오스트롬에 따르면, 공유삼림과 어업자원, 관개시설을 유지하기 위해서는 자원남용을 막을 효과적인 자율규제와 상호감시가 반드시 필요하다. 자율규제가 이루어지지 않으면 공유물은 황폐해지고 혁신은 불가능하다.

집단지성을 이루려면 공동체는 서로의 차이점을 인정하고 다양한 지식을 최대한 활용하며 자율규제를 해야 한다. 공동체가 가치 있는 목적을 위해 단합하고, 아이디어를 검토하고 분별할 적절한 방법을 개발하고, 적절한 지도자를 확보할 때에만 집단지성은 이루어진다. 분명히 짚어둘 점은 집단지성 공동체는 모든 구성원이 동등한 권한을 갖고 자율규제를 하는 민주적인 공동체가 아니라는 점이다.

그 예로 리눅스를 사용자 친화적으로 개량해 유분투Ubuntu를 만든 오픈소스 커뮤니티를 살펴보자. 유분투의 창립자인 마크 셔틀워스Mark Shuttleworth는 관대한 독재자처럼 활동하며 유분투 웹사이트의 디자인에 대해 독점적 결정권을 가진다. 커뮤니티의 핵심 그룹인 기술위원회Technical Board는 온라인 회의를 통해 기술 표준을 정하고 프로그램의 다음 버전에 무엇을 포함할지 결정한다. 기술위원회의 의사결정 과정은 공개적이고 투명하다. 위원회의 의제는 2주에 한 번씩 공개되고, 누구나 온라인 회의에 참관인으로 참여할 수 있으며, 누구나 유분투 위키를 통해 정책에 대해 제안할 수 있다. 그러나 결정권은 셔틀워스를 비롯한 4명의 기술위원회 위원들에게 있다. 기술위원회 위원들은 셔틀워스가 임명한 사람들이지만, 커뮤니티의 고참 프로그래머들이 의결한 사항에 따라야 한다. 독립적인 유분투 커뮤니티 평의회는 인적 구조를 감독하고, 새로운 프로젝트를 창안하고, 그 프로그램의 다음 배포판과 특별 프로그램(예를 들면 노트북 컴퓨터 사용자를 위한 프로그램들)을 지원하는 팀들의 팀장을 임명한다. 세계 전역에는 각국의 유분투 사용을 장려하는 로코LoCo 팀이 있다. 일부 사람들은 소프트웨어의 코딩이나 변화의 기록, 삽화 기고, 혹은 유분투 지지활동 등을 통해 유분투의 회원(유분테로Ubuntero)이 되기도 한다. 2007년 현재 유분투의 핵심 구성원은 283명이다. '만물의 영장Masters of the Universe'이라고도 불리는 이 핵심 개발자들은 대부분의 권한과 책임을 갖고 자체 평의회를 통해 구성원 영입을 결정한다.

우리는 유분투를 통해(성공이라고 단정짓기는 아직 이르지만) 창의적인 커뮤니티의 효율적인 관리방식은 격자창lattice-work 방식이라는 교훈을 얻는다. 유분투의 의사결정 과정은 매우 공개적이다. 모든 사람들이 결정된 사항이 무엇이고, 누가, 어떤 과업에 대해, 어떤 제안을 했는지 알 수 있다. 그러나 그 방식은 결코 민주적이지 않다. 유분투의 생산물은 오픈소스이지만, 유분투 커뮤니티는 열려 있지 않다. 이런 점에서 유분투는 1960년대의 유토피아적인 생활공동체, 과거의 협동조합과는 다르다. 그렇기에 그런 조직들보다 훨씬 큰 성과를 거두고 있다.

다섯째, 창의성의 원칙

집단지성은 다중의 집단적인 창의성을 가능하게 한다. 수많은 참여자들이 다양한 관점과 기술, 독립적으로 생각할 수 있는 능력과 기여에 이용할 수 있는 도구를 갖고 공통의 목적 아래 단합할 때, 다중의 집단적인 창의성은 번성한다. 참여자들이 분산될 경우에는 참여자들이 공유하고 결합하고 공통의 목적 아래 응집할 수 있는 방법이 필요하다. 그러나 기여자들은 긴 시간 동안 독립적으로 혹은 병렬적으로 작업을 수행해야 할 것이다. 이를테면 기여자들은 이 같은 방식으로 고대 그리스의 서사시나 유전자 암호, 여러 가지 소프트웨어 프로그램, 백과사전 등의 구성요소를 개량하는 작업을 수행한다. 이런 생산물은 축적, 관찰, 비평, 지지, 모방의 상호작용을 거치면서 성장한다. 대부분의 사람들은 성취감을 느끼고 동료들에게 인정을 받기 위해 이런 활동에 참여한다. 집단지성 공동체는 토론광장, 웹사이트, 축제, 공보, 잡지 등 아이디어를 공개하고 공유할 수 있는 장소를 마련해야 한다.

집단적인 창의성은 쉽게 손에 넣을 수 있는 것이 아니다. 그것은 고도의 구조물이다. 전문가와 아마추어, 관객과 공연자, 사용자와 생산자 사이의 경계는 흐려질 수 있다. 그러나 기여의 이력과 품질을 토대로 공동체 내부에서 더 많은 경력을 쌓은 사람들은 긴밀한 네트워크를 이룬 기술 귀족과 흡사한 역할을 해야 한다. 효율적인 자율규제가 이루어지지 않으면 집단적인 창의성은 붕괴한다. 이들은 소스코드에 무엇을 넣고, 사이트에 무엇을 올리고, 뉴스 목록 상단에 무엇을 넣어야 하는지 결정해야 한다. 참여자들은 공동체의 규칙을 따르고 동료들의 판단을 존중해야 하며, 규칙을 따르지 않는 참여자들은 어떤 식으로든 배제되어야 한다.

협업활동의 원천은 창의적인 재능이고, 창의적인 재능은 사람마다 다르다. 사람마다 능숙하게 할 수 있는 작업과 작업방식이 다르다. 겉만 보고는 누가 더 효율적이고 창의적인 작업자인지 알아내기 어렵다. 창의적 직무에 있어서는 누가, 언제, 어떤 새로운 아이디어를 만들어야 한다는 식의 상세한 작업지시서를 작성할 수 없다. 오픈소스 공동체에서는 필요한 작업의 내용과 작업자의 기술에 따라 누가, 무슨 일을 할 것인지를 소그룹들이 결정한다. 오픈소스 공동체는 이렇게 분권화된 의사결정 방식으로 작업관리의 어려움을 해결한다. 오픈소스 공동체에서는 동료들의 눈을 속이기 어렵다. 설사 속였다고 해도 금방 들통이 난다. 동료들에 의한 검열은 아이디어를 공유하고 품질을 유지하는 데 효과적인 방법일 뿐 아니라 소요비용도 낮다.

집단지성의 최적화 조건

집단지성이 발휘될 수 없는 경우를 요약해보자. 공동체의 핵심이 없는 경우, 많은 시간과 비용이 소요되고 피드백 과정이 느린 실험을 진행하는 경우, 복잡한 규칙 때문에 의사결정 과정이 복잡하거나 불투명한 경우, 대규모의 다양한 공동체를 끌어들일 수 없는 프로젝트인 경우, 컨텐츠를 추가하는 도구를 사용하기 어려운 경우, 자율규제가 효율적이지 못해 공동체가 분열되거나 경직된 경우 등이다. 중요한 활동 중에는 집단지성이 전혀 의미가 없는 경우가 많다(수술

정도	예
높음	리눅스, 위키피디아
중간	마이스페이스, 싸이월드, 베보
낮음	플리커, 유튜브

이나 음식 조리, 핵 반응기나 제강소의 가동 따위). 집단지성은 참여 자격이 전문가들로 제한되는 과업에는 적합하지 않다. 2006년 말에 나는 가벼운 수술을 받았다. 그때 수술 스태프들이 위키피디아를 통해 수술 정보를 얻는 프로앰Pro Am이었다면, 나는 수술도 받기 전에 기절하고 말았을 것이다.

집단지성은 특정 조건에서만 작동한다. 더 많은 기여를 확보하기 위해 대개는 작은 그룹으로 이루어진 핵심 조직이 있어야 한다. 그 프로젝트는 시간과 수단과 기여를 흔쾌히 투입할 만큼 흥미와 호기심, 도전욕구를 불러일으키는 흥미진진한 일이어야 한다. 시운전, 검증, 개선의 과정이 지속적으로 이루어질 수 있도록 구성원들에게 도구를 배분하고, 실험비용이 저렴하며, 피드백이 빨라야 한다. 많은 동료들의 검열을 거치면서 생산물의 가치를 인정받거나 오류를 수정하는 과정이 있어야 한다. 광범위한 실험이 동시에 진행되도록 긴밀한 소그룹에서 작업할 수 있는 모듈 단위로 과업이 나뉘어야 한다. 또한 모듈들을 끼워 맞추고 가치 있는 아이디어를 선별하는 분명한 규칙이 있어야 한다. 프로젝트의 소유권은 공적이어야 한다. 그렇지 않으면 아이디어의 공유란 개념이 통하지 않을 것이다.

집단지성은 절대적인 선택의 문제가 아니라 정도의 문제다. 집단지성의 적합성 또는 부적합성을 스펙트럼으로 나타낸다고 하자. 스펙트럼의 한쪽 끝에 있는 집단지성 부적합 영역에는 전통적, 폐쇄적, 위계적인 조직모델이 효과적이다. 다른 한쪽 끝에는 리눅스와 위키피디아 같은 본격적인 집단지성 영역이 있다. 이 스펙트럼의 중간영역에서는 구성요소들이 특이한 방식으로 혼합될 가능성이 높다. 그 좋은 사례가 블로그 활동이다. 블로그 활동을 통해 수많은 사람들이 자신의 의견을 공개할 수 있지만, 여기서 핵심이 형성되는 경우는 매우 드물다. 블로거들 사이의 대화는 대개 공중으로 흩어진다. 블로거들은 디지털 공간에 있는 자신의 작은 구획에 흔적을 남기고 싶어할 뿐, 다른 사람들과 협업해 무언가를 구축하려는 욕심이 없다. 블로그 활동은 참여의 측면에서는 효율적이지만 협업의 측면에서는 비효율적이다. 사진공유 사이트인 플리커와 동영상 사이트인 유튜브 역시 집단지성 적합성이 낮다. 이런 집단은 다수의 참여자들 사이에, 그리고 참여자와 관중 사이에 이루어지는 관계맺기를 지원하지만, 협업적인 창의성 개발수준은 비교적 낮다. 유튜브를 기반으로 협업적인 영화제작이 추진될 경우에는 집단지성의 일부 요소가 나타날 수도 있다.

소셜 네트워크는 집단지성의 중간영역이다. 마이스페이스, 싸이월드, 베보 등의 사이트들은 목적의식적인 협업활동을 적극 권장하지는 않는다. 그러나 많은 참여자들이 정치계의 후보자를 지지하거나 특정한 대의로 사람들을 끌어모으기 위해 이런 사이트를 이용한다. 아마존의 협업적인 필터링과 서평 및 등급 매기기, 테크노라티와 딜리셔스del.i.cious가 제공하는 태그 등 웹에서 흥미로운 자료를 찾기 위해 서로 협업하는 활동 역시 집단지성의 일부 요소다.

앞서 든 5가지 조건이 결합할 때에만 본격적인 집단지성이 발휘되어 많은 사람들의 기여와 협업이 목적의식적인 집단적 창의성으로 전환될 수 있다. 한국의 시민기자 뉴스서비스인 오마이뉴스와 다중컴퓨터게임인 월드오브워크래프트, 과학연구 협업활동인 꼬마선충 프로젝트가 이에 해당한다. 본격적인 집단지성은 독립적이고 분산된 다중의 참여자들이 제공하는 기여를 의식적으로, 조직적으로 결합한다.

집단지성이 어떤 상황을 막론하고 무조건 작동할 수 있는 최고의 조직화 방안이라고 주장하는 것은 어리석다. 적합한 상황에서만 집단지성을 적극 활용하는 것이 합리적인 태도다. 적합한 상황이란 복잡한 문제를 해결해야 하는 경우, 개인 혼자서는 만들어낼 수 없는 것을 창조하기 위한 집단적인 노력이 진행되는 경우, 아이디어 개발을 위해 창의적인 사고활동이 반드시 필요한 경우 등이다. 집단지성이 모든 조직에 영향을 미치는 것은 아니다. 하지만 이 새로운 조직론의 영향으로 변화하는 조직들이 나타날 것이고, 일부 활동에서 파격적인 변화를 시도하는 조직들이 수없이 출현할 것이다. 집단지성은 조직운영 방식과 조직지도 방식, 조직소유 방식에 어떤 변화를 몰고 올 것인가? 이것이 다음 장에서 살펴볼 주제다.

4장

집단지성 사업모델

우리는 산업화 시대의 역군인 기업들이 벌이는 전쟁의 불길에 휩싸여 있다. 30년 동안 계속되어온 구조개편과 군살빼기는 집단지성이 대안적인 조직화 방식으로 부상할 기회를 제공한다.

19세기와 20세기 초에 출현한 대규모 기업들은 군대형 조직이었다. 모든 사람들은 특정한 직급에 속했고, 모든 장소는 특정한 기능이 있었으며, 권한은 상부에서 하부로 명령계통을 따라 이동했다. 사람들은 자신이 무슨 일을 해야 하는지 알고 싶으면 작업 지시서를 보거나, 명령계통의 직속상관의 지시를 따르면 그만이었다. 산업화 시대의 조직은 막스 베버의 표현대로 사람들을 관료제의 권력에 순응하게 만드는 '철창'이었다.

1970년대 말 이후로 철창의 창살은 가늘어지거나 구부러지거나 일부가 뽑혀나가기도 했다. 기업들은 혁신의 가속화와 품질개선, 비용절감, 다품종 생산을 통한 소비촉진을 위해 분투하는 과정에서, 위계적인 조직을 해체하고 아웃소싱 기반의 생산 네트워크로 변모

해야 할지, 아니면 더 엄격한 실적과 브랜드 관리를 통해 통제력을 강화해야 할지 분명한 결정을 내리지 못하고 방황했다. 오늘날 기업들 대부분은 내부적인 위계 조직이 무너지고, 작업 지시서의 내용은 모호해진 상태다. 일일 노동시간은 유연해지고, 주간 노동시간은 연장이 가능해졌다. 게다가 앞으로의 진로는 예측 불가능해지고 조직의 경계는 낮아졌다. 기업들은 수시로 변화하는 다수의 파트너와 공급자들의 네트워크에 의존해야 하고, 생산성과 품질 향상과 혁신을 강화하기 위해 갈수록 격렬해지는 조직 간소화의 고통을 감수해야 한다. 결국 직제 변경은 잦아지고 고용인들의 스트레스는 심해지고 조직은 더욱 혼란스러워지고 있다.

대안 조직

집단지성은 조직이 직면한 여러 가지 도전을 극복할 수 있는 효과적인 방안을 제공하는 대안적인 조직화 방식으로 떠오르고 있다. 집단지성은 비용이 들지 않는 (기업 내부와 외부의 여러 가지 원천에서 나오는) 아이디어 공유를 권장하는 색다른 혁신방식, 효율성과 창의성을 배가하는 자율관리형 작업방식, 소비자들을 문제해결 방안을 찾는 데 참여시킴으로써 그들의 관심과 노력, 아이디어를 활용하는 소비자 참여방식, 권력이 집중된 상부에서 하부로 지시사항을 전달하는 대신 공동체의 힘을 이끌어내는 지도방식을 제공한다. 시간이 흐를수록 폐쇄적이고 위계적인 조직모델은 혁신을 조장하고 작업을 체계화하고 소비자들을 참여시키는 개방적이고 협업적인 조직모델에 압도당하게 될 것이다.

특히 미국의 경우, 기업의 지나친 효율성 추구로 인해 사회불안이 가속되고 있다.[1] 기업에 대한 사람들의 신뢰는 약해지고 이직률이 높아져서 경력은 단편화되고 있다. 오늘날 직업은 열정을 요구하는 활동이 아니라 틀에 짜인 과업이다. 인간관계는 거래관계로 바뀌었고, 통솔력은 보상을 노리는 실적관리의 수단이 되었다. 새로운 것이 중시되고 경험의 가치는 폄하된다. 성급함은 기업의 특징이 되었다. 노동자와 부모, 소비자와 관리자는 마치 서커스 연기자처럼 갖은 재주를 부리면서 인생을 헤쳐나가야 한다. 집단지성 프로젝트 공동체들이 파편화된 사회계약을 갱신해 노동과 생산 토대를 강화하자며 동조자들을 끌어모으고 있다. 성급하고 변덕이 심한 기업은 사람들과 인간관계, 경험, 공동체를 무가치한 것으로 여긴다. 집단지성은 자본주의가 사람들이 갈망하는 사회 혹은 생활공동체의 특징을 회복할 수 있는 방안을 제시한다.

20세기의 마지막 십년 동안, 시장과 기업은 큰 성공을 누리고 협력의 가치는 위축되었다. 그 반작용으로 집단지성이 부상하고 있는 것이다. 세계 최대의 기업들에 대항해 복잡한 상품과 서비스를 생산하기 위해, 열정과 지식을 갖춘 기여자 그룹들이 엄청난 자원을 끌어모으는 분야가 점점 늘고 있다. 그러나 아마추어 기여자들이 세계 최대의 기업을 따라잡을 가능성은 없다. 앞으로 몇 년 뒤에는 다중의 협업적인 혁신의 막강한 위력이 기업조직의 견고한 목적과 충돌하게 될 것이다.[2] 이 장에서는 이런 충돌과정에서 나타날 수 있는 조직형태를 살펴볼 것이다.

이런 갈등은 일방적으로 진행되지는 않을 것이다. 집단지성은 모든 것을 뒤엎고 전체 산업을 변화시키지 못한다. 조직모델들 간의 충돌은 집단지성의 초기 모델 중 일부의 결함을 폭로할 것이다. 기여경제는 초기의 협업적 시도를 실패로 몰고 간 고질적인 문제를 피해가지 못한다. 생활공동체, 공제조합, 노동자협동조합이 흔히 실패했던 이유는 조직을 폐쇄적으로 운영하고, 활동의 체계화와 수익창출 방안에 관련된 어려운 결정을 내리기를 회피했기 때문이다. 집단지성은 자원봉사자들의 협업활동 모델을 창출하기는 하지만, 대부분의 사람들은 기여경제를 통해서는 먹을 것, 입을 것을 구할 수가 없다. 자원봉사를 할 열정과 실력을 갖춘 사람들이 한정된 과업에 집중한다면, 집단지성은 널리 확산되기는커녕 현상유지도 못할 것이다. 이런 협업활동을 통해 생활을 유지하고 그 활동에 재투자할 수 있는 수익창출 방안이 있어야 한다.

집단지성 옹호자들은 공동체의 가치를 훼손하지 않으면서 수익을 창출할 수 있는 현실적인 사업을 탐색하고 있고, 전통 기업들은 개방적이고 협업적인 활동을 도입할 방안을 모색하고 있다. 집단지성의 기여경제는 (상품과 서비스에 대한 대가를 지불하는) 시장경제와 조화를 이룰 방안을 찾아야 한다. 미래의 가장 활기찬 사업모델은 기업적인 요소와 공동체적인 요소, 즉 영리추구와 협업적 활동을 혼합한 방식이 될 것이다. 즉 어떤 면에서는 닫혀 있고 다른 면에서는 열린 방식, 어떤 컨텐츠는 무료로 제공하고 어떤 서비스는 비용을 청구하는 방식, 한편으로는 사람들을 소비자로 대접하고 다른 한편으로는 사람들에게 참여자가 되라고 권장하는 방식이 될 것이다.

집단지성은 경제생활의 5가지 기본적인 측면을 서서히 변화시킬 것이다. 이에 대해 차례대로 살펴보자.

개방적 혁신

간단히 정의하자면, 현대 자본주의는 거의 무無에서 새로운 상품과 서비스, 조직모델, 그리고 경험을 만들어내는 능력이라고 말할 수 있다. 20세기의 일반적인 인식은, 새로운 아이디어는 특별한 장소에서 특별한 옷을 입고 일하는 특별한 사람들로부터 나온다는 것이었다. 예를 들면 과학자는 연구실에서 흰 가운을 입고 일하고, 화가는 화실에서 작업복을 입고 일하고, 열정적인 발명가는 차고에 틀어박혀서 일하고, 보헤미안족들은 다락방에서 살면서 문화의 거리를 어슬렁거리는 사람들로 규정되었다.

20세기 기업의 창의성 제고 방안은 특정한 장소와 특정한 사람들을 더 많이 확보하는 것이었다. 예컨대 연구자들을 모아서 깊은 숲속에 가시철조망과 보안문으로 폐쇄된 대규모 연구개발기관을 설치하는 식이었다. 대규모 기업들은 이런 창의적인 연구기관을 생산과 시장으로 연결할 수 있는 파이프라인이 필요하다. 이런 파이프라인 모델에 따르면, 모든 혁신은 발명목적과 사용방안을 밝힐 수 있는 발명자의 머리에서 톡 튀어나온다. 발명자는 발명목적을 특허의 내용에 기술하고, 혁신을 발명—개발—응용이라는 직선 모양의 연속된 과정으로 여긴다. 파이프라인의 끝에 있기 때문에 상품의 선택 여부를 결정할 뿐, 다른 중요한 역할은 하지 못한다.

발명에서 시작해 혁신이 진행되는 파이프라인 모델은 시간이 갈수록 생산성이 떨어지고 있다.[3] 연구개발 투자비용이 높은 제약산업에서는 파격적인 약품 한 종류의 개발비용이 10억 달러까지 치솟고 있다. 미국 식품의약국에 접수된 신약 신청건수는 1996년 131건에서 2003년에는 72건으로 크게 감소했다. 식품의약국은 2002년 17건, 2003년에 21건의 신약을 승인했다. 2003년에 승인된 것 중 중요하다고 판단한 신약은 9건뿐이다. 최근 40년 사이에 신약 승인을 받은 중요한 항생물질은 단 한 건도 없다. 암을 비롯한 장기질환에 대한 치료제는 개발되지 않은 상태이고, 가난한 사람들이 앓는 질병은 대부분 무시되고 있다. 이처럼 제약연구 파이프라인이 고갈되는 것은 자원이 부족하기 때문이 아니다. 2002년 미국 제약산업의 연구개발 비용은 320억 달러로, 1995년의 2배에 이른다. 이런 상승률은 물가 상승률을 크게 앞서는 것이다. 1980년부터 2005년 사이, 제약산업의 연간 연구개발 비용상승률은 15퍼센트, 연간 수익상승률은 약 11퍼센트로 나타났다. 또한 파격적인 발명에 독점적인 할증가격을 붙여 투자비용을 회수할 기회는 점점 줄어들고 있다. 1970년대에는 개발기간이 10년이 걸린 특허약품은 출시 이후 20년 동안 독점적인 지위를 누리면서 투자비용을 회수할 수 있었다. 지금은 대체약품이나 복제약이 신속하게 개발되기 때문에 새로운 특허약품은 10년이 채 못 되어 경쟁에 직면하게 된다.

개발비용의 상승과 투자비용 회수의 불확실성, 그리고 경쟁격화는 혁신의 위험률을 끌어올린다. 제약산업과 반도체산업은 협업을 통한 연구비용 절감방안을 모색하는 데 앞장서고 있다. 폐쇄적인 파이프라인 모델은 갈수록 위축되고 있다. 그래서 집단지성이 개방적인 다중의 활동에 의한 혁신이라는 대안적 모델로 부상하고 있다.

개방적인 혁신모델은 웹을 통해 협업적이고 집단적인 방법으로 독창성을 획득한다.

독창성은 다양한 관점들이 서로 팽팽한 긴장상태에서 서로 엎치락뒤치락하면서 새로운 아이디어로 진화하는 과정에서 나타난다. 헨리 포드의 이동식 조립라인은 몇 달 동안 어두운 방안에 틀어박혀 고민하던 그의 머리에서 톡 튀어나온 것이 아니다. 포드의 혁신적인 아이디어는 교체 가능한 기계부품들을 이용하는 산업과 정육산업의 고기를 절단하고 포장하는 조립라인, 철도산업의 스케줄 편성기법 등 여러 가지 아이디어와 기술을 혼합한 과정에서 나온 것이다.

20세기의 과학적 진보는 대화를 통해 여러 가지 아이디어를 결합하는 창의적인 방식에서 비롯한 것이다. 1920년대에 베르너 하이젠베르크와 닐스 보어를 비롯한 여러 물리학자들 사이에 오고간 대화는 핵폭탄뿐 아니라 여러 가지 이론도 낳았다. 현대 전기공학의 수많은 진보를 이룬 양자물리학도 그 대화에서 나왔다.

단독 발명가로 널리 알려진 토머스 에디슨의 경우를 살펴보자. 그가 성공을 거둘 수 있었던 이유는 그가 훌륭한 협업활동가였기 때문이다. 그는 순회 전신 기술자로 일하면서 한 곳에 머무르지 않고 다양한 사람들과 끊임없이 융화하면서 협업활동의 기술을 익혔다. 에디슨은 1876년에 뉴저지의 멘로 파크에 '발명공장' 역할을 할 실험실을 열고 이곳에서 축음기와 전구를 만들었다. 멘로 파크 실험실을 둘러싼 여러 가지 신화 같은 이야기들은 특별한 재능을 갖고 특별한 조건에서 일하는 사람들이 혁신을 낳는다는 편견을 조장했다. 그러나 에디슨 자신도 인정하다시피 그의 연구팀인 찰스 배첼러와 제임스 애덤, 존 크루에시, 찰스 워스 등 무명의 기술자들이 없었다면 그의 수많은 발명은 빛을 보지 못했을 것이다. 에디슨에게는 다른 사람들이 가진 능력과 기술을 끌어들여 아이디어를 신속하게 개발하는 재능이 있었다.

혁신적인 결합은 아이디어에 대해 문제를 제기할 수 있는 심도 깊고 광범위한 창의적인 대화로부터 나온다. 17~18세기에 런던의 커피하우스는 이런 대화를 나눌 수 있는 중요한 토론장이었다. 에드워드 로이드 커피하우스는 무역과 선박, 보험과 관련한 집중적인 토론장이었고, 훗날 같은 이름의 보험시장으로 변모했다. 뉴욕증권거래소의 기원도 이와 비슷하다. 마크 엘리스Mark Ellis의 《커피하우스의 사회사The Coffee House: A Social History》에 따르면, 쾌활하고 번잡한 커피하우스에서 "남자들은 그곳에서 이루어진 토론을 기초로 모험적인 사업을 시작하고, 비판적인 여론을 형성하고, 과학이론을 논의하고, 정치적인 클럽을 형성하는 등 새로운 단합과 친선의 방식을 터득했다." 오늘날 소셜 네트워크와 온라인 협업활동은 이런 단합과 친선의 능력을 새로운 차원으로 끌어올린다. 바로 이것이 집단지성이 혁신방식을 변화시키고 있는 이유다.

웹의 확산은 점점 많은 사람들이 아이디어와 통찰력을 결합할 수 있는 이런 대화방식에 참여하고 있다는 것을 의미한다. 오픈소스 커뮤니티에서는, 아이디어는 제기되자마자 논평과 비판에 노출되는 과정을 거치면서 더욱 정교해지고, 개선되고, 재해석되어 혁신으로 이어진다. 오픈소스 커뮤니티가 제공하는 토론환경은 창의적이긴 하지만, 소란스러울 뿐 아니라 심하다 싶을 정도로 노골적일 때도 있다. 앞으로도 창의성은 특별한 장소에서 일하는 특별한 재능을 가진 사람들로부터 나올 것이다. 그러나 학력상승과 저렴한 통신기술의 확산으로, 혁신과 창의성의 원천은 갈수록 다양해지고 있다. 헨리 포드가 대량생산 모델을 창조한 반면, 리누스 토발즈와 그의 동료들은 대중혁신의 조직화 모델을 창조했다.

20세기의 혁신은 대규모 제조기업의 연구개발기관에서 나왔다. 그러나 지금의 경제 상황은 아이디어의 원천이 다양한 개방적 혁신 모델에 더 유리하다. 미국의 연구개발 분야에서 소규모 기업들이 차지하는 비율은 1981년에 4.4퍼센트였지만, 20년이 지난 2001년에는 25퍼센트를 넘어섰다. 중국과 인도의 연구개발 투자액은 급상승하고 있다. 숙련된 노동은 이동성이 높아져서 세계 어디서나 활용이 가능하다. 기술 후진국이었던 인도와 같은 지역들은 이제 세계 경제의 중추와 긴밀한 관계를 형성하고 있다. 복합 기술과 다양한 분야의 노하우를 결합한 수많은 혁신이 이루어지고 있는 것이다. 대규모 기업들은 이런 경제 조건 속에서 비용을 분담하고 아이디어의 원천을 다양화하기 위해 네트워크를 통한 협업적인 혁신방식에 비중을 강화하고 있다.

소비재 기업인 P&G의 사례를 들어보자. 이 회사는 새로운 아이디어의 50퍼센트를 회사 외부에서 얻는 것을 목표로 개방적인 혁신 프로그램을 진행하고 있다. 이 회사의 사내 연구인력은 7,500여 명뿐이지만 해당 산업과 관련된 세계적인 연구인력은 150만 명이다. 2006년 현재, 이 회사는 사내 연구인력 7,500명, 공급자들이 보유한 연구인력 2,000명과 7,000여 개의 가상 혹은 파생 관계를 확보하고 있다. P&G는 확보한 아이디어의 상당수를 공개했고, 다른 기업들은 그 아이디어들을 어떻게 활용하는지 파악하려고 노력한다. P&G는 특허 신청 후 5년, 상품 출시 후 3년이 지난 특허는 포기한다. IBM도 이와 비슷한 방향으로 전환하고 있다. IBM은 500개 이상의 소프트웨어 특허를 오픈소스 재단에 기부하고, 리눅스 개발에 연간 1억 달러 이상을 지원한다.

휴대전화 제조회사인 노키아는 온라인 토론광장을 통해 100만 명의 개발자들을 포괄하고 있으며, 자사의 특허가 오픈소스에 응용되는 것을 막지 않겠다는 입장이다. 레고Lego는 마인드스톰스Mindstorms 상품개발과 관련해 오픈소스 프로그램을 개발하는 소프트웨어 개발자들과 긴밀한 관계를 맺고 있다. 구글과 야후, 인텔은 대규모의 개발자 공동체들과의 협업방안을 찾고 있다.

한때 기를 쓰고 지키려 들었던 엄청난 양의 지적 재산권을 개방하고, 기업 외부의 공동체들이 고안한 아이디어를 끌어들이는 등 개방적인 혁신모델을 채택하는 기업들은 앞으로 점점 늘어날 것이다. 이런 집단지성 기업모델은 자립을 유지할 수 있는 수익창출 사업모델을 개발하는 위키피디아와 리눅스 등의 해커 커뮤니티들과 어깨를 나란히 하게 될 것이다. 과학자와 교육자, 연구자들 역시 아이디어를 공유하고 발전시키는 집단지성 접근법을 구축하기 위해 노력하고 있다.

스펙트럼의 한쪽 끝에는 특별한 장소에서 일하는 특별한 재능을 가진 사람들에게서 새로운 아이디어가 나온다는 파이프라인 모델을 여전히 고수하는 조직이 있고, 다른 쪽 끝에는 개방적인 집단지성 공동체를 추구하는 시도가 있다. 가장 비옥한 공간은 중간영역이다. 이 영역에 존재하는 많은 조직들(민간조직과 공공조직)은 영리조직과 공동체의 특성을 혼합해 아이디어를 공유함으로써 수익을 창출할 수 있는 효율적인 방법을 추구한다. 외부로부터 더 많은 아이디어를 끌어오려고 넓은 그물을 던지는 혁신과정을 구축하기 위해 P&G의 사례를 따르려는 기업들은 갈수록 늘어날 것이다. 그러나 무엇보다 흥미를 끄는 것은 공통의 핵심을 활용해 완전히 새로운 공동체를 만들려는 리눅스와 같은 시도들이다. 그 첫 번째 유형은 아이디어를 회사 내부로 끌어들이는 개방적 혁신이고, 두 번째 유형은 아이디어들을 개방함으로써 아이디어의 확산과 증대를 추구하는 개방적 혁신이다.

창조하는 소비자

과거에 우리는 조직의 목적은 물론이고 소비자들의 목적까지 분명히 알고 있다고 생각했다. 우리는 소비자를 생산과정의 완결지점이자 가치사슬의 마지막 단계로 여겼다. 산업조직의 경우, 투입된 원료가 노동과 기계의 가공과정을 거쳐 완제품이 되어 나오면 소비자는 이 완제품을 구매하는 형식이었다. 자동차, TV, 냉장고, 전화기를 비롯한 모든 상품을 대규모로, 저렴한 비용으로 만들어내는 가치사슬이 없었다면 이 모든 물건은 부자들만의 차지가 되었을 것이다.[4] 오늘날 이런 질서정연한 가치사슬의 체계는 혼란을 겪고 있다. 소비자가 전혀 색다른 역할을 하는 경제 부문이 형성되고 있기 때문이다. 소비자들은 수동적으로 배달된 상품을 받는 역할에서 벗어나 참여를 통해 자신이 원하는 서비스를 직접 창조할 수 있기를 원한다.

월드오브워크래프트 컴퓨터게임은 이런 참여적인 소비자 문화의 대표적인 예다. 이 게임은 2004년에 출시된 이후로 큰 성공을 거두어 가입자가 800만 명을 넘어섰다.[5] 이 게임 참여자들은 주당 평균 21시간 이상을 게임에 소요한다. 어느 연구결과에 따르면 이 게임 참여자들 중 15퍼센트 이상이 게임이 배포된 지 8개월 이내에 레벨 60에 도달했다고 한다. 레벨 60에 도달하려면 두 달 동안 한 번도 쉬지 않고 게임을 해야 한다.[6] 월드오브워크래프트가 그토록 흡인력이 강한 것(비평가들의 말을 빌리면 중독성 있는 것)은 이 게임이 사회적 구조를 구축하고 있기 때문이다. 게임 참여자들은 게임 캐릭터 혹은 아바타를 만들어서 괴물들을 죽이고, 탐색을 완수하고, 미지의 땅을 탐험하면서 점수를 얻는다. 이 게임에는 10가지 종족과 9가지 직업, 그리고 전쟁을 통해 주도권을 다투는 호드Horde와 얼라이언스Alliance, 두 진영이 있다. 게임 참여자들은 같은 진영에 소속된 사람들끼리만 이야기를 할 수 있고, 상대편 진영하고만 싸울 수 있다. 전투는 몇 개의 영토로 나뉘어 진행되는데, 각 영토에는 최대 2만 명의 전투원이 있고, 영토에 따라 전투의 종류도 다르다.

월드오브워크래프트는 사회성과 참여성을 장려하는 구조로 되어 있다. 혼자서는 수행할 수 없는 복잡한 과업들을 배치하고, 캐릭터들 사이의 협업으로 서로 부족한 점을 보완하게 한다. 이 게임이 배포된 직후에 게임 참여자들은 다양한 길드를 구축했다. 일본의 인터넷 벤처 사업가 조이 이토Joi Ito가 구축한 길드의 경우처럼 수천 명의 회원을 확보하고 자체 웹사이트와 독자적인 노하우를 가진 길드도 있고, 별로 관심이 높지 않은 회원 서너 명으로 이루어진 길드도 있다. 월드오브워크래프트는 수익을 바라지 않는 해커들의 합작품이 아니다. 800만 명의 회원들은 매달 14.99달러의 사용료를 내야하고, 게임 확장판이 나오면 다시 돈을 주고 사야 한다. 초판인 〈월드오브워크래프트: 불타는 성전〉은 하루 만에 240만 개가 팔렸다. 중국에는 점수와 게임 화폐를 모아 게임 참여자들에게 파는 게임머니 공장들이 있는데, 이곳에서 일하는 게임 노동자들은 10만 명[7]에서 50만 명[8] 사이이다. 2007년 현재, 에이그윈 미국 얼라이언스 서버에서는 완전 무장을 하고 여러 가지 소지품을 갖춘 고도로 숙련된 남자 나이트엘프를 829.99달러에 판매하고 있다.[9]

월드오브워크래프트는 특이한 소비자 문화의 발전을 예고한다. 게임 참여자는 소비자들이다. 그들은 게임 소프트웨어를 사고, 사용료를 지불하고, 그밖의 여러 가지 상품과 서비스를 구매한다. 그러나 이 게임을 제작한 블리자드 엔터테인먼트에는 월드오브워크래프트의 경험을 제조하는 생산라인이 없다. 이 회사는 게임 참여자들에게 도구를 주어 스스로 경험을 창조하게 만든다. 소비자는 참여자가된다. 그들은 많은 노력을 기울여 자신만의 캐릭터를 창조하고, 협업을 통해 게임의 핵심인 사회 시스템과 전투를 만든다. 월드오브워크래프트의 게임 참여자들은 여가시간에 일을 한다. 소비와 참여와협업을 결합하는 월드오브워크래프트 방식은 산업화 시대가 창출한범주들을 뒤섞어놓고 있다.[10]

소비자가 자신이 소비하는 상품과 서비스를 만들 수 있는 세계, 적절한 조건이 형성되면 수요가 공급을 창출할 뿐 아니라 새로운 가치의 방대한 원천을 열어놓을 수 있는 세계에서는 수요와 공급의 이분

법이 통하지 않는다. 구성원의 적극적인 참여를 기반으로 한 조직을 유지하는 데 드는 비용은 낮다. 큰 성공을 거둔 게임회사들은 직원 몇천 명만으로도 수백만 명의 게임 참여자 커뮤니티를 지탱한다. 소비자가 참여자가 되면, 혁신은 관리하기 쉬운 역동적인 방식으로 이루어진다.

혁신이 대부분 실패하는 이유는 잠재적인 소비자가 그 상품을 선택할 것인지 판단하기 어렵기 때문이다.[11] 발명가들은 소비자들이 그 기술을 어떻게 사용할지 짐작하지 못하는 경우가 많다. 전화를 발명한 사람들은 전화가 런던 무대에서 진행되는 공연 실황을 듣는 데 이용될 거라고 생각했을 뿐, 사람들 간의 대화에 이용될 거라고는 예상하지 못했다. 혁신의 위험성이 높은 것은 대개 기업들이 추측하는 소비자들의 생각과 소비자들의 실제 생각이 크게 차이 나기 때문이다. 기업들은 시장조사를 강화해 이런 차이를 메우려고 노력하지만 완벽한 성공을 거두지는 못한다. 이런 차이가 남아 있는 한, 혁신의 위험성은 여전히 존재한다.

이런 차이를 메울 수 있는 것은 소비자가 새로운 해결책의 구상에 참여하는 혁신, 즉 사용자 주도의 혁신이다. 소비자들은 자신이 원하는 것을 정확하게 그려낼 수 있다. 산악자전거의 출현이 좋은 사례다. 캘리포니아 북부의 젊은이들이 새로운 도전 대상을 찾던 끝에 자전거를 타고 산길을 오르기 시작했다. 그러나 전통적인 자전거는 산간지역에서 타고 다닐 수 있도록 설계된 것이 아니었다. 결국 사용자들은 직접 개발을 시도했다. 그들은 튼튼한 구형 자전거 프레임에 폭이 넓은 타이어와 오토바이에 사용하는 원통형 브레이크를 결합했다. 프로앰 자전거 사용자들은 여러 해 동안 차고에 틀어박혀서 클렁커clunker(약간 손을 본 자전거)를 만들었다. 1975년 무렵, 제조업체가 산악자전거 개발에 뛰어들었고, 일년 후 북부 캘리포니아의 마린 지역에는 산악자전거 전문 제조업체가 여섯 개로 늘어났다(유명한 마린 산악자전거 회사는 바로 이 지역의 이름을 딴 것이다). 자전거 제조업체들이 산악자전거 제조에 뛰어든 것은 산길을 오르는 클렁커가 처음 등장한 지 거의 십년 만이었다. 2004년에는 미국의 전체 자전거 매출의 65퍼센트가 산악자전거 관련 장비였다. 열정적인 사용자들이 발명한 산악자전거의 시장규모가 무려 5,800만 달러였다는 얘기다. 자전거의 현대사에서 가장 파격적인 혁신은 소비자 겸 발명자로부터 나왔다. 윈드서핑과 스노보딩 같은 익스트림 스포츠 부문에서도 비슷한 상황이 발생한다. 어떤 연구결과에 따르면, 활동적인 스포츠에서 이루어진 중요한 혁신 가운데 약 57퍼센트가 소비자로부터 나온 것이라고 한다.

과학기술의 응용 가능성이 높은 경우, 종종 생산자들이 아니라 사용자들이 응용 대상을 결정한다. 이동전화 회사들은 SMS 메시지가 십대들의 주요한 소통 형식이 될 것을 예견하지 못했다. 과학기술이 사용자의 손에 들어가는 순간부터 과학기술은 광범위하게 응용되기 시작한다.

소비자 겸 혁신자들은 종종 시장을 송두리째 흔들어놓는 파격적인 혁신의 창출에 중추 역할을 한다. 대량시장에서 활동하는 주류 기업들은 혁신을 원치 않는 경우가 많다. 그들은 기득권을 유지하고 강화하는 방향으로 움직일 뿐, 적은 수익이 예상되는 소규모의 신규 시장은 무시하는 경향이 있다. 이런 주변적인 시장에서 혁신을 추진하는 주체는 대개 수익창출에는 별 관심이 없는 열정적인 사용자들이다. 랩 음악을 생각해보라. 20년 전에는 빈민가에 사는 흑인들이 세상에 대해 분노를 터뜨리고 폭력을 미화하는 음악에 관심을 갖는 대규모 음반회사는 찾아볼 수 없었다. 랩 음악은 프로앰들이 직접 노래를 녹음해서 배포함으로써 널리 퍼졌다. 20년 만에 랩 음악은 세계적인 대중음악으로 자리 잡고 대중문화의 여러 측면에 영향을 미치고 있다.

소비자 겸 혁신자들은 혼자서 일하는 법이 거의 없다. 그들은 오픈 소스 계획을 자유롭게 공유하는 커뮤니티 안에서 자라난다. 초기의 윈드서핑용 보드를 창안한 뉴먼 다비는 〈파퓰러 사이언스〉지에 자신이 구상한 디자인을 공개했다. 디미트리 밀로비치는 1971년에 스노보드 디자인을 개발해 특허 승인을 받았지만 특허권을 행사하지 않겠다고 선언했다. 존 돕슨은 자신이 창안한 저렴한 디지털 망원경의 특허를 내지 않음으로써 아마추어 천문학의 르네상스가 시작되는 토대를 마련했다. 주류 기업들은 이런 사례로부터 확실한 교훈을 얻어야 한다. 지식과 열정을 가진 사용자 커뮤니티를 확보한 조직(예컨대 이베이)의 경우, 구성원들은 좋은 아이디어를 내놓을 뿐만 아니라 새로운 서비스의 성공 가능성에 대한 신속한 피드백을 제공한다. 기업과 커뮤니티, 생산자와 사용자 사이의 관계가 긴밀해지면 혁신의 위험성은 줄어든다. 소비자를 혁신자로 끌어들이고 싶다면, 기업은 소비자가 자유롭게 아이디어를 공유하면서 자사의 생산물을 개량할 수 있도록 개방적인 자세를 보여야 한다.[12]

웹이 확산될수록 점점 많은 사람들이 이런 커뮤니티의 구성원이 될 기회를 접하게 될 것이다. 단순한 구경꾼이 아니라 수혜자이면서 동시에 참여자로 활동하는 사람들은 더욱 늘어날 것이고, 이들이 이런 활동에 할애하는 시간도 갈수록 늘어날 것이다. 과학기술의 비용이 낮아지고 품질이 향상되면서 전문가 전용이었던 강력한 도구들이 아마추어의 손으로 넘어가고 있다. 제도권 기관들이 장악한 지식이 프로앰 공동체로 흘러들면서 아마추어 사이에서는 스스로 수준 높은 활동을 하고자 하는 대중적인 DIY문화가 자라나고 있다.

사람들의 참여방식은 천차만별이다.[13] 스펙트럼의 한쪽 끝에는 다른 사람이 창조한 것(예컨대 애플 컴퓨터 혹은 아스날 풋볼 클럽)을 예찬하고 싶어하는 열렬한 팬들이 있다. 애플 스토어에 가면 열정적인 팬 커뮤니티의 활동을 확인할 수 있다. 애플 스토어는 애플 방식에 입문하기를 원하는 팬들이 입문의식에 참여하기 위해 찾아가는 곳이다. 그곳에는 권위와 열정이 넘친다. 서로 정보를 나누며 복음을 들으려고 기다리는 신도들 사이로 사제가 돌아다닌다. 최대의 팬 커뮤니티는 〈스타트렉〉 팬들의 모임인 트레키즈Trekkies다. 이들은 집회에 〈스타트렉〉의 등장인물과 같은 차림을 하고 나타나기도 하고, 자체 제작한 인터넷 영화 수백 편을 헌정하기도 한다.

팬들은 자신들이 숭배하는 브랜드나 팀 혹은 상품에 대한 대체물을 창조하고자 하는 욕구가 없다. 팬들은 자신이 그것의 일부임을 자처하고, 그것을 고쳐 만들고, 그것에 무언가를 덧붙이기만을 원한다. 광고주들과 마케팅 담당자들은 소비자들의 상상력을 사로잡아 상품에 열광하도록 만들려고 노력한다. 1960~1970년대에 광고를 연구했던 사회학자 어빙 고프만은 가장 세련된 광고는 '미완성'으로, 나머지 부분은 소비자들이 완성하도록 유인하는 특징이 있음을 밝혀냈다. 브랜드는 소비자의 감성을 자극해 그 상품이 소비자 자신이 원하는 것이라고 상상하게 만든다. 최근에 노키아, 애플 등 특정 브랜드와 관련된 사용자제작 컨텐츠는 이런 마케팅 전략을 서너 단계 앞서가고 있다. 기대하시라. 당신을 팬으로 만들려는 시도는 계속될 것이다.

스펙트럼의 다른 쪽 끝에는 해커를 자칭하는 디지털 기술명인들이 있다. 그들이 만든 온라인 커뮤니티는 자치적이고, 무슨 문제든 자체 내에서 해결하며, 영리적인 브랜드를 몹시 불신한다.[14] 팬들은 주된 흐름의 일부가 되기를 원하지만, 해커들은 주된 흐름을 대체할 대안을 만들기를 원한다. 해커들은 남의 관리를 받는 것도, 영리적인 활동을 하는 것도 원하지 않으며, 기업 브랜드를 의심하고 자기주도적인 활동을 하기를 원한다.[15]

여기서부터 문제가 복잡해진다. 애플의 전례를 따라서 자기 기업에는 해커 윤리가 고동치고 있다고 주장하면서 소비자를 팬으로 끌어들이려는 기업들이 점점 늘어날 것이다. 구글은 이런 마술을 활용하는 대표적인 예다. 구글은 그 어떤 해커 정신보다 큰 이득을 창출해냈다. 그러나 기업들은 팬들이 자사의 소프트웨어를 해킹해서 직접 컨텐츠를 만드는 것을 발견하면 그 대처방안을 고심한다. 어떤 해커가 덴마크의 레고 블록 회사가 개발한 마인드스톰 로봇의 소프트웨어를 해킹해서 개선판을 만들었고, 그 개선판은 다른 이용자들에게 인기를 끌게 되었다. 레고 회사는 이 해킹 소프트웨어를 인정하지는 않았지만 시중에 유포되는 것을 막지는 않았다.

2007년 초, 미국 슈퍼볼 경기 직전에 아마추어와 전문가, 소비자와 참여자의 고의적인 혼란은 거의 막바지에 이르렀다. 최고 비싼(1,000만 이상의 시청자에게 30초 동안 방영하는 비용이 260만 달러) 광고 시간대에 방영된 시보레 자동차와 알카셀처 약품, 도리토스 과자, 그리고 미국풋볼리그의 광고에는 하나같이 가정용 캠코더로 제작한 동영상이 일부 포함되었다. 도리토스는 소비자들에게 무료 교환권과 1만 달러의 상금을 걸고 자체 제작 광고를 모집했다. 결승에 오른 동영상 중에서 운전 중 도리토스를 먹으면서 슬쩍 곁눈질을 하는 모습을 담은 동영상은 웨스턴 필립스라는 사람이 단돈 13달러를 들여 제작한 것이었다. 2007년에 주요 언론매체에서는 아마추어의 제작 참여가 크게 유행했다.

유명한 컴퓨터게임 심즈Sims는 소비자 참여의 혼란스러운 특징을 가장 뚜렷하게 보여주는 사례다. 심즈는 다중 참여의 탁월한 개발자인 윌 라이트가 개발한 프로그램에 애드온 프로그램을 덧붙인 것으로, 2000년 발매 이후 제작사인 일레트로닉 아츠EA는 거의 10억 달러의 매출을 올렸다. 그러나 라이트는 심즈 컨텐츠의 60퍼센트 이상은 사용자 겸 개발자들이 만들고 있다고 평가했다. 프로엠 개발자들은 자체적으로 만든 제품을 팔기 위해 심즈몰 구축에 뛰어들었고, 마일즈오브타일즈Miles of Tiles, 싱크오어스윔Synch or Swim, 원사이즈핏츠올One Size Fits All 등 50개가 넘는 온라인 숍들이 1만 명의 회원을 확보하고 있다. 이런 심즈몰들은 잔디와 인공 샘, 수영장, 텐트, 나무와 주택 자체를 포함한 외장재에서 살바도르 달리, 앤디 워홀 등

실존 예술가들의 작품을 토대로 한 내장재까지 심즈 세계와 관련된 다양한 물건들을 공급한다. 2007년 중반 현재, 십자가에 못박힌 예수의 모습이 그려진 종교적인 테마의 '벽'은 1,364건, 라라 크로프트 테마의 벽은 2,195건, 〈스타워즈〉 테마의 벽은 2,488건이나 판매되었다. 라이트는 이렇게 말했다.

다양한 게임들이 커뮤니티를 확보하기 위해 경쟁을 벌이고 있다. 장기적으로 매출 상승을 주도하는 것은 바로 이런 커뮤니티들이기 때문이다. 가장 좋은 커뮤니티를 끌어들이는 게임이 가장 높은 매출을 올린다. 게임을 더 잘 만든다고 해서 게임의 매출이 올라가는 것이 아니다. 커뮤니티를 더 잘 만들어야 매출이 올라간다.

심즈를 지탱하는 토대는 아이디어를 개발하고 공유하는 게임 참여자들의 방대한 자체 제작 커뮤니티다. 커뮤니티는 단순히 게임만 하는 것이 아니라 게임에 뭔가를 추가한다. 라이트에 따르면, 이런 상황을 주도하는 것은 동료들의 인정이다.

사람들을 움직이는 동력은 자신의 아이디어를 드러내고 남들로부터 인정을 받는 것이다. 사람들은 근사한 것을 만드는 데 시간을 들인다. 이들은 대부분 게임을 하는 데는 많은 시간을 쓰지 않는다. 가장 번창하는 온라인 커뮤니티를 구축하는 방법은 무엇일까? 그 온라인 커뮤니티로부터 사업모델이 흘러나오게 만들어야 한다.

일레트로닉 아츠는 동료들의 인정을 받는 대가로 만든 심즈 커뮤니티 덕분에 엄청난 돈을 벌어들이고 있다.

소비자들의 많은 활동에 의존하는 이런 하부비대형 사업모델은 아시아에서 크게 번성하고 있다. 아시아 사람들은 전문가들이 제공하는 값비싼 서비스에 돈을 지불하는 것을 좋아하지 않는다.

티모시 찬Timothy Chan은 이런 모델이 개발도상국들에서 얼마나 강력한 힘을 발휘할 수 있는지 일찌감치 파악한 인물이었다. 나는 얼마 전에 상하이 고급 레스토랑의 은밀한 방에서 그를 만난 적이 있다. 상하이의 벼락부자들이 드나드는 그 레스토랑이 있는 고층 빌딩은 1997년까지만 해도 채소 농사를 짓던 좁은 땅이었다. 찬은 1999년에 정부 자문위원의 자리를 사임하고 독자적인 사업을 시작했다. 찬이 세운 게임회사 샨다Shanda는 2004년에 1억 7,000만 명의 등록 사용자와 중국 온라인 게임시장의 60퍼센트를 장악했다. 샨다는 중국 전역에 게임 소프트웨어를 무료로 배포하고 있는데, 그 게임 소프트웨어는 수백만 번 복제될 것으로 예상된다. 즉 샨다는 굳이 따로 마케팅 인력이나 마케팅 부서를 운영할 필요가 없다. 게임 사용자들이 스스로 배포하기 때문이다. 그러나 샨다 게임을 하려는 사람은 먼저 게임 소프트웨어를 가동해야 하는데, 그러기 위해서는 샨다의 서버에 로그인해 신문가판대에서 구입한 선불카드 번호나 신용카드 정보를 입력해야 한다. 샨다가 개발한 게임들은 엄청난 사회적 영향을 미치고 있다. 게임 이용자들의 절반 이상이 인터넷 카페에서 활동하는데, 회원이 많은 카페일수록 활발하게 활동한다. 찬은 이런 매력에 대해 이렇게 설명했다.

사용자들은 하루 평균 서너 시간씩 게임을 한다. 그들은 고유의 캐릭터와 프로필을 만드는 데 집중한다. 사용자가 많아질수록 게임의 배포량이 늘어나고, 배포량이 늘어날수록 활동이 많아지고, 활동이 많아질수록 사용자들이 더 많이 모여든다. 그야말로 선순환이다.

샨다는 사용자가 사용료를 지불하지 못하면 고유의 캐릭터를 이용할 수 없도록 막는다. 이런 사용자가 선택할 수 있는 방법은 두 가지다. 하나는 새로운 캐릭터를 싸게 사는 방법이다. 이 경우 사용자는 새로운 캐릭터를 처음부터 구축해야 한다. 다른 방법은 상하이의 샨다 회사를 찾아가서 고유의 이력과 기능이 고스란히 축적된 캐릭터에 대한 반환을 요구하는 것이다. 후자의 경우 교통비와 숙박비 따위를 고려하면 새로운 캐릭터를 사는 것보다 10배나 많은 비용이 드는데도 샨다 회사 건물 밖에는 날마다 이런 사용자들이 500명이 넘게 장사진을 치고 있다. 샨다는 고작 600명의 직원으로 중국 전역에 9,000개의 서버를 움직이면서 1억 7,000만 명이 넘는 사용자들을 관리하고 있다.

소비자들이 원하는 시간, 원하는 장소에서 참여할 수 있는 기회는 갈수록 넓어지고 있다. 우리의 삶을 분류하는 카테고리들은 수정되어야 한다. 일부 사람들에게 여가는 곧 일종의 작업이 될 것이고, 일부 분야에서는 과거 전문 직업인에게만 허용되었던 일을 할 수 있는 아마추어들이 나타나게 될 것이다. 소비자가 생산을 하고, 사용자가 혁신자가 되고, 수요가 자연발생적으로 공급을 창출하고, 심즈 게임의 사용자 커뮤니티들은 기업들에 부를 가져다주는 새로운 원천이 될 것이다.

자발적 작업방식

셉 포터Seb Potter는 노트북 컴퓨터를 만지작거리면서 많은 시간을 소비한다. 포터는 여덟 살 때 처음으로 컴퓨터 프로그램을 만든 이후 헐렁한 청바지와 티셔츠, 운동복 차림으로 자신의 사무실을 어슬렁거리며 노트북 컴퓨터를 만지작거리고 있다. 포터는 작업을 바라보는 우리의 관점을 획기적으로 변화시킨 일원이다. 그는 1998년에 학생 신분으로 아마추어 및 직업적인 웹 개발자들의 온라인 커뮤니티 이볼트Evolt의 개설을 도우면서 오픈소스 소프트웨어의 발전에 관여하기 시작했다.

우리는 이메일을 통해 작업을 하기로 결정했다. 우리는 각자가 할 수 있는 분야에 따라 과업을 분배했고, 한 달 만에 완벽한 웹사이트를 만들었다. 우리의 목적은 웹사이트를 통해 사람들이 직면한 웹 개발 문제를 해결할 수 있도록 조언하는 것이다.

2004년에 이볼트 커뮤니티는 7,000명의 회원을 확보했다. 회원이 늘어남에 따라 새로운 질문들이 쏟아졌고, 그에 대한 해답은 공유 지식의 기반을 넓혔다. 포터가 근무했던 웹개발 회사 겟프랭크 GetFrank는 포터가 근무시간 4분의 1을 오픈소스 프로젝트 개발에 쓰도록 허용했다. 포터의 오픈소스 작업은 그에게 개인적인 만족감을 주었고, 겟프랭크는 자체적으로 개발할 여력이 없던 소프트웨어를 이용할 수 있게 되었다.

나는 답을 찾아내는 것을 좋아한다. 소프트웨어를 개발할 수 있는 유일한 길은 바로 오픈소스 프로젝트에 있다. 기업이 독점한 시스템은 폐쇄되어 있다. 오픈소스 커뮤니티는 겉모습이 아니라, 어떤 아이디어를 갖고 있고 어떤 기여를 하느냐에 따라 그 사람을 평가한다. 좋은 아이디어를 가진 사람은 인정을 받는다. 내가 내놓을 수 있는 것은 일이다. 나는 이런 일을 하고 있을 때 가장 인정받고 있다고 느낀다.

전통적인 회사들의 경우, 셉 포터와 같은 사람들의 열정과 상상력을 활용하기 어렵다. 오픈소스 커뮤니티들은 사람들의 열정과 상상력을 기반으로 하여, 소프트웨어를 제작하지 않는 조직에 소속되어 있으면서도 사람들의 작업방식을 변화시킬 수 있다. 사무실과 관료제도, 인사부서, 지식관리 프로그램, 전면적인 능력평가, 직무연수와 불편한 사장과의 크리스마스 점심식사 등의 경험을 겪지 않고도 7,000명 규모의 조직이 과업을 분배하고 공통의 지식기반을 구축해 제품을 개발하고 중요한 서비스를 제공할 수 있는 방법은 무엇일까? 바로 협업적인 작업방식이다. 협업적인 작업방식은 대기업의 업무방식이 사람들의 능력 발휘를 제한하는 것임을 여실히 보여준다. 이런 작업방식은 앞으로 널리 확산될 것이다.

조직의 목적은 작업완수다. 효과적인 조직은 3가지 능력을 갖추어야 한다. 첫째는 집단적인 노력에 최대한 기여할 수 있도록 사람들에게 동기를 부여하는 것이고, 둘째는 작업이 순서대로 이루어질 수 있도록 많은 사람들의 기여를 조정하는 것, 셋째는 사람들에게 학습과 개작을 권장함으로써 혁신을 꾀하는 것이다. 동기를 부여하고,

조정하고, 혁신하면 된다니, 아주 간단한 얘기처럼 들린다.[16] 그러나 기업조직은 이 3가지를 동시에 하는 것이 대단히 어렵기 때문에 늘 불안정하다.

강력한 브랜드를 가진 조직은 안정된 상품과 서비스를 세계적인 규모로 창출해야 한다. 세계 어디를 가도 스타벅스, 코카콜라, 마이크로소프트는 똑같다. 이런 상황은 작업방식이 고도로 체계화된 경우에만 보증된다. 그러나 현실에서는 새로운 기술과 경쟁자와 소비 트렌드가 소용돌이치고 있다. 따라서 모든 조직은 혁신과 적응이라는 더욱 강도 높은 도전을 감당해야 한다. 혁신은 낡은 아이디어를 전혀 새로운 방식으로 비트는 데서, 더 나아가 규칙을 변모시키거나 깨뜨리고 새로운 방식을 시도하는 데서 나온다.

효율성과 혁신이라는 두 가지 압력은 직원들을 각기 다른 방향으로 밀어낸다. 이제 사람들은 동시에 같은 장소에서 일하지 않는다. 노동자들은 필요할 때 필요한 장소에 배치된다. 실적관리는 더욱 강력해지고, 직장 내 구조는 갈수록 일정한 형태를 벗어나 업무 위주로 편재되고 있다. 그러다 보니 고용계약 쌍방의 충성심과 신뢰는 갈수록 희박해지고 있다. 조직의 기본 요소인 위계적인 관리제도는 자율적인 관리를 강화할 수 없을 뿐 아니라 권력을 극소수에게 집중시키기 위한 구실이 된다. 세계 전역, 특히 미국의 기업들에서 이런 현실의 변화로 인한 불안감을 확인할 수 있다.

효율성과 혁신 사이의 긴장감을 해결하려는 시도는 전통적인 기업보다는 개방적이고 협업적인 조직형태에서 더 효과적으로 이루어진다. 오픈소스 커뮤니티는 동기부여 방식과 조정방식, 혁신방식이라는 3가지 문제에 대해 답변을 제공한다. 오픈소스 커뮤니티는 하향식 관료제도와는 달리, 흥미로운 일을 제공하고, 흥미로운 질문을 던지고, 함께 일을 할 수 있는 흥미로운 사람들을 끌어들이는 방식으로 다중의 기여자들에게 동기를 부여한다. 작업은 모듈 형식에 꼭 들어맞는 결과물을 생산한다. 그래서 모든 직무는 대등하고, 실적은 동료들이 평가하며, 커뮤니티는 원대한 목적을 공유한다. 권위는 대개 동료들의 평가를 통해 엄격하지 않은 방식으로 행사된다.

전통적인 조직은 노동 분할을 통해 업무를 조정한다. 사람들은 상부에서 분할한 과업을 배당받는다. 전통적인 업무조정 방식은 상부에서 어떤 업무가 필요한지 파악해 업무과정이나 생산라인을 계획한다는 것을 기본 전제로 한다. 반면 오픈소스 커뮤니티는 사람들이 혁신을 이룰 수 있도록 사람들 사이를 중재한다. 사람들은 필요하다고 생각하는 과업이 있고 그것을 수행하기에 적합한 기술이 자신에게 있다고 판단하면 자발적으로 그 과업에 종사한다. 노동의 자발적인 배분은 중앙의 노동 분할보다 비용이 적게 들고 훨씬 혁신적이다.

집단지성에 의거한 작업방식은 디지털 시대에 장인정신이라는 오래된 개념을 부활시킴으로써 자신의 인생을 스스로 개척하기를 원하는 신세대에게 호소력을 발휘한다. 신세대는 거실을 직접 디자인하는 것부터 자신의 이력을 스스로 관리하는 것으로 자신의 활동을 확장하고 싶어하고, 성취감과 타인의 인정을 받기 위해 자율적인 존재로서 솔선수범한다. 집단지성은 사람들에게 동료들의 인정을 받고 있다는 느낌과 소속감을 주는 커뮤니티에서 활동할 기회를 제공한다.

　오픈소스 커뮤니티를 비롯한 여러 가지 형태의 집단지성은 창의적이고 협업적인 방식에 대한 새로운 모델을 제시한다. 하지만 이 방식이 모든 상황에 두루 적용될 수는 없다. 이런 작업방식이 가능하려면 기여하고자 하는 동기를 사람들에게 부여해야 한다. 사람들은 보통 자발적으로 일하려는 경우가 드물다. 공동체의 쓰레기를 모으는 것도 그중 하나다. 물론 쓰레기 수집 역시 갈수록 지식 집약적인 일이 되어가고 있다. 자원재활용을 위해서는 사람들이 쓰레기 분류에 관심을 갖도록 동기를 부여해야 한다. 대개의 사람들은 보수를 받고 조직에 소속된 근무형태를 계속 유지할 것이다. 그러나 집단지성 방식은 서서히 조직에 침투해 조직을 더욱 개방적이고 협업적인 방향으로 변화시킬 것이다.

　일부 이단적인 회사들은 이미 이런 접근방식을 채택하고 있다. 거의 14억 달러의 매출을 올리고 있는 고어텍스 생산기업인 고어Gore는 관리자나 비서, 직원을 전혀 고용하지 않는다고 주장한다. 세계 전역에는 고어의 공동 소유주인 6,000명의 조합원이 있다. 고어 소속 조합원들의 급여 결정은 공동으로 이루어지고, 새로운 조합원이 들어오면 세 명의 동료 조언자가 그 사람이 순조롭게 업무를 시작할 수 있도록 지원한다. 요즘에는 대규모 기업들도 이런 방향으로 변하고 있다. 1998년에 거대 기업 브리티시 텔레커뮤니케이션스BT는 현장 기술자들을 대상으로 '선택의 자유Freedom to Choose' 프로젝트를 진행했다. BT는 관리하기 어려운 카디프 지역의 기술자들을 대상으로 이와 비슷한 실험을 진행했다. 관리자들은 기술자들의 업무효율을 제고하기 위한 여러 번의 시도가 번번이 실패로 돌아가자, 기술자들에게 직접 작업일정을 짤 수 있는 권한을 주었다. 기술자들은 인터넷 대화방에서 스케줄 소프트웨어의 도움을 받아 누가 언제 일을 할 것인지 결정했다. 기술자들은 작업을 완수하고, 동료들에게 조언을 하고, 팀을 인솔할 때마다 점수를 받았다. 2002년 3월에는 카디프에서 진행되었던 실험적인 방식이 2만 명의 기술자들에게 확대되어 모든 기술자들이 스스로 자기 일정을 계획하게 되었다. 3년이 지나자 기술자들의 평균 보수는 올라갔고, 주당 근무시간은 2시간이나 짧아졌으며, 생산성은 5퍼센트, 품질은 8퍼센트 상승했다. BT는 개방적인 작업방식이 큰 비용을 들이지 않고 지식 노동자들을 대상으로 동기부여와 조정을 하는 최상의 방법이라고 판단해 계속 이 방식을 유지하고 있다.

집단지성의 협업적인 가치는 작업장소의 설계방식까지 변화시킨다. 현대 조직은 관리자가 감독하기 쉽게 설계된 사무실을 중심으로 움직인다. 사무실은 관리하기 좋고, 농땡이치기 좋고, 잡담하기 좋은 곳일 뿐, 지적인 호기심을 크게 위축시키는 곳이다. 창의성은 다양한 관점과 경험에 노출되는 과정에서 나온다. 사무실은 모든 사람을 기업의 규칙에 순응하도록 만드는 경향이 있다. 혁신은 고객과의 창의적인 상호작용에서 나오는 경우도 많은데, 사무실은 외부세계로부터 도피하기 좋은 곳이다. 사무실은 또한 영역주의를 조장한다. 각 부서를 다른 층에 배치하면 사람들이 경계를 넘어가 아이디어를 차용하고 공유하기가 어렵다. 일반적인 사무실 환경에서는 '비켜서서 생각하기'가 거의 불가능하다. 사무실이 대화와 혁신에는 치명적인 장소라는 인식 때문에 사람들 간의 상호작용을 유도하고 창의적인 대화가 가능하도록 분위기를 바꾸는 기업들이 늘고 있다. 도시에서는 생활의 많은 부분이 길거리와 카페에서 이루어진다. 따라서 사무실은 부산한 도시환경과 비슷한 인적 환경을 갖추어야 한다.[17] 선진국들에서는 차츰 사무실이 카페로 바뀌고, 라테latte가 필수적인 작업도구로 등장하고 있다.

작업방식을 더욱 개방적이고 참여적으로 만들자는 주장을 몽상으로 여기는 사람이 많을 것이다. 2005년 말 어느 만찬에서 나는 구글의 초대 직원인 크리스 사카를 만나 구글의 작업방식에 대한 설명을 들었다. 매주 금요일에는 구글의 전 직원 7,000명이 모이는 (직접 대면하거나 화상 연결을 통해) 전체 직원회의가 열린다. 직원들은 누구나 고참 관리자들에게 정책과 전략, 업무수행에 관한 질문을 던질 수 있다. 사카의 팀에서 일하는 모든 직원들은 일주일에 한 번씩 자신이 그 주에 이룬 활동성과를 설명하는 5가지 항목의 요약문과 다음 주 활동계획에 대한 5가지 항목의 요약문을 이메일로 사카에게 전달한다. 직원들은 누구나 관리자의 의견을 묻지 않고 자신이 할 업무를 선택하고 다른 사람이 제출한 활동요약문을 읽을 수 있다(최고 간부의 활동요약문도 읽을 수 있다). 구글의 직원은 누구나 개발 프로젝트를 시작할 수 있지만, 반드시 프로젝트의 상세한 내용을 다른 사람들이 볼 수 있도록 회사 사이트에 게시해야 한다. 구글의 직원은 누구나 자신이 계획한 프로젝트를 계속 진행할 수 있다. 단, 그 프로젝트에 두 사람 이상의 인원이 필요하거나 서버 용량이 커지는 단계에 이르면, 그 아이디어는 회사 정책회의에 제출되어 진행 여부가 결정된다.

물론 이런 이야기는 가려들어야 한다. 조직의 상부에 있는 사람들은 흔히 자신의 직장문화가 개방적이고 민주적이라고 주장하지만, 실제로 그런 경우는 드물다. 구글처럼 파격적인 회사라도 사정은 마찬가지다. 그러나 사카가 말한 내용의 절반이 과장이라고 해도 구글의 직장문화는 전통적인 하향식 회사들에 커다란 도전이다. 혁신을 수용하는 구글의 능력을 따라잡기 원한다면, 구글의 직장문화를 따라잡아야 한다. 구글은 집단지성 방식을 채용해 '오픈소스 가치관을 지닌 영리조직'이라는 멋진 돌연변이를 만들어낸 놀라운 회사다.

물론 대부분의 직장이 이렇게 변신할 거라고 장담할 수는 없다. 고객센터와 소매할인점은 고도로 조직화되어 고품질, 저비용의 서비스를 제공하는 공장이 되고, 은행의 출납창구는 금융서비스를 제공하는 공장이 될 것이다. 젊은 과학자들조차도 실험실 작업이 지나치게 반복적이고 지루하다고 불평할 것이다. 그러나 대규모 기업들은 시간이 갈수록 개방형, 참여형 작업방식에 매료될 것이다. 전통적인 기업들이 집단지성형 직장의 매력을 받아들이기 위해서는 좀 더 민주적이고 개방적이고 평등주의적인 방향으로 변화해야 한다. 컬럼비아대학 경제학 교수인 에드먼드 펠프스는 2006년 노벨경제학상 수상식 연설에서, 20세기 선진국의 화두는 고객만족이었지만 21세기 선진국의 화두는 문제해결, 지적 발견, 새로운 도전, 개인성장, 그리고 타인에게 의미 있는 공헌 등 만족감을 주는 활동이 될 것이라고 주장했다.

탈권위 리더십

리더는 전통적인 조직의 상부에서 가장 넓은 자리를 차지하고 앉아 가장 뛰어난 견해를 제시하는 사람이다. 리더는 중요한 결정을 내리는 데 필요한 특별한 능력과 기술을 갖고 있고, 다른 사람들의 활동을 허가하고 승인한다. 그들은 적절한 유인책을 제공하거나 명령을 함으로써 자원을 기업의 전략에 맞추어 '배치'하는 역할을 담당한다. 결정사항은 상부로 전달되어 승인되고, 명령과 허가는 명령 계통을 타고 내려간다. 이것이 대부분의 전통적인 조직들의 통솔방식이다.

그러나 이런 폐쇄적인 리더십 모델로 대규모 조직들이 직면한 온갖 요구에 대처하기란 갈수록 어려워지고 있다. 조직과 리더의 움직임은 더욱 기민해야 한다. 조직은 광범위한 네트워크를 이루고 있기 때문에 멀리 떨어진 나라에서 일어난 사건으로 인해 큰 충격을 받을 수 있다. 미국 중서부 저소득 가구들이 주택융자금을 갚지 못하면 영국에 있는 은행들이 충격을 받을 수 있고, 알래스카 정유공장에서 사소한 실수가 발생하면 세계적인 석유기업의 명성에 금이 갈 수 있다. 각계각층의 리더들은 미디어와 규제자, 직원들, 그리고 카메라폰과 블로그로 무장한 세계 각지의 시민기자들로부터 끊임없이 감시를 당하는 등 더욱더 개방된 환경에서 활동해야 한다. 승인을 받기 위해 수많은 결정을 상부로 전달해야 하는 폐쇄적인 조직통솔 방식은 이런 세계적인 추세에 대응하기에는 너무 느리다.

폐쇄적인 조직통솔 방식은 또한 시대풍조가 점점 더 민주화되어 가는 상황에서 정상적으로 기능할 수 없다. 오늘날 권위에 대한 이

의제기는 갈수록 강력해지고, 권위에 의한 통솔 가능성은 갈수록 희박해지고 있다. 직원들이 당연히 리더를 지지할 것이라고 장담할 수도 없다. 리더들은 끊임없이 직원들의 지지를 이끌어내야 한다. 개방적인 조직통솔 방식은 최첨단을 앞서가는 캘리포니아의 소수 기업들에만 필요한 것이 아니다. 2003년에 나는 어느 국제적인 컨설팅 회사로부터 새롭게 등장하는 기업 리더들에 관한 연구용역을 받았다. 한국, 브라질, 독일, 영국의 사례를 연구한 결과, 상당히 일관성이 있는 결과가 나왔다. 과감한 하향식 조직통솔 방식은 통하지 않았고, 직원들이 상사의 업무지시에 고분고분 따르는 태도나 젊은 리더들이 일을 위해 가족과 자신의 모든 것을 희생하는 태도는 찾아볼 수 없었다. 어느 젊은 독일인 관리자는 이렇게 설명했다.

예전에는 윗사람이 이야기하면 직원들은 무조건 따랐고, 윗사람이 혼자 앉아서 결정을 하고 서명을 했다. 이제는 권한이 모든 계층에 분산되어 있다. 물론 대등한 권한을 가지는 것은 아니지만, 권한이 분산되면 훨씬 신속한 결정이 이루어진다. 한 사람이 결정하면 다른 사람들은 집행하는 권위형 관리방식이 통하는 시대는 지나갔다. 지금 더욱 강조되는 것은 팀 단위의 협업활동이다.

집단지성은 개방적이고 책임감 있는 통솔방식을 원하는 조직에 대해 직접적인 효과를 발휘할 수 있다. 모든 협업적인 커뮤니티가 자연발생적으로 꾸려진다는 것은 신화다. 모든 조직에는 창립자와 관리자가 있다. 그러나 협업적인 커뮤니티의 리더는 전통적인 조직의 리더와는 다른 방식으로 리더십을 행사한다.

협업적인 커뮤니티의 리더는 극소수의 결정에 참여한다. 그들은 커뮤니티를 이루는 작은 부문들이 책임 있게 담당해야 할 일들(예컨대 월드오브워크래프트에서 특정한 길드를 이끄는 일, 오픈소스 프로그램의 특정한 모듈을 관리하는 일, 게놈의 특정한 부분을 집중적으로 연구하는 일)과 관련해 규범과 규칙을 정하는 데 집중한다. 그들은 남성호르몬이 충만하고 카리스마 넘치는 중역의 모습이 아니라 대개 조용하고 겸손하며 자신을 내세우지 않는다. 그들은 자신이 조명을 받으려고 하지 않고 다른 사람들이 아이디어를 내놓을 수 있게 격려한다. 개방적인 리더는 대개 자신이 이끄는 커뮤니티에 대한 소속감이 크다. 크레이그스리스트의 창립자인 크레이그 뉴마크Craig Newmark는 아직도 자신을 고객지원 담당자라고 부른다. 개방적인 리더는 유분투 창립자 마크 셔틀워스처럼 친절한 독재자이면서 동시에 투명하고 책임 있는 의사결정 방식을 따른다. 다중 협업의 관리자들은 꼬마선충 프로젝트의 창시자인 시드니 브레너처럼 흥미로운 질문으로 협업자들을 유도하고, 이 문제에 대해 창의적인 대화를 이끌고, 조직의 가치를 활동방식에 구현한다.

혁신의 중요성이 갈수록 부각되고 조직 안팎의 아이디어를 결합하는 방식을 통한 혁신이 늘어나고 있다. 따라서 앞으로 더욱 많은 지도자들이 창의적인 대화를 이끌어야 할 것이다. 창의적인 대화에서는 자신이 가진 것을 내놓음으로써 상대방도 가진 것을 내놓을 수 있도록 고무하고, 자신의 의견만을 말할 것이 아니라 상대방의 의견을 경청하고, 고정된 견해만을 고집할 것이 아니라 자신의 아이디어를 조정하려는 마음가짐을 갖추어야 한다. 관리자들은 대부분 창의적인 대화를 두려워하고 다른 사람들의 의견을 경청할 시간도 별로 없다. 관리자는 지휘권을 갖고 해결방안을 찾아 무엇을 해야 하는지 결정하는 위치에 있기 때문에 함께 일하는 사람들과 충분한 대화를 나누지 못한다. 관리자는 지나치게 냉담할 뿐 아니라 관리자가 나타나기만 해도 직원들이 대화를 중단하는 경우가 많다. (내가 예전에 근무했던 〈파이낸셜타임스〉의 어느 중역은 가끔 '사무실을 둘러보면서' 사람들과 잡담을 나누라는 말을 들은 모양이었다. 그는 매주 금요일 오후에 겁먹은 토끼처럼 편집국 문으로 고개를 들이밀었고, 직원들은 그와 눈을 마주치지 않으려고 열심히 전화 버튼을 눌러댔다.)

노키아의 명예회장인 요르마 올릴라는 전통적인 조직에서 집단지성 커뮤니티의 개방적인 지도자가 어떤 역할을 할 수 있는지 보여주는 좋은 사례다. 노키아는 웰링턴 부츠와 자전거 타이어를 생산하던 회사였지만 진취적인 통찰력을 가진 고참 리더들의 통솔력 덕분에 이동전화의 시장성이 불투명한 시절에 하이테크놀로지에 도전해 이동통신 분야의 선두주자가 되었다. 노키아는 평등주의적인 상향식 회사다. 헬싱키 외곽 노키아 본사의 점심시간에는 전 직원이 간이식당 세 곳에서 함께 식사를 한다. 누구나 똑같이 줄을 서서 똑같은 장소에서 똑같은 음식을 먹는다. 5만 5,000명의 노키아 직원 가운데 5분의 2는 연구개발 활동에 종사한다. 내가 2005년에 헬싱키에서 올릴라를 만났을 때, 올릴라는 그들이 공학기술자라기보다는 창조적인 커뮤니티에서 일하는 예술가 쪽에 더 가깝다고 말했다. 내가 어떻게 2만 명의 예술가들을 통솔했느냐고 묻자 그는 이렇게 대답했다.

혁신과 창의성은 개개인에게서 나오는 것이 아니라 사람들 간의 적절한 상호작용에서 나온다. 리더십은 사람들이 함께 일하는 것을 재미있게 여기는 분위기를 만드는 것이다.

공동 소유권

아이디어가 소비자, 개발자, 공급자 사이에 공유될 때 혁신은 번성한다. 아이디어 창안에 관계하는 사람들의 수가 늘어나면, 누가 무슨 일을 했고, 따라서 누가 어느 만큼을 소유하게 될지를 계산하는 것은 점점 어려워진다. 협업에 의한 혁신은 반드시 공동 소유권의 형태를 취해야 한다. 그러나 일반적인 통념에 따르면, 대개는 주주 소유 형태의 사적 소유권이 투자와 생산성, 혁신을 향상시킬 수 있는 최선의 방법이다. 어떤 한 사람이 어떤 물건에 대한 소유권을 갖고 있다면, 그 사람은 다른 사람과 공동으로 소유하는 경우보다 그것을 더 잘 돌보고 더 많은 투자를 하고 더 많이 신경 쓰기 마련이라는 논리다. 그렇다면 집단지성은 주주소유의 회사들과 현대 자본주의의 주춧돌인 사적 소유권으로부터 벗어나는 것을 의미하는 걸까?

현대의 주주소유 회사들은 무너뜨리기 어려운 막강한 힘을 갖고 있다.[18] 이 회사들은 적응하고 진화하는 뛰어난 능력이 있으며, 회사 설립자와 회사의 목적이 사라진 상황에서도 존속할 수 있다. 미네소타 마이닝 앤드 머티리얼즈Minnesota Mining and Materials라는 이름으로 시작된 회사 쓰리엠이 만드는 포스트잇 메모지를 쓰면서 머리를 갸웃거리는 사람은 아무도 없다. 기업들은 다수의 민간투자를 생산적 활동으로 끌어들이는 수단을 제공한다. 유한책임과 주식시장이라는 혁신이 있었기에 투자자들은 자신이 관리할 수 없고 경영할 수도 없는 회사에 돈을 투자하고도 안심할 수 있는 것이다. 그러나 주주소유 회사는 관리자들의 어깨에 생산성을 높이고 주주들에게 재정적인 결과를 제시해야 한다는 압박감을 지운다. 덕분에 산업화 시대의 회사들은 소비자들의 행복을 뒷받침하는 상품을 효율적으로 생산해내고 있다. 사적 소유권은 집중적이고 효율적이며 재무상태가 건전한 조직을 창조해낸다. 이 조직들은 회사와 분리되어 있기는 하지만 각종 요구사항을 제시하는 소유주들을 충족시켜야 하기 때문에 변화하는 환경에 적응할 수 있다.

이런 이력을 고려하면 투자자가 소유하는 회사들을 오픈소스와 집단지성을 이용하는 이상적인 공동체 자본주의로 대체해야 한다는 주장은 무모한 것이다. 협동조합 조직들의 파란만장한 역사를 고려한다면 더욱 그렇다. 공동 방목장은 공동 우유생산의 기반이 될 수 있지만 남용으로 인해 불모지가 될 수도 있다. 종업원 소유의 회사나 공제조합, 협동조합, 생활공동체들은 성공담과 비슷한 양의 실패담을 낳았다. 회원을 토대로 한 조직은 성장을 할수록 회원 구성이 다양해져서 결정권 행사가 어려워지고, 반면에 회원이 늘어나지 않으면 쇠퇴하게 된다. 협동조합의 회원이 되면 혜택을 누릴 수 있는 반면 소요비용도 감당해야 한다. 회원들은 공동 소유자로서 아주 적은 보수, 혹은 무보수로 커뮤니티에 시간과 노력을 기울여야 한다. 공동 소유를 비판하는 사람들은 유연한 네트워크를 이룬 조직 내부에서 형성되는 관계들은 단기적인 성격을 가진다고 한탄한다. 아마도 희생을 요구하는 공동생활체보다는 부담 없는 참여를 선호하는 사람들이 더 많을 것이다.

　따라서 공동 소유의 미래가 밝고 새롭다는 주장에 대해서는 신중한 검토가 필요하다. 그러나 산업화 경제의 황금기에 비해 기업들은 훨씬 불안정한 모습을 보이고 있다. 기업들이 500대 기업에 올랐다가 사라지는 비율은 1970년부터 1990년 사이에 4배로 증가했다. 이런 주주소유 회사들은 19세기 말, 20세기 초에 산업화 경제와 함께 등장한 것이다. 오늘날 선진 경제국가들의 공업생산 의존도는 아이디어나 지적 재산권 의존도와 비슷한 규모다. 미국이 1999년에 지적 재산권 수출로 벌어들인 돈은 370억 달러였던 반면, 최대의 수출실적을 올리는 항공기 제조업으로 벌어들인 돈은 290억 달러에 지나지 않았다. 주주소유는 제철소, 탄광, 재봉틀 제조업의 소유형태로는 적합할 수 있으나, 아이디어 공유를 토대로 한 경제를 조직하기에는 적절하다고 말하기 어렵다. 주주소유는 사람들이 생산성 높은 기업을 공동 소유하는 유일한 방식이 아니다. 세계 전역에는 종업원 소유의 전문 서비스 회사와 생산자 소유의 협동조합 농장(이는 미국 농업생산의 30퍼센트를 차지한다), 소비자 소유의 에너지 및 전화설비 기업, 미국의 노년층이 선호하는 점유자 소유의 콘도미니엄, 보험계약자가 소유하는 보험회사가 있다. 또한 자선을 베풀 소유자 없이 자선이나 사회복지의 목적을 이행하는 비영리(건강, 교육, 아동, 노약자 보호 등의 서비스) 조직들이 빠르게 성장하고 있다.[19] 기존의 다양한 소유의 선택목록에 집단지성이 추가되고 있는 것이다.

　대안적인 소유형태와 새로운 사업모델은 종종 새로운 시장을 열고 새로운 산업을 창조하는 파격적인 혁신에서 결정적인 역할을 한다. 19세기 미국의 비료협동조합의 사례를 보면, 농부들은 비료의 품질을 확인하기가 어렵고 파렴치한 공급자들의 사기로 피해를 당하는 경우가 많았기 때문에 협동조합을 꾸려서 직접 비료를 만들어 나누어 썼다. 미국의 보험산업의 탄생과정도 마찬가지였다. 소비자들은 투자자가 소유하는 보험회사들이 사기를 치고 달아날까 불안해서 돈을 맡길 엄두를 내지 못했다. 1840년 당시, 30년 전통의 개인 소유 보험회사들이 있기는 했지만 보험을 구매하는 사람은 몇백 명에 불과했다. 1843년에 보험계약자 협동조합의 형태로 등장한 상호생명보험사는 점점 늘어나서 1849년에는 17곳이 되었고, 보험계약자가 수만 명에 이르는 보험시장이 형성되었다. 주주소유의 회사들은 대부분 보험시장에서 물러났고, 그 상호생명보험사들 중 많은 수가 지금까지 존속하고 있다. 19세기의 농업용 비료와 생명보험의 경험은 인터넷이 창조하는 새로운 시장에서 다시 반복되고 있다. 사람들이 민간부문의 독점기업들을 신뢰하지 않을 뿐 아니라 직접 효율적인 해법을 고안할 능력을 갖고 있는 경우, 대안적인 소유형태를 중심으로 새로운 시장을 형성된다. 이런 대안적인 소유형태들이 장기적으로 존속할 것인지는 불확실하다. 금융서비스의 경우, 상호공제조합들이 잇달아 주주소유 회사로 바뀌었다. 그러나 대안적인 사회적 소유형태에서 파격적인 혁신이 나오는 경우는 과거에도 있었고 앞으로도 있을 것이다.

오픈소스와 저작권 공유와 같은 아이디어의 협업적이고 개방적인 소유형태가 번영할 수 있는가는 아이디어의 소유권과 관련한 지적 재산권 법률에 달렸다. 역사와 상식과 경제이론에 따르면, 자원은 울타리로 둘러치고 소유하는 사람이 있을 때 가장 생산적으로 사용된다고 한다. 15세기 영국에서는 인클로저 운동으로 공영지가 개인 소유의 농지로 탈바꿈하면서 농업 생산성이 엄청나게 상승했다. 농지 소유자들은 땅에 투자해 생산성을 높이려는 유인이 생겼고, 농업 생산성이 높아지면서 도시 주민들의 식생활비는 낮아졌다. 공영지에서 소를 방목하던 농부들은 일터를 잃었고, 그들의 후손은 농장과 공장의 노동자로 전락했다.[20]

15세기 영국 농촌의 사례는 21세기 디지털 경제에도 적용된다. '공유지의 비극' 이론은 현재 공유되고 있는 지성과 문화생활 안으로 사적 소유권이 확장되어야 한다고 주장한다. 미국과 유럽에서는 대기업들의 지지를 받으며 지적 재산권에 대한 법적인 방벽과 함정, 관문이라는 틀을 제안하고 있다. 아이디어와 개념, 방법, 수집된 정보들을 비롯해 지금까지는 개인적인 소유권의 영역에 속하지 않던 지적, 문화적 영역까지 특허권이 확대 적용되고 있다. 지적 재산권 법률은 사업체가 자신의 아이디어가 도용되는 것을 막으려는 목적으로 만들어졌다. 특허권은 지식이 사람들에게 더 폭넓게 이용되도록 규율하는 방법으로 고안되었다. 오늘날 특허권은 대기업들이 경쟁자를 견제하고 특정한 혁신과정을 알기 어렵게 만드는 방법으로 이용되고 있다. 지적 재산권 법률은 대기업에 유리한 방향으로 왜곡되고 있으며, 광범위한 적용 영역과 장기적인 효력을 보장하면서 갈수록 많은 아이디어에 영향을 미치고 있다.

그러나 공유자원이 풀과 물이 아니라 아이디어와 지식이라면 이야기는 달라진다. 앞서 18세기 콘웰 주석광산의 엔진개발 사례에서 살펴봤듯이, 이런 자원은 협업에 의한 혁신을 통해 무한팽창이 가능하며, 때로는 공동소유가 해결책이 될 수 있다. 지적 재산권의 정의를 지적·문화적 영역으로 확장하면, 모든 지식창조 활동의 기반인 아이디어 공유의 섬세한 생태계는 무너지고 말 것이다. 혁신은 항상 축적과정을 거쳐 이루어지며, 갖가지 아이디어와 규율과 관점이 상호작용을 하는 순간에 풍성하게 자라나는 공동저작물이다. 뉴스와 문화적인 생산물, 과학이론과 소프트웨어 코드에는 그것이 차용하고 학습했던 다른 아이디어와 생산물의 흔적이 남아 있다.[21] 개인소유에 대한 집착은 과학과 문화 영역의 대폭적인 혁신을 가능하게 하는 공유기반을 파괴할 것이다.

공동체 자본주의가 주주소유의 회사를 대체하지는 않을 것이다. 특히 새로이 등장한 시장에서는 지적 재산권이 공유되면 개방적인 혁신은 번성할 것이다. 주주소유 회사들은 자신의 이익을 지키기 위해서라도 동업자와 개발자, 소비자들과 아이디어를 공유할 방안을 찾아야 한다. 집단지성은 성공할 것이다. 집단지성이 고상하고 이타적이며 도덕적으로 숭고한 목적을 갖고 있기 때문이 아니라, 다중에 의한 혁신을 조직화할 수 있는 가장 효율적인 방안이기 때문이다. 갈수록 개방적인 혁신방안으로 끌려드는 주주소유 회사들이 늘어나고 있다. 그들은 아이디어의 공유를 토대로 실험을 전개해야 할 것이다.

미래의 조직

집단지성은 굳이 조직이 없이도 스스로를 조직화할 수 있는 새로운 방법이다. 권위를 벗어던지고 고도의 조직화된 활동들이 새롭게

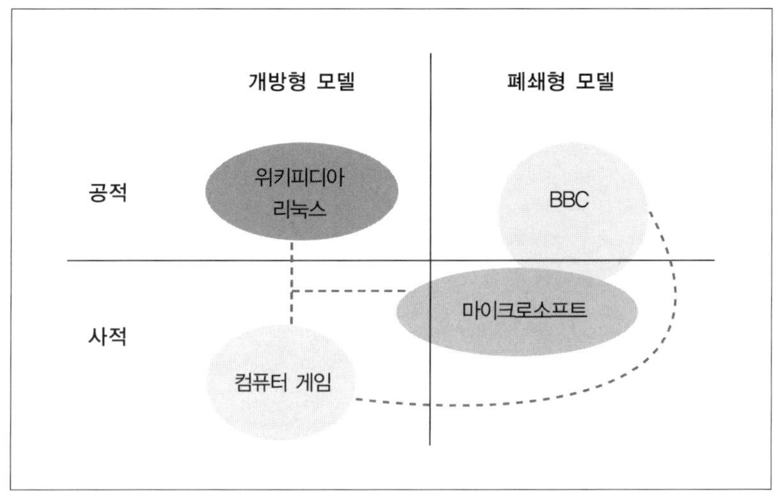

등장하고 있다. 단독으로 통제권을 행사하려는 사람이 없기 때문에 사람들은 스스로 맡은 임무를 수행한다. 전통적인 인식에 따르면, 복잡한 과업은 명확한 노동분업으로만 이루어질 수 있고, 모든 사람이 당연히 누가 언제 무엇을 해야 하는지를 파악하고 있다. 그러나 새로운 조직 내에서는 수많은 사람들이 자발적으로 일을 분배한다. 일반적인 통념에 따르면, 소비자들은 극진한 대접을 받을 때 가장 흡족해한다. 그러나 디지털 공동생활체에서 소비자들은 자신의 시간과 노력과 상상력을 '무보수로' 다른 사람을 위해 생산물을 만드는 데 투입한다. 집단지성의 영역에서는 혁신이 특별한 장소에서 일하는 특별한 사람에게서 나오는 것이 아니라, 다수 저작자들의 누적된 작업에서 나온다. 혁신은 창조지대라고 특별히 지정된 장소만이 아니라 다양한 장소에서 일어나고, 특정한 생산물이 창의적인 소비자의 손으로 들어갈 때 가장 자주 일어난다. 대규모 언론사나 소프트웨어 회사의 관리자는 직원들에게 목표가 계속 상향 조정되는 계획을 내놓으면서 직원들이 엄청나게 향상된 업무성과를 기껍게 제시하기를 바란다. 이들의 입장에서 보면, 아무도 시키지 않는데도 그저 일을 하는 게 즐거워서 무보수로 생산물을 창조하는 수많은 사람들과 경쟁해야 한다는 사실이 상당히 당황스러울 것이다.

확립된 기업조직과 개방적인 협업 사이의 갈등에서 우리는 무엇을 보게 될까? 위키피디아에서 브리태니커 백과사전, 리눅스에서 마이크로소프트에 이르기까지 미래의 조직화 방식은 훨씬 더 다양해질 것이다. 개방적인 사업모델과 폐쇄적인 사업모델 사이에는 심각한 갈등이 빚어질 것이다. 음반과 엔터테인먼트 산업의 일부 기업은 낡은 사업모델은 이미 한물간 것임을 깨닫고 있다. 많은 폐쇄적 기업들은 포위공격을 견뎌낸다고 해도 크게 약화될 것이다. 개방적인 모델은 매우 역동적이며 민첩하기 때문에 혁신과 작업과 소비와 통솔의 새롭고 흥미진진한 방식을 찾아낼 것이다. 개방적인 모델들은 매우 강력한 중력이 되어 전통적인 폐쇄형 조직을 자기 쪽으로 끌어당길 것이다. 그러나 집단지성은 자발적인 봉사만으로는 경제적으로 지탱할 수 없다. 만일 그런 시도를 한다면, 집단지성은 1960년대의 공동생활체들이 겪었던 운명을 따라가게 될 것이다. 집단지성은 새롭고도 강력한 협업적인 작업방식과 혁신방식을 만들어내고 있지만, 그것의 기초인 공동소유의 모델은 성공과 실패의 경험이 혼합되어 있다.

순수하고 개방적이며 자발적인 봉사에 의한 모델과 전통적인 폐쇄형 기업 사이의 드넓은 중간지대에서는 개방형과 폐쇄형이, 공적인 것과 사적인 것이, 공동체와 기업이, 협업과 영리추구가 뒤섞인 새로운 혼성물이 나타날 것이다. 이 중간지대는 몹시 어지럽고 혼란스럽고 창조적인 공간이다. 커뮤니티를 기반으로 한 사업들이 수익을 낼 방안을 찾고, 영리기업들이 커뮤니티에 관심이 있다고 주장하는 것이 현실이다. 따라서 앞으로 조직의 탈바꿈이 일어날 기회는 더욱 많아질 것이다.

현재 조직의 탈바꿈을 주도하는 것은 일렉트로닉 아츠와 같은 컴퓨터게임 회사들이다. 그들은 기본적인 소프트웨어에 대해서는 비용을 청구하면서도 게임을 하는 사람들이 스스로의 컨텐츠를 개발하고 커뮤니티를 구축할 수 있도록 도구를 무상 제공한다. 구글도 마찬가지다. 웹에서 만들어지는 무료 컨텐츠가 많아질수록 더 많은 검색엔진이 필요하고 검색결과를 찾기 위해 더 많은 링크를 찾아보아야 한다. 오픈소스 소프트웨어 역시 마찬가지다. 리눅스는 다중의 영리활동을 위한 공동의 자원이다. 크레이그스리스트와 이베이도 역시 커뮤니티와 영리조직이 만나는 중간지대에 있다. 폐쇄형 조직은 더 개방적이 되려고 시도하다가 상당수가 실패를 겪을 것이고, 개방적인 협업활동은 수익을 창출하기 위해 분투할 것이다.

5장

집단지성의 물결은 어디까지 확산될까

집단지성은 정보이용과 정보조직 방식을 변화시키고, 도서관과 사서, 신문사와 언론인, 음반사와 제작자를 무너뜨리고 있다. 집단지성이 정보와 지식, 소프트웨어가 중요한 역할을 하는 창조적인 문화 부문을 넘어서 다른 생활영역으로 어느 정도 확산될 것인지는 확실치 않다. 집단지성은 과연 우리의 학습방식과 여가생활 양식, 개인소득의 운용방식, 주택건설 방식, 난방방식, 이동방식, 식사방식, 혹은 냉장고와 자동차 제조방식을 변화시킬 수 있을까? 집단지성은 현재 실리콘밸리와 할리우드, 뉴욕의 언론산업에 막대한 영향을 미치고 있지만 오하이오주와 아이오와주, 미네소타주와 와이오밍주의 경제에는 큰 영향을 미치지 못한다. 서비스 부문이 갈수록 늘어나고 인터넷으로 연결된 인구가 점점 늘어나고 있는 영국과, 40퍼센트의 인구가 농업과 제조업에 종사하는 터키의 경우에는 집단지성이 미치는 영향력이 큰 차이가 있다. 그러므로 집단지성이 모든 국가의 경제 부문에 혁명적인 변화를 가져올 것이라는 주장은 옳지 않다.

미디어와 광고, 소프트웨어와 엔터테인먼트 산업, 영화와 텔레비전 등 현재 가장 직접적인 영향을 받고 있는 창조적인 문화 부문을 살펴보자. 이 부문은 영국 경제의 약 7.3퍼센트를 차지하고 180만 명이 일하며, 전체 경제의 성장률을 앞지르고 있다. 이 부문은 유럽연합 국내총생산의 약 3퍼센트를 차지하고 인도, 중국 등 개발도상국의 경우에는 국내총생산의 약 1퍼센트를 차지한다. 집단지성은 제조업 부문에 속하는 통신(영국의 경우 연간 300억 파운드 이상의 가치를 창출한다)과 출판을 비롯한 여러 서비스 부문에 막대한 영향을 미칠 수 있다. 영국과 미국의 경우, 집단지성은 각 경제의 15~20퍼센트에 이르는 부문에 초기부터 강력하고도 직접적인 영향력을 미칠 것으로 예상된다.

다른 산업의 경우에는 일부 활동만이 집단지성의 영향을 받는다. 일반적인 제조업의 경우 생산라인은 크게 영향을 받지 않지만 연구, 디자인, 마케팅, 통신 활동은 영향을 받을 것이다. 정보나 소프트웨어가 핵심 상품이 아닌 이런 산업들은 음반이나 미디어 산업만큼 파격적인 변화를 겪지 않을 것이다. 영국의 경우 집단지성으로 인해 중간 정도의 영향을 받는 부문에는 교육(610억 파운드), 건강(750억 파운드), 공공행정(550억 파운드), 소매업(1,000억 파운드 이상), 금융서비스(860억 파운드), 기업서비스(550억 파운드)가 포함되며, 이 부문들의 가치를 모두 합치면 전체 경제의 50퍼센트에 이른다.

디지털 테크놀로지, 정보, 소프트웨어가 아주 적은 역할을 하는 농업, 채석업, 광업, 석유산업, 천연가스산업과 연간 220억 파운드 규모의 식품가공업 등의 부문은 단기적으로는 집단지성의 직접적인 영향을 거의 받지 않는다. 이렇게 적은 영향을 받는 부문의 가치는 영국 경제의 30퍼센트에 이른다.

이런 비율은 나라마다 다를 것이다. 창조적이고 문화적인 부문들이 발전할수록 미디어와 출판 사업과 서비스 부문이 확장되어 집단지성의 영향력은 점점 커질 것이다. 원자재 제조업, 채취 산업, 농업의 비중이 상대적으로 큰 경제에서는 적어도 단기적으로는 집단지성이 미치는 영향이 적을 것이다.

집단지성의 잠재적인 영향력을 다른 방법으로도 평가할 수 있다. 집단지성으로 영향을 받는 직업을 조사하는 방법이다. 영국의 경우 집단지성은 18만 5,000명의 디자이너와 9,000명의 사서에게 상당한 영향을 미치고, 3만 5,000명의 언론인과 30만 명의 소프트웨어 프로그래머에게 엄청난 영향을 미치고 있다. 집단지성은 43만 5,000명의 교사와 24만 명의 의사, 80만 명의 공학기술자, 300만 명의 소매점 노동자와 400만 명의 관리자에게도 영향을 미칠 것이다. 48만 명의 농업 종사자와 수십만 명에 이르는 대인보호 서비스 종사자는 가장 적은 영향을 받을 것이다.

집단지성의 잠재적인 영향력을 측정할 수 있는 또 다른 방법은 가계지출 항목을 분석하는 것이다. 인스티튜트 오브 피스칼 스터디스 Institute of Fiscal Studies는 영국 가계의 소비지출 가운데 '식료품비'가 차지하는 비율은 1975년부터 1999년 사이에 40퍼센트에서 27퍼센트로 감소한 반면, 서비스에 지출된 비용은 29퍼센트에서 42퍼센트로 상승했고, 여가 관련 상품에 대한 지출은 93퍼센트, 엔터테인먼트에 대한 지출은 109퍼센트나 증가했다. 1997년과 1998년에는 영국 가계의 여가비용이 처음으로 식료품비용을 앞질렀다. 10년이 지난 지금, 가계소득 중에서 영화, 비디오게임, 음악, 위성과 케이블, 인터넷 사용료, DVD에 지출한 비용은 2배 이상 늘어났다. 선진국의 경우 집단지성이 영향을 발휘할 활동에 대한 가계지출은 점점 늘어날 것이다. 그러나 전혀 영향을 받지 않는 분야도 많다. 영국 국민들은 연료를 비롯해 기본적인 가계 항목에 연간 약 1,200억 파운드를 지출하는데, 이 분야는 대개 디지털 경제의 발전에 전혀 영향을 받지 않는다.

따라서 선진국 경제의 20퍼센트가 앞으로 가까운 시일 안에 집단지성의 직접적이고 파격적인 영향을 받을 것으로 예상된다. 즉 집단지성은 지식과 정보를 기반으로 한 서비스 부문과 창조적이고 문화적인 산업, 미디어와 통신 산업 등의 분야에서 상품과 서비스의 생산과 소비 방식에 변화를 불러올 것이다. 영국 경제의 약 50퍼센트에 이르는 교육과 기업서비스, 금융서비스, 건강, 일부 제조업 관련 활동과 소매업은 파격적인 정도는 아니지만 어느 정도 영향을 받을 것이다. 마지막으로 영국 경제의 약 30퍼센트에 해당하는 가치를 지닌 농업, 광업, 채석업, 기본적인 에너지 생산, 수도 등의 공익사업과 기초적인 개인서비스 부문의 경우에는 집단지성과 웹의 영향이 극히 제한될 것이다.

이상은 투박한 추정에 지나지 않는다. 우리는 집단지성의 초기 단계에 있을 뿐이므로 우리의 문화와 경제를 어떻게 변화시킬 수 있는지 일목요연하게 파악하기가 어렵다. 웹의 협업적인 잠재력이 어떻게 펼쳐질 것인지에 따라 많은 것이 달라질 것이다. 이제 참여적이고 협업적인 접근법이 제조업, 과학연구, 공공서비스 부문을 어떻게 변화시킬 것인지 살펴보도록 하자.

집단지성에서 집단제조로

롭 맥이웬은 오픈소스 사업 방법론의 옹호자들 사이에서 전설적인 인물이다. 캐나다의 채광기업인 골드코프Goldcorp의 전 회장인 그는 회사 소속 지질학자들이 레드레이크Red Lake 광산의 금 매장지를 정확히 짚어내지 못하는 것을 보고 무척 실망했다. 그는 50년 동안의 조사결과와 지도, 지질학자들의 보고서 등 회사 내부 자료를 인터넷에 공개한 다음, 50만 달러의 상금까지 내걸고 세계 전역의 지질학자들에게 금 매장지를 찾으라는 지적인 도전을 제시했다. 회사 소속 지질학자들이 추천한 내용을 검증하는 한편, 외부 사람들이 전혀 예상치 못했던 아이디어를 내놓을 수 있는지 확인해보려는 의도였다. 1,400명이 그 도전에 응했다. 대부분은 지질학자였지만 일부는 물리학자, 수학자, 복잡계 연구자 등 골드코프로서는 전혀 예상하지 못한 직업을 가진 사람들도 있었다. 최종적으로 보고서를 제출한 사람은 140명이었는데 28명의 수상자 중 절반이 회사 소속 학자들이 지적하지 않은 매장지를 짚어냈다. 660만 온스에 이르는 세계 최대의 금 매장지를 발견하면서 한동안 침체를 겪던 레드레이크 광산은 거듭나게 되었다.[1]

골드코프의 이야기는 오픈소스 작업방식이 기초 산업의 특정한 영역에도 적용될 수 있다는 것을 보여준다. 이런 작업방식은 제조업에는 얼마나 적용될 수 있을까? 복제와 수정과 배급이 용이한 저작

소프트웨어 산업에서는 수많은 독립적 기여자들을 결합하는 고도의 협업적인 접근방식이 의미가 있다. 그러나 물리적인 상품을 제조하는 데는 기계와 원료, 공장, 화물트럭 등에 대한 투자가 필요하기 때문에 투자 구조를 재편하기가 쉽지 않다. 하드웨어 제조업체들은 상품을 팔아서 이윤을 내야 투자비용을 충당할 수 있기 때문에 상품을 선물 주듯 나눠줄 수는 없다. 오픈소스 방법이 자동차와 비행기, 냉장고 등 물리적인 상품을 만드는 방법으로 유용할까? 그렇다. 머지않아 집단지성은 집단제조에 이르는 길을 닦게 될 것이다.

제조업 상품들은 디자인 과정을 거쳐야 한다. 디자인은 소프트웨어 프로그램과 마찬가지로 일종의 정보다. 17세기 조선업에서 실리콘밸리 벤처단지에 이르기까지 참으로 긴 세월 동안 디자인과 엔지니어링은 협업적인 관행을 토대로 발전해왔다. 오픈 아키텍처 네트워크The Open Architecture Network는 누구든지 연구하고 다운로드하고 건축할 수 있도록 건축 디자인을 공개하는 가상공간이다. 2007년 6월 현재, 그 네트워크는 400건의 디자인을 게시했고, 네트워크에 소속된 건축가 모임은 전 세계적으로 40곳이며, 일정한 기여를 하는 회원들은 거의 6,000명에 이른다. 이 네트워크는 세계의 가난한 사람들이 겪고 있는 문제를 해결하기 위해 저렴한 비용으로 깨끗한 물을 공급하는 시설과 하수시스템 등 개방적인 디자인 경연대회를 열고 당선된 디자인의 실행에 25만 달러를 지원하고 있다. 이 네트워크가 개발한 디자인 중에는 태양열 채수기, 발전기와 퇴비 화장실(제작비 1만 5,000달러), 환경친화적인 가정용 주택(건축비 약 12만 5,000달러) 등이 있다.

디자인 및 혁신 기획사인 스퀴드 랩스Squid Labs가 개설한 인스트럭터블스Instructables 사이트는 DIY 디자인 프로젝트를 다루는 온라인 디렉토리다. 이 사이트는 주택개량 잡지와 1950년대에 시작된 〈자가 제작법〉 책자를 혼합한 내용이다. 특별히 다른 점을 꼽자면, 참여자들이 대개 산업용 레이저를 이용할 수 있는 사람들이라는 점과, 디자인이 천 한 장만 있으면 만들 수 있는 해먹과 같은 단순한 제품부터 애플 아이폰에 쓰이는 것과 같은 접촉감지 화면표시 같은 복잡한 전기공학 제품까지 아우른다는 것이다. 인스트럭터블스에는 제트 엔진을 직접 만들 수 있는 안내문도 찾을 수 있다. 인스트럭터블스 중 가장 선진적인 프로젝트는 이라크전쟁에서 한쪽 팔을 잃은 공학기술자가 개설한 오픈 프로스테틱스Open Prosthetics다. 인공수족 착용자들은 이 프로젝트를 통해 직접 디자인한 인공수족 디자인을 공유할 수 있게 되었다.

크라우드스피릿Crowdspirit 사이트는 CD플레이어와 같은 일반적인 가정용품과 전기용품에 디자인 공유원칙을 적용하고 있다. 다이슨Dyson 사의 연구공학자인 찰스 콜리스는 각종 부품 디자인이 축적된 공개 자료방을 개설해 컴퓨터 디자인을 할 수 있는 오픈소스 소프트웨어를 선도하고 있다. 그는 또한 '물리적 물체의 인터넷', 즉 디자인을 이메일 주고받듯이 쉽게 공유하고 수정하고 전달할 수 있는 방법을 구상하고 있다. 소사이어티 포 서스테이너블 모빌리티The Society for Sustainable Mobility는 오픈소스 자동차를 창조하기 위한 국제적인 디자인 커뮤니티로, 2011년까지 연료 1회 주입 시 600마일을 주행할 수 있는 환경친화적인 SUV자동차를 2만 5,000달러로 개발하는 것을 목표로 삼고 있다. 자동차 디자인은 일반인들이 검토할 수 있도록 공개되어 있지만 최종적인 제품을 제조하는 권리는 민간 투자자를 끌어들이는 방향으로 신중하게 조정될 것이다.

앞서 소개한 것이 마쓰시타와 지멘스, GM, 도요타 등의 세계적인 주요 기업들에 큰 타격을 미칠 가능성은 전혀 없다. 그러나 머지않은 미래에 다양한 기본 제품 관련 오픈소스 디자인을 축적한 공개 자료실이 나타날 것이다. 애플 컴퓨터를 가진 사람들이 거라지밴드라는 음악 소프트웨어를 사용해 직접 작곡하고 컴퓨터 메모리에 저장된 멜로디와 스타일과 리듬을 혼합하듯이, 얼마 있으면 우리는 거라지팩토리GarageFactory를 이용해 누구든지 똑같은 물건을 만들게 될 것이다. 어떤 제품의 디자인이 전자적인 형태로 저장되어 폴란드나 중국의 제조업자에게 전달되고, 그 디자인을 받은 사람은 컴퓨터로 조작되는 정밀 도구를 이용해 제품을 생산하는 모습을 상상해보라. 이런 상상은 결코 허황한 것이 아니다. 스프레드셔트Spreadshirt라는 서비스는 이미 이런 제조과정에 이용할 수 있는 티셔츠 디자인을 제공하고 있다. 앞으로 다양한 제품의 디자인이 이런 경로를 따라가게 될 것이다.

일반적으로 자동차 내부에 들어가는 소프트웨어와 전자공학 관련 제품의 비용은 자동차 가격의 30퍼센트를 차지한다. 소프트웨어, 전자공학 제품과 관련이 깊은 집단지성은 앞으로 다양한 기회를 맞게 될 것이다. 2007년 현재, 웹의 협업적인 문화는 주로 컴퓨터에 한정되고 있다. 컴퓨터가 소프트웨어를 이용하는 주요한 제품이기 때문이다. 앞으로는 냉장고, 텔레비전, 자동차, 전화, 주택 등 소형 컴퓨터나 다름없는 제품이 늘어날 것이고, 따라서 컴퓨터 작업에 영향을 미치는 파일공유와 동료평가의 추세는 다양한 제품들로 확산될 것이다. 자동차 대량생산이 시작되던 1900년대 초, 중산층의 자동차 소유주들은 기본적인 자동차의 구조에 라디에이터 후드, 안전벨트, 히터, 트렁크, 등받이 젖힘 장치를 비롯한 특별 부품들을 추가하는 방법을 개발하고 자동차 관련 잡지의 '실용정보'에 그 비법을 공개했다. 이런 아마추어 장인정신과 혁신은 소프트웨어와 엔터테인먼트 기술을 통해 다시 자동차로 돌아올 것이다.[2]

이동전화의 경우에도 똑같은 상황이 벌어질 것이다. 2006년 5월, 실리콘밸리에서는 홈브루 휴대폰 클럽이 사람들이 직접 응용부품을 만들 수 있도록 이동전화 오픈소스를 제공했다. 2006년 초, 리눅스를 토대로 표준형 부품들을 이용해서 만든 최초의 이동전화 원형이 등장했다. 2007년 3월, 중국 기업인 퍼스트 인터내셔널 컴퓨터First International Computer는 오픈소스 전화기 소프트웨어를 만들기 위한 오픈모코OpenMoko 프로젝트를 시작했다. 프로젝트의 목적은 직접 소프트웨어 개발 프로그램을 진행하지 않고 사용자 커뮤니티를 지원하는 것이다. 일체의 부품을 오픈소스로 제작한 이동전화가 출현하기까지는 앞으로의 길이 상당히 멀지만 첫걸음은 이미 시작되었다.

제조공정의 네트워크화가 점차 확대되면, 앞서 소개한 사례들이 실현될 가능성이 높아진다. 공급자들이 제작, 설계한 하위 시스템을 레고 블록을 끼워 맞추듯 조립하는 제조업체들이 점점 늘어나고 있다. 이런 모듈형 부품은 협업적인 공급자들의 네트워크를 토대로 혁신을 이루고 있다. 19세기에 콘웰 주석광산이 공유 디자인을 기반으로 상표 등록이 되어 있지 않은 콘웰 엔진을 만들었듯이, 중국의 제조업체들은 이와 비슷한 과정을 거쳐 오토바이 같은 기본 제품을 제조하고 있다. 1995년 이후 10년 사이에 중국의 오토바이 생산은 500만 대에서 1,500만 대로 급증했다. 2007년에 중국은 세계 전체 오토바이의 절반을 생산했다. 일본 디자인을 모방하면서 시작된 중국 오토바이 산업이 혁신을 이뤄가고 있는 것은 충칭과 저장 지역의 협업적인 공급자들이 긴밀한 네트워크를 이루고 정보를 공유하기 때문이다. 중국의 오토바이는 모듈 형식의 디자인으로 제작되고 있기 때문에 하나의 하위 시스템(예컨대 브레이크)에 혁신이 일어나도 오토바이 전체의 디자인은 영향을 받지 않는다. 인접한 부품을 제작하는 공급자들은 협업작업을 통해 부품들이 서로 잘 들어맞는지 확인한다. 경쟁과 협업의 정교한 혼합은 혁신을 가속화하고 비용을 절감한다. 중국의 수출용 오토바이의 평균 가격은 700달러에서 200달러로 하락했다.[3]

분산제조 시스템을 구축하려는 야심찬 노력은 더욱 강화되어 초기 개발단계에 이르렀다. 디자인을 무료로 다운로드할 수 있고, 기계류가 컴퓨터만큼이나 가격이 저렴하고 이용이 간편해지며, 원료 조달이 쉬워지면, DIY 방식의 협업적인 소규모 제조가 경제적으로 유리할 수 있다. 자동차나 정밀 화학제품과 같은 복잡한 제품의 경우에는 규모의 경제를 누리기 위해 제조가 집중되고 자본이 고도화되어야 한다. 그러나 주석 지붕, 금속판, 빗, 난로, 삽, 양동이 등의 간단한 기본 제품들은 각 지역에 분산되어 제조될 수 있다. 팩스와 프린터, 복사기가 대중화되어 세계 전역에 퍼진 것처럼 각 지역의 필요에 맞는 제품을 제작하는 기계 역시 제조비용이 크게 낮아지면서 대중화될 수 있다.

이런 기계가 바스대학의 렙랩RepRap을 통해 제작될 수도 있다. 대형 복사기 같은 형태의 렙랩은 컴퓨터에 내장된 디자인을 이용해 3차원의 물체를 제작한다. 1950년대에 수학자인 요한 폰 노이만은 제조용 로봇에 컴퓨터를 연결해 거의 모든 물체를 만들고 자신까지 복제할 수 있는 만능 제작기를 구상했다. 이 만능 제작기에 가장 근접한 것이 바로 〈스타워즈〉에 나오는, 무無에서 어떤 물건이든 만들어내는 리플리케이터다. 렙랩은 만능 제작기를 현실화할 것이다. 렙랩은 용액을 분무하는 방식으로 얇은 성형판을 층층이 쌓아서 견본을 만드는 고속 가공기계로 발전했다. 이 프로젝트를 지휘하는 애드리안 보이어는 모델 내부에 작동부분뿐 아니라 전기회로와 모터, 센서를 삽입하는 방식을 고안했다. 현재 디자인 연구실에서 시범제작한 자동차 같은 모형을 만들 때 사용되는 고성능 고속 가공기계의 제작비용은 약 2만 5,000달러다. 보이어는 이 기계의 가격이 약 400달러까지 낮아지면, 가난한 마을 사람들이 렙랩을 공유하면서 기본 원자재와 다운로드한 오픈소스 디자인을 이용해 금속판과 지붕, 난로, 전구, 탁자, 철물 따위를 만들 수 있는 날이 올 거라고 예상한다. 렙랩 기계가 스스로를 복제하는 것은 물론이고, 더 많은 제품을 만들 수 있는 기계를 더 만들어내게 되면, 약품과 같은 복잡한 제품이 각 지역에서 분산 제조될 수 있다.

MIT의 비츠 앤 애텀즈Bits and Atoms 센터의 과학자 닐 거센펠드는 이와 아주 흡사한 팹랩Fab Lab이라는 통합 제조센터를 개발하고 있다. 팹랩은 안테나와 회로를 비롯한 정밀 부품을 만들 수 있는 기계, 그리고 3차원 물체를 만들 수 있는 절삭용 레이저 등의 산업용 제조 도구들을 갖추고 있다. MIT의 건축학 교수인 래리 새스는 팹랩을 활용해 2,000달러 정도로 합판을 만들 수 있는 시스템을 만들었다. 거센펠드는 팹랩의 비용은 현재 2만 5,000달러이지만, 십년이 되기 전에 1만 달러로 떨어질 것이라고 예견한다. 가나에는 이동형 냉장고를 만드는 팹랩이, 인도에는 낡은 복사기 재생장치를 생산하는 팹랩이 운영되고 있다. 거센펠드는 팹랩을 이용하면 해당 지역의 특성을 고려해 훨씬 다양한 제품을 만들 수 있고(이를 틈새niche 제조방식이라고 한다), 해당 지역의 혁신과 기업 활동을 지원할 수 있다고 주장한다. 컴퓨터가 정보이용 방식을 민주화했듯이, 팹랩은 제품의 제조방식을 민주화할 것이다. 이 팹랩은 컴퓨터와 프린터처럼 가정용으로 보급될지도 모른다. 거센펠드의 생각이 옳다면, 파워포인트로 프리젠테이션 내용을 편집하고 재구성하듯이, 기계를 이용해 간편하게 물건을 재설계하고 제조할 수 있는 날이 올 것이다.

오픈소스 디자인이라는 보물창고를 활용해서 다양한 상품의 고속 복제기를 만든다는 아이디어는 허풍처럼 들린다. 그러나 이런 집단 제조 방식의 발전은 벌써 지속되고 있는 추세를 확장하는 것에 불과하다. 이미 수백 년 전부터 공학기술자들은 조밀하게 짜인 커뮤니티를 통해 아이디어를 공유해왔다. 웹의 탄생 덕분에 이런 공유가 훨씬 쉬워지고 대규모로 이루어지는 것뿐이다. 소프트웨어와 컴퓨터가 다양한 제품으로 확산된다는 것은 해커들이 개작하고 개선할 수 있는 것들의 범위가 넓어진다는 것을 의미한다. 레고 회사가 프로그램을 새로 깔 수 있는 레고 마인드스톰스 로봇을 출시한 지 일주일 만에 900명의 사용자 겸 개발자 커뮤니티가 형성되었다. 앞으로 이와 비슷한 입장에 놓이게 될 기업들이 점점 늘어날 것이다. 보이어와 거센펠드는 모든 프로그램을 다시 짜서 만물을 만들어낼 수 있는, 무한에 가까운 제조능력을 가진 세계를 예측한다. 참으로 터무니없는 소리 같다. 그러나 그들의 제안은 이미 블랙 앤드 데커 드릴과 작업대를 보유하고 있는 일반적인 중산층 가정의 연장창고에 한 가지 품목을 덧붙이자는 것뿐이다.

제조의 분산화가 기술적으로 가능하다고 하더라도, 그것으로 경제적인 이득을 얻는 소비자는 얼마나 될까? 고속 복제기계가 네트워크를 형성한다고 해도 대규모 공장과 화학공장, 조립생산라인의 역할을 대체할 수는 없을 것이다. 그 정도의 변화로는 막대한 투자금과 학자들이 투입된 선진국의 산업기반을 흔들 수 없다. 선진국의 경우 보이어와 거센펠드의 기계를 주로 이용하는 사람은 DIY 애호가들과 공작사업 운영자들로 국한될 것이다. 많은 소비자들이 소니, 노키아, 도시바, BMW와 같은 고품질의 브랜드 제품을 마다하고, 작동 여부도 확실치 않은 DIY 소품의 손을 들어줄 가능성은 전혀 없다.

그러나 앞으로 제조업 대부분을 가동하게 될 개발도상국들의 경우 이런 아이디어가 파격적인 영향력을 미칠 수 있다. 서구의 소비자들은 DIY 제품을 보면 코웃음을 치겠지만, 도시에서 멀리 떨어진 가난한 아프리카 마을에서는 고속 복제기를 사용해 냄비, 양수기, 난로 따위의 기본적인 생활필수품을 만들 수 있다. 중국의 제조업자 중에는 퍼스트 인터내셔널 컴퓨터 주식회사의 뒤를 따라 오픈소스 디자인을 창조하는 선진국의 사용자 커뮤니티들을 후원하면서 해당 제품의 생산비용을 낮출 방안을 찾으려는 추세가 더욱 가속화될 것이다. 언젠가 물건의 제조방식은 변화하고, 집단지성은 집단제조로 이어지는 길을 닦을 것이다.

공공서비스 2.0

영국국립도서관장 린 브린들리의 전임자들은 도서관이 보유한 오래되고 방대한 장서들을 분류하고 보존하고 이용하기 쉽게 만들 방안을 찾느라 고심했다. 그러나 지금 브린들리는 전임자들이 상상조차 못했던 난관에 직면했다. 브린들리는 위키피디아와 구글의 시대를 맞아 유구한 역사를 가진 영국국립도서관이 골동품이 될까봐 전전긍긍하고 있다. 전문적인 사서들은 그들만의 전공 분야인 분류 시스템을 활용해 정보에 대한 질서정연한 접근방식을 제공한다. 얼마 전까지만 해도 이런 질서정연한 접근방식은 과정이 비교적 간단했다. 즉 출판사가 한 권의 원고를 출간하고, 그 출판사가 출판 관련법에 따라 간행도서를 도서관에 납본하면, 그 책은 도서관의 분류와 색인, 진열 과정을 거쳐 도서관 이용자에게 넘어간다. 사서는 이런 시스템의 꼭대기에 앉아서 유입되고 유출되는 정보의 흐름을 관리하는 역할을 했다.

공공도서관은 전형적인 공공기관이다. 공공도서관은 누구나 무료로 이용할 수 있고, 정부가 아니라 시민을 위해 봉사하며, 이윤창출을 꾀하지 않는다. 학교, 공원, 공영방송국을 비롯한 많은 공공기관들은 공공도서관이 창조한 개방적인 기풍을 본따고 있다. 공공도서관의 정체성과 목적의 위기는 공적 영역 전체의 토대를 흔드는 것이고, 다른 공공서비스에서 일어날 수 있는 일을 암시한다.

브린들리가 부딪힌 난관은 3가지다. 거의 모든 사람들이 인터넷과 연결되어 있고 컴퓨터 한 대만 있으면 출판사가 따로 필요 없는 시대가 되었으니 도서관은 무엇을 수집해야 하는가? 역사서 집필의 가장 큰 어려움은 오랫동안 행방불명된 편지 따위의 문서 형태로 이용 가능한 소량의 기록자료를 찾아내고 해독하는 것이었다. 따라서 역사가는 구체적 근거들 사이의 빈자리를 상상력으로 메웠다. 그러나 역사가들이 현재의 시점으로 모든 시대의 역사서를 집필한다면, 그들은 수많은 자료 중 무엇을 조사해야 할지 몰라 당혹스러울 것이다. 대부분의 자료는 동료들의 검열을 거치지 않은 채로 비공식으로 출간되는 경우가 많고, 자료의 형태도 블로그, 동영상, 파워포인트 프레젠테이션, 팟캐스트podcast, 페이스북 프로필 등 저장방식이 간단하지 않은 경우가 많기 때문이다. 브린들리는 자신이 하는 일은 "커다란 그릇에 든 스파게티를 한 가닥 한 가닥 추려내어 질서정연하게 정돈하는 것"이라고 말한다. 도서관은 일정한 시간 간격을 두어 전 세계 웹의 내용을 하나도 빠짐없이 수집해야 하는가? 아니면 정기적으로 웹의 극히 적은 일부에만 집중해서 수집해야 하는가? 후자의 경우라면 어떤 부분에만 집중해야 하는가?

어떻게 하면 나날이 범위와 규모가 확대되고 있는 수많은 자료를 도서관 사용자들이 이용 가능한 형태로 만들 수 있을까? 도서관은 사용자가 생산한 정보의 스파게티뿐 아니라, 구글이라는 거대한 존재에게도 위협받고 있다. 2006년, 구글은 주요 도서관들이 소장하고 있으나 저작권 보호영역에는 속하지 않는 2,000만 권의 도서를 디지털 형식으로 변환해 무료로 게시했다. 모든 사람들이 개관시간에 맞추어 런던 유스턴 가에 있는 영국도서관을 찾아갈 수는 없다. 그러나 구글을 이용하면 누구나 시간에 구애받지 않고 많은 책을 무료로 이용할 수 있다. 구글이 열어놓은 수요가 얼마나 될 것인가? 미시간 대학 도서관 책장에 꽂힌 1만 권의 연구논문은 4만 명의 학생과 교수들이 거의 이용한 적 없이 먼지만 쌓여갔다. 그 논문들이 디지털 형식으로 변환되어 몇억의 잠재적인 독자가 존재하는 웹에 공개되자, 조회수가 한 달에 50만에서 100만 건이었다.[4] 공공도서관으로서는 도서들을 디지털 형식으로 변환하고 서버를 운영하는 비용을 감당하기 어렵다. 구글의 디지털 문서보관에 위협을 느낀 공공도서관들은 연합을 결성하려는 움직임을 보이고 있다. 영국국립도서관은 마이크로소프트와 협업해 10만 권의 도서를 디지털 형식으로 변환했다. 앞으로 대규모 공공도서관은 공영—민영 합작사업으로 변신하게 될지도 모른다.

한편으로 사람들은 자신의 컴퓨터에 점점 더 많은 내용을 저장하게 될 것이고, 도서관은 갈수록 분산화되어 커뮤니티 활동으로 탈바꿈할 수도 있다. 음악파일 공유시스템 카자Kazaa와 비슷한 문서파일 공유시스템의 역할을 담당하는 디지털 도서관이 탄생하는 것이다. 디지털 도서관은 사람들이 다른 사람 컴퓨터의 하드디스크에서 책을 찾아가는 방식이다. 실제로 다른 사람의 집에 찾아가 책장을 뒤져서 책을 빌리기는 어려운 일이다. 그러나 디지털 도서는 빌리기가 쉬울 뿐 아니라 다른 사람이 가진 공적인 자료가 공개된다.[5]

앞으로는 분산화된 디지털 도서관을 중심으로 커뮤니티가 번성하고, 프로앰 사서들이 컨텐츠를 찾고 정리하고 보관하는 임무를 맡게 될 것이다. 브린들리는 사서와 사용자의 관계가 '재정립될 것'이라고 예견한다.

그 관계는 점차 대등한 사람들 사이의 관계와 비슷해질 것이다. 미래의 도서관 모델은 전통적인 도서관이 가진 최고의 특징과 사용자 참여와 디지털 컨텐츠를 둘러싸고 자라나는 커뮤니티를 혼합한다. 우리의 사명은 국가적인 유산을 보존하되 공개적으로 이용 가능하도록 하는 것이다.

2020년이 되어도 영국국립도서관은 여전히 런던 유스턴 가에 존재할 것이다. 그러나 그때는 아마 시스코Cisco 영국도서관이라는 이름으로 불리게 될지 모른다. 도서관이 번창할 수 있는 길은 디지털 형태로 된 무한한 분량의 자료들이 공개적으로 이용될 수 있는 환경을 만드는 것뿐이다. 그 자료의 태반은 다른 사람 컴퓨터에 저장되고, 사서들과 더불어 활동하는 이용자 커뮤니티에 의해 체계화될 것이다. 미래의 도서관은 참여와 협업의 토대가 될 것이고, 도서관 이용자들은 자료를 이용하는 데 그치지 않고 정보공유 활동에 치중하게 될 것이다.

도서관은 전형적인 공공기관으로, 개방적이고 관대한 방식으로 다양한 개인 취미와 관심사를 추구할 수 있도록 공적인 토대를 제공한다. 집단지성이 다른 공공서비스 역시 변화시킬 수 있을까?

교육, 국방, 치안, 사회복지, 건강 분야의 공적 지출이 국내총생산에서 차지하는 비율은 한국의 경우 28퍼센트, 미국은 36퍼센트, 영국은 45퍼센트다. 유럽 국가 중에는 이보다 훨씬 높은 비율의 공적 지출을 하는 나라들이 많은데, 스칸디나비아의 경우 55퍼센트에 이른다. 공공서비스와 웹이 연결될 경우 대개 집단적으로 자금이 마련되어 집단적으로 활동이 진행되는 이런 서비스들이 사회에 미치는 영향력은 엄청날 것이다. 물론 이런 주장에는 한계가 있다. 과연 이베이를 통해 병원 수술이 매매되고, 페이스북을 통해 군대가 조직되고, 교육제도가 위키피디아에 의존하고, 프로앰 경찰이 출현하는 것이 가능하겠는가? 전통적인 학교와 교사, 병원과 의사, 경찰서와 경찰관, 직업군인은 없어지지 않을 것이다. 집단지성은 현재 자발적인 봉사를 기반으로 번성한다. 반면에 국가는 국민에게 세금을 내라, 학교에 다녀라, 미래를 위해 저축을 해라, 탄소 배출량을 줄이라는 등 분별 있게 행동하도록 채근한다. 이는 우리가 중요성을 잊기 쉬운 행동, 혹은 국가의 강요가 없으면 아무런 열의를 느낄 수 없는 행동이다. 참여와 협업의 집단지성 문화는 점점 파격적인 쇄신을 필요로 하는 공공서비스 영역에 침투하게 될 것이다.

세계대전 이후 전문가들이 통제하고 기술을 베푸는 온정주의를 근거로 공공서비스가 구축되었다. 전문가들은 곤경에 처한 사람들에게 해결방안을 제공했다. 교육강화가 필요하면 교사들을 증원하거나 학교를 증설하고, 의료강화가 더 필요하면 의사를 증원하거나 병원을 증설하고, 치안강화가 필요하면 경찰관을 증원했다. 그러나 오늘날은 사람들의 배려심이 깊어지고 경제와 사회생활, 직장과 가정의 안정이 중요해진 상황에 맞게 공립학교와 공립병원, 복지제도와 폐기물 관리제도가 설계되고 있다. 공공재 가운데는 커뮤니티의 안정과 건강성을 강화하는 분야는 택배로 배달하듯 제공할 수 없는 것들이 많다. 복합적인 공공재는 구와 시 내부에서 창조되어야 하고, 때로는 공무원들과 민간기업, 가구와 자발적인 그룹을 연결하는 협업적인 혁신을 통해 창조되어야 한다. 공공서비스를 제공하는 관료조직은 경직되어 있거나 복잡해서 개인별로 특화된 서비스를 원하는 사람들의 요구에 대응하지 못하는 경우가 많다. 이런 기관은 개혁에 저항하고 새로운 참가자들에 대해 폐쇄적이며, 새로운 아이디어를 받아들이는 데 소극적이다. 공적 지출이 크게 늘고 있음에도 불구하고 여전히 하향식으로 목표가 할당되기 때문에 공공서비스 개혁이 거두는 수확은 점점 줄어들고 있다. 영국의 의료비 지출은 1997년에서 2007년 사이 2배로 늘었으며, 그중 대부분은 간호사와 의사를 증원하는 데 지출되었다. 그러나 의료서비스에 대한 만족도는 별 차이가 없었고, 국민의 건강 역시 크게 증진하지 않았다. 따라서 공공서비스 영역에서는 집단적인 자립 노력과 대중 참여를 활용할 더욱 파격적인 접근방법, 즉 집단지성 접근법이 요구된다. 교육을 예로 들어보자.

앞으로도 학교를 비롯한 유사기관들은 교육에서 중추 역할을 담당할 것이고, 교수능력과 교실환경의 향상을 통해 모든 학생을 대상으로 더 높은 교육기준을 착실하게 제공하기 위해 끊임없는 노력을 기울일 것이다. 그러나 학교는 아이들이 자라나는 세계와 조화를 이루지 못하고 있다. 학교는 정규 시간을 채우도록 요구하며 꼭 짜인 연간, 학년별, 학기별, 시간별 일정표에 따라 운영된다. 대부분의 사람들이 공장의 일정에 맞추어 동시에 같은 장소에서 같은 업무를 하던 시절에는 이런 교육방식은 적절한 것이었다. 그러나 지금은 다른 시간에 다른 장소에서 일하는 사람들이 날이 갈수록 늘어나고 있다. 학교는 혁신이 핵심 역할을 하는 경제체제에서 학습공장의 역할을 담당해야 한다. 학교가 수업시간을 더 길게 해 수업을 늘려야 할 필요는 없다. 전통적인 의미의 학교는 개인의 주도적인 참여와 협업적인 문제해결 방식을 장려하는 데 도움을 주지 못한다. 학습은 현실세계의 경험과는 단절되어 있고, 교육은 인지적인 기술에만 지나치게 치중하며, 사회성과 협업, 상호존중이라는 인간관계 기술은 경시한다. 또한 학교가 언제나 가장 중요한 교육장소인 것은 아니다. 가정 역시 학교 못지않게 중요한 공간이다. 통합적인 교육정책은 학교와 가정의 상호작용에 초점을 맞춘다. 이런 교육방식에는 가정에서의 학습지원과 가정 내 학구열을 증진하기 위한 활동이 포함된다. 어린 이들은 잠자는 시간을 제외한 하루의 85퍼센트를 학교 밖에서 보낸다. 그들은 컴퓨터게임과 텔레비전을 통해 더 많은 것을 배우고, 이동전화와 소셜 네트워크에 의존해서 생활하는 비중이 높다.

현대의 교육체제가 직면한 문제를, 100만 명의 참여자 중 1퍼센트인 1만 명의 무보수 개발인력을 확보해 다른 참여자들을 위한 컨텐츠를 창조하는 참여자 겸 개발자로 활용하는 컴퓨터게임에 비유해보자. 영국의 공립교육 대상인 700만 명의 학생 중 1퍼센트를 참여자 겸 개발자로 만들 수 있다면, 7만 명의 학생 혹은 교사인력의 20퍼센트가 참여자 겸 개발자가 될 것이다. 일부 학교는 이미 이런 방향으로 움직이고 있다. 1990년대 말, 플리머스의 립슨 커뮤니티대학의 학장인 스티브 베이커는 학생들에게 학습이 자신에게 이득이 된다고 생각하도록 동기를 부여하는 것이 급선무라는 것을 깨달았다. 그는 개별 학생들의 요구와 염원에 맞추어 학습을 확대 배치하기로 결심했다. 그러나 그에게는 교사를 증원할 만한 재정적 여력이 없었다. 결국 그는 학생들의 상호평가 활동을 확대하는 방향으로 학습을 재배치했다. 립슨대학에서는 능력이 더 나은 선배 학생이 후배들의 학습을 돕는 지도적인 학습자로 활동한다. 컴퓨터와 수학 강좌에서는 일반적으로 한 학생이 두세 명의 학생들의 문제풀이를 돕는다. 베이커는 학교의 조직관계를 뒤집어 학생을 학교의 고객이 아니라 생산적인 자원의 일부라고 보았다. 교사 겸 학습자들은 기여를 통해 추가적인 인정을 받을 뿐 아니라, 자신이 아는 것을 남에게 설명해주면서 자신의 학습을 강화하는 이득을 얻는다.

시 단위에서 집단지성의 논리를 교육에 적용할 수 있는 방법을 생각해보자. 시 단위로 학습을 경매하는 방식을 활용하면, 학습자와 가르칠 능력을 가진 사람을 연결시킬 수 있다. 예컨대 학교에서 가르치지 않는 거라지밴드 소프트웨어 사용법을 배우고 싶어하는 사람과 그것을 가르칠 능력이 있는 사람을 연결시킬 수 있다. 다수가 참여하는 대규모 게임에서는 참여자들이 어려운 문제를 찾아내고 그 문제를 해결할 도구와 기술을 얻기 위해 협업한다. 이를 본뜨면 교육에서도 더 많은 학습기회를 제공할 수 있다. 유런YouLearn이라는 동영상 사이트는 학생들이 문제에 대한 해답을 올리도록 고무하고, 각 해답에 대해 사용자의 평가와 댓글을 제공한다. 시민들과 그 자녀들은 시 단위로 구축된 위키피디아 양식의 정보보관소에 사실과 추측, 정보와 식견의 자원을 구축하고, 그 자원의 성과를 활용할 수 있다. 한 세대의 학습자들은 집단지성의 도구를 이용해 다른 세대 학습자들의 실패 경험으로부터 교훈을 얻을 수 있다. 소셜 네트워크를 이용하면, 카페와 가정에서 온라인과 오프라인을 통해 친구들과 함께 학습을 하거나 친구들의 도움을 받을 수 있다.

현재 교육은 교실수업의 형태로 이루어진다. 교실수업은 특별한 시간에 특별한 장소에서 이루어지는 특별한 활동이다. 학생들은 대개 아는 것이 많지 않기 때문에 여러 과목의 수업을 듣는다. 집단지성 접근법은 다양한 상황에서 광범위한 사람들이 제공하는 다양한 관점으로 학습을 제공할 뿐 아니라, 작은 그룹과 개인의 요구에 더욱 밀착된 학습을 제공한다. 또한 교사와 어른, 동료들로부터 무엇을, 언제, 어디서, 어떻게 배울 것인가에 대한 학생의 발언권과 선택권은 더욱 확대된다.

심즈를 개발한 윌 라이트는 어떻게 하면 수백만의 십대 아이들을 한 가지 활동에 몰두하게 만들 수 있는지 아는 사람이다. 그는 〈뉴요커〉지에서 교육에 대해 이렇게 말했다.

우리의 교육제도는 환원주의적이고 협소한 아리스토텔레스식 학습법을 채택하고 있는 것이 문제다. 기존의 학습법은 복잡한 시스템을 실험하고 그것을 통해 직관적인 방식으로 길을 열어나갈 수 있도록 설계된 것이 아니다. 게임은 직관적인 방식을 가르쳐준다. 기존의 학습법은 실패에 대처할 수 있도록 설계되어 있지 않다. 게임은 실패도 가르쳐준다. 나는 실패가 성공보다 뛰어난 교사라고 생각한다. 시행착오를 거치는 것, 마음속으로 어떤 것을 분해했다가 다시 조립하는 것, 아이들이 게임과 상호 작용하는 온갖 방식들. 이것이야말로 학교가 가르쳐주어야 할 사고방식이다. 세계는 갈수록 복잡해지고 결과는 갈수록 성공이나 실패와는 거리가 멀어지고 있다. 게임은 이런 상황에 대비할 수 있는 효과적인 학습방법이다.

1972년에 일리히가 《학교 없는 사회》에서 썼듯이, "훌륭한 직관은 스스로 결합하고 재활용하고 교정하는 것을 돕는다. 훌륭한 직관은 단순히 사람들을 만족시키는 것이 아니라 사람들 내부에 능력을 창조하고, 창의성을 대체하는 것이 아니라 후원한다."

참여와 협업의 집단지성 접근법은 의료체계에도 적용될 수 있다. 선진국의 의료체계에서는 병원과 의사는 건강을 나누어주고, 환자는 병든 상태에서 한쪽 끝으로 투입되었다가 의사와 간호사의 작업을 거쳐 제작이 완료된 생산물처럼 건강해진 모습으로 다른 쪽 끝으로 나온다. 병원 중심의 의료체계가 성장한 것은 도시화와 산업화, 그리고 전염병의 확산이 가속화되던 19세기 말이었다. 현재 미국과 영국은 수명연장과 운동부족, 과식과 과음에서 비롯한 만성 질환의 유행에 대응해야 할 상황이었다.

영국의 경우 성인 인구의 45퍼센트가 한 가지 이상의 장기질환을 갖고 있다. 인구증가율이 가장 높은 75세 이상의 경우, 이런 질환을 가진 비율은 75퍼센트에 이른다. 2030년이 되면 65세 이상의 인구 중 장기질환을 가진 사람의 비율은 2배로 늘어날 것이다. 가장 주요한 질환은 당뇨병이다. 영국에는 진단을 받은 당뇨 환자가 200만 명이 넘고, 자각증상이 없어 진단을 받지 않은 당뇨 환자가 100만 명이 넘는다. 후자의 경우는 당뇨병이 생활방식과 관련된 것이므로 조기에 발견하면 쉽게 치료할 수 있다. 그러나 당뇨 환자 중 40~50퍼센트는 상태가 심각해진 뒤에야 진단을 받는다. 그렇기 때문에 환자들은 정기적인 인슐린 주입이 필요한 상태가 되어 병원을 자주 찾아야 한다. 당뇨병은 예방할 수 있고 억제하기 쉬운 질환이지만 영국의 국민건강보험은 이 당뇨병 때문에 하루에 500만 파운드를 지출한다. 이는 전체 의료비 지출액의 5퍼센트, 입원환자 의료비의 10퍼센트에 해당하는 금액이다. 병원 중심의 의료시스템에는 건물과 전문 의료진 등 막대한 고정 비용이 들어간다. 우리의 의료체계는 집이나 공동체 내에서 예방, 관리, 치료가 이루어질 수 있는 질환을 가진 사람들이 몰려드는 바람에 과부하에 시달리고 있다. 환자들이 자신의 건강 문제를 관리하는 참여자이자 생산자가 되어 건강을 효율적으로 관리하면서 병원에 의존하는 비중을 줄이면, 의료시스템은 과부하로부터 벗어날 것이고 장기적으로 국민의 건강상태는 향상될 것이다.

차세대 지능형 센서와 모니터를 활용하면, 현재 병원에서 이루어지는 수많은 검사가 가정에서 이루어지고 자가평가와 자가진단의 비중이 늘어날 것이다. 한 가지 가능한 사례를 들면, 영국 북부의 국민건강보험 혈전증 예방서비스는 혈전 형성의 위험을 줄이는 약을 복용하는 5,000명의 환자를 관리하고 있다. 환자가 매주 한 번씩 가까운 일반 외과로 가서 혈액검사를 하면, 이 혈액은 중앙의료국으로 보내져 평가를 받는다. 중앙의료국은 일반 병원에서 오전 11시에 이루어진 검사의 결과는 오후 1시 30분에 산출해 투약량을 조절해야 하는 사람들에게 처방전을 발급한다. 그러나 독일의 혈전증 환자들은 400파운드 가량의 작은 기계를 이용해 원하는 시간에 스스로 혈액검사를 하고 결과를 분석해 투약량을 조절한다. 영국 북부의 중앙의료국은 자가검사 도구와 요령, 자신감만 있으면 환자 자신이 쉽게 할 수 있는 검사를 수십 명의 간호사를 고용해 하고 있는 것이다. 사람들에게 동기와 장비를 제공해 자가치료에 참여시킬 수 있다면 생산성은 크게 증대될 것이다.

장기질환을 가진 사람들에게는 병원을 찾지 않고도 도움과 조언, 지원과 쉽게 이용할 수 있는 시스템이 필요하다. 다시 말하면 같은 처지에 있는 사람들끼리의 지원시스템이 강화되어야 한다. 알츠하이머병의 경우, 이미 환자와 전문가들로 이루어진 유기적인 공동체가 훌륭하게 운영되고 있다. 가정이나 가까운 약국에서 대부분의 기본적인 검사가 이루어지는 의료시스템을 상상해보라. 환자들은 가정이나 약국에서도 실력 있는 프로앰 커뮤니티가 만든 사이트를 통해 수많은 정보를 이용하면서 자신의 질환을 파악할 수 있다. 또한 환자들은 소셜 네트워크에 참여하는 방법으로 그 질환과 관련한 비의료적인 상황에 대처하는 법을 배울 수 있다.

우리는 의료를 서비스라고 여긴다. 그러나 의료는 우리 모두 실행에 옮겨야 하는 의무라고 봐야 한다. 이반 일리히는 《병원이 병을 만든다》에서 서비스가 아니라 개개인의 의무에 기초한 의료시스템에 대해 설명한다.

이런 개인적인 과업의 성공비결은 대개 자기인식과 자제, 그리고 내적인 자원을 갖추고 자신의 일상적인 리듬과 활동을 통제하는 것이다. … 공공의료의 수준은 질병에 대처하는 수단과 책임감이 전체 주민에게 분산되는 정도에 대응한다.

이런 아이디어가 모든 공공서비스에 적용될 수는 없다. 자조自助의 아이디어를 활용할 경우에는 사용자들이 해야 할 과업이 늘어난다. 일반적으로 사람들은 참여를 힘든 일이라고 여긴다. 그래서 참여하는 입장이 되기보다는 소비자가 되는 시간을 더 누릴 수 있기를 원한다. 보안과 국방 역시 시민의 참여에 의존하고 있지만, 일부 집단적인 공공서비스에서는 많은 사람들의 참여가 허용되지 않는다(예컨대 대량수송 시스템). 그러나 마이스페이스와 페이스북, 위키피디아, 이베이에 의지해서 주민 집단의 요구는 점점 늘어날 것이다. 따라서 앞으로 공공 부문은 이러한 요구에 순응해야 할 것이다. 미국 국가정보국의 미국사무소에서 환경보호청에 이르기까지, 공공조직 가운데는 자체적인 위키를 사용해 수많은 원천에서 나오는 정보를 조직하는 사례가 갈수록 늘어나고 있다. 젊은 세대일수록 발언권과 선택권의 확대, 참여와 협업의 기회 확대를 원할 것이다.

공익을 위해 웹의 소셜 네트워크를 이용하는 사례가 나오고 있다. 영국의 일부 도시에서는 시민들이 온라인 지도를 이용해 수집이 필요한 폐차와 쓰레기를 시정 당국에 알릴 수 있다. 집카Zipcar라는 소셜 네트워크는 사람들에게 미국 전역의 도시에 배치된 공유 자동차를 소유할 수 있는 권한과 필요할 때는 언제라도 그 자동차들을 사용할 수 있는 권한을 부여한다. 이런 소셜 네트워크를 이용하면, 자기 소유의 자동차를 사서 일년 중 대부분을 차고에 처박아둘 필요가 없다. 고로코GoLoco라는 또 다른 조직은 강력한 소셜 네트워크를 이용해 점점 쇠퇴해가는 자동차 함께 타기 문화를 소생시키고 있다. 자동차의 사용률을 줄이기 위해 혼잡통행세를 도입하는 도시들이 갈수록 늘어나고 있는 상황에서, 공동의 수송자원을 융통성 있게 사용할 수 있는 집카와 고로코 방식의 흡인력은 갈수록 커질 것이다. 네덜란드 위트레흐트 시의 어느 경감은 골드코프의 롭 맥이웬이 택한 것과 다름없는 방식으로 범죄 해결에 시민의 지원을 도입했다. 로테르담에는 상호부조 방식으로 연로한 부모를 돌보는 소셜 네트워크 사이트도 있다. 당신이 로테르담에서 어떤 사람의 부모를 돌보는 대신 네트워크 안의 다른 누군가가 마스트리히트에 있는 당신 부모를 돌보는 식이다. 공공서비스는 시민들이 참여해 전문성을 가진 사람들과 함께 직접 공헌할 때 가장 효율적이다.

시민들이 스스로 해결책을 찾아낼 수 있는 활동무대를 제공하지 못할 경우, 공공 부문은 얼마 못 가서 노후하고 진부하며 시대에 뒤떨어진 것이 되고, 공공재의 생산성과 효율성은 크게 떨어질 것이다. 공공서비스의 미래는 참여와 협업의 활동무대를 만들어냄으로써 시민들이 공공재의 향유자 겸 개발자로 나서게 할 수 있느냐에 달려 있다.

과학의 공유

일반적으로 과학은 과학자가 늦은 밤 어두운 실험실에서 진행하는 외로운 활동이다. 점점 거세지는 과학의 상업화 압력 때문에 특허를 신청하고 나서야 연구결과를 공개하는 과학자들이 늘고 있다. 그러나 이런 압력에도 불구하고(혹은 이런 압력에 대응해서) 과학은 매우 분산적이고 국제적이며 협업적인 노력으로 변화하고 있다. 과학적 협업은 다른 영역의 집단지성 시도들이 본받을 만한 여러 가지 모델을 제시한다. 과학은 더욱 정교하고 새로운 협업적 창의성을 증진함으로써 집단지성의 융성을 지속적으로 뒷받침할 것인가? 그렇다. 그렇게 생각하는 데는 몇 가지 이유가 있다.

과학의 시대는 과학자들이 세계를 꿰뚫어보는 통찰력을 얻기 위해 사용한 도구에 따라 구분된다. 뉴턴은 미적분을 이용해 변화율을 측정했고, 갈릴레오는 망원경을 이용해 행성의 운동을 연구했다. 20세기 과학자들은 엑스레이와 강력한 현미경을 이용했고, 오늘날의 과학은 컴퓨터를 활용해 복잡한 문제를 풀고 있다. 컴퓨터가 도입되면서 과학계의 협업활동은 강화되고 있으며, 과학 연구는 세계 전역에 분산되어 진행되고 있다. 과학 연구의 변방에 있던 지역들이 차츰 중추 역할을 하는 현상은 생물공학과 같은 신흥 과학 분야에서 특히 두드러진다. 2006년 3월, 미국 오크리지 국립연구소 소장인 제프리 원즈워스는 서울에서 열린 생물공학 학회에서 이렇게 말했다.

생물공학과 나노공학의 활약을 가로막고 있던 장벽은 무너지고 있다. 이 분야의 토대를 마련하는 데 필요한 투자액은 3억 달러에 불과하다. 생물공학과 나노공학이야말로 어느 나라든 경쟁에 참여할 수 있고 가능성이 무한한 분야다.

컴퓨터가 발달하면서 협업적인 방법으로 저장될 가치가 있는 데이터들이 점점 많이 생산되고 있다. 예컨대 인간 게놈 프로젝트의 공동 선두주자인 케임브리지대학의 생어 연구소Sanger Center는 약 150테라바이트의 데이터(약 150조 바이트)를 축적했고, 2.5테라플롭(1초당 2조 5,000억 회)의 연산능력을 확보하고 있다. 데이터를 분석하는 속도보다 훨씬 빠른 속도로 데이터를 생성하는 것이다. 이런 수많은 데이터는 수많은 연구자들에게 개방될 때에만 충분히 활용될 수 있다. 천문학계에서는 이미 이런 작업이 진행되고 있다. 얼마 전까지만 해도 천문학 연구는 각각의 연구소가 보유한 데이터를 활용해서 독립적으로 진행되었다. 최근 들어 천문학 연구는 방대한 데이터를 공유하고 공동 이용하는 방식에 의존하고 있다.

과학 실험이 시뮬레이션용 소프트웨어의 분석과 예측에 의존하는 비중이 커짐에 따라 과학자들은 다른 사람들과 프로그램을 공유하고 다른 사람들이 자신의 연구결과를 검토하도록 허용해야 한다. 과학자들은 복잡한 문제를 해결하기 위해 분산된 컴퓨터를 통합 운영하는 그리드컴퓨팅grid computing(PC나 서버, PDA 등 모든 컴퓨팅 기기를 하나의 네트워크로 연결해 정보처리 능력을 슈퍼컴퓨터 혹은 그 이상으로 극대화하는 방식)의 길을 개척하고 있다. 그 대표적인 예가 시카고와 모스크바, 베이징, 암스테르담, 홍콩의 연구자들을 연결하는 글로리아드Gloriad다. 또 하나의 사례는 미국의 테라그리드Teragrid로, 주로 오픈소스 소프트웨어를 활용해 미국 내의 주요 연구소들을 모두 연결하는 형태다. 미국 과학자들은 테라그리드를 가리켜 세계에서 가장 빠르게 과학 연구를 배포하는 가장 큰 시스템이라고 주장한다.

과학의 여러 도구들은 물론이고, 과학이 현재 직면한 문제들 역시 협업을 장려하고 있다. 과학철학자인 칼 포퍼는 문제의 본질을 분석해 두 가지로 구별했다. 복잡하지만 해결이 가능한 시계 같은 문제와 뿔뿔이 흩어져 있고 복잡한 구름 같은 문제. 세포는 어떻게 메시지를 보내고, 두뇌는 어떻게 작동하고, 전염병은 어떻게 퍼지고, 생태계는 어떻게 파괴되고, 기후는 어떻게 변하고, 우주는 어떻게 팽창하는가? 모두 구름 같은 문제다. 과학은 날이 갈수록 구름에 가까워지고 있다. 문제가 복잡해질수록 과학 분야 간의 협업은 더욱 강화되어야 한다. 그 대표적인 예가 다국적인 극지 연구다. 이 프로젝트는 1872~1874년의 오스트리아-헝가리제국 북극 탐험 때 탐험선을 지휘했던 카를 웨이프레흐트 해군 중령의 아이디어에서 탄생했다. 제1회 국제 극지의 해인 1882년에는 11개국이 14곳의 연구기지를 건설하고 기상상태와 지자기地磁氣, 오로라와 관련된 데이터를 기록했다. 1932년과 1957년에 이어 4회를 맞는 2007~2008년도 국제 극지의 해 프로그램에는 15억 달러의 비용과 1만 명의 과학자, 5만 명의 지원단이 투입될 예정이다. 전례를 찾아볼 수 없을 만큼 개방적인 형태로 지구물리학, 생태학, 사회학, 경제학을 포괄하는 229개의 분야 간 제휴 프로젝트가 진행될 것이다. 연구 데이터는 웹사이트를 통해 최대한 빠르게 공개될 것이고, 극지 동물들의 이동을 추적할 수 있는 소프트웨어의 다운로드 역시 가능해질 것이다.

또한 협업의 강화는 과학논문 출간방식을 변화시키고 있다. 과학은 일종의 미디어 사업이다. 과학 연구는 일반적으로 철저한 동료들의 검토를 거친 후에 학술지에 논문 형식으로 발표된다. 대부분의 미디어 사업이 그렇듯이, 웹의 등장 이후 과학논문 출간방식에도 큰 변화가 일어나고 있다. 17세기에 영국왕립협회의 헨리 올덴버그가 최초의 과학잡지를 발행한 이후로 과학자들은 가장 돋보이고, 가장 파급력 있고, 동료들의 검열을 거치는 학술지에 자신의 논문을 출간하고 싶어한다. 그래야만 더 많이 노출되고, 더 신망을 받을 수 있고, 장기적으로는 더 많은 자금을 지원받을 수 있기 때문이다. 과학자들은 동료들의 인정을 받는 것을 주요한 목표로 삼기 때문에 논문을 출간하면서도 원고료를 받지 않는다. 독자들은 학술지를 사서 보고 그 돈은 출판사의 몫이 된다. 과학 학술지의 가격이 크게 오르기 전까지는 이런 시스템이 무리 없이 작동되었다. 1986년 이후, 학술지의 가격상승률은 물가상승률의 4배를 넘어섰다. 학술지 가격이 상승하면 연구비용 역시 상승한다. 선진국의 과학자들조차도 필요한 연구내용을 확보하는 것이 점점 어려워지고 있다. 이런 현상은 명성이 높지 않은 연구소의 경우에 특히 더 심하다. 개발도상국의 상황은 더욱 걱정스럽다. 2003년, 세계무역기구의 조사결과에 따르면, 75개 극빈국의 의료기관 중 56퍼센트가 5년간 어떤 학술지도 접해보지 못했다고 한다.

학술지 가격이 상승하면서 웹을 이용해 과학정보를 출간하는 오픈 액세스 운동이 일어나고 있다. 오픈 액세스는 온라인을 통해 무료로 연구논문들을 이용할 수 있는 방식이다. 신뢰할 수 있는 목적을 위해 출처를 밝히고 사용할 것. 이 조건을 충족하면 특정 논문의 검색과 링크, 다운로드, 인쇄, 복사, 이용, 배포, 전송, 게시가 가능하다. 저자가 인습적인 권리를 포기하면 되므로, 오픈 액세스는 저작권과도 모순되지 않는다(물론 과학자들은 여전히 특허를 신청할 권리가 있다). 온라인 학술지 중에는 온오프라인을 가리지 않고 논문을 제공하는 경우도 있고, 오프라인으로 출간된 논문만을 무료 온라인으로 제공하는 경우도 있다. 후자의 경우, 해당 논문을 빨리 읽고 싶은 사람은 오프라인으로 출간된 논문을 사서 봐야 한다.

오픈 액세스는 과학 연구의 순환과정을 가속화하고 연구 범위를 확장함으로써 과학 연구의 영향력을 높인다. 오픈 액세스에 옮긴 논문들이 다른 연구자들에게 인용되는 비율은, 학술지 지면에 게재된 논문보다 평균 50퍼센트나 높다. 물리학 일부 분야의 경우에는 무려 250퍼센트나 높다. 연구결과가 더 많은 연구자들에게 더 빨리 확산되기 때문에 논문에 게재된 발견결과를 토대로 새로운 가설이 나올 수 있다. 디지털판 연구논문들은 훨씬 더 정교한 태그와 트랙 지정과 모니터가 가능하다. 그래서 각 논문의 영향력은 물론이고 아이디어의 출처와 행방까지 쉽게 파악할 수 있다.

2007년에는 공적 지원을 받는 연구의 15퍼센트가 오픈 액세스로 공개되었다. 세계 전역의 학술협회들(영국의 8개 학술협회 중 5곳)은 공적 지원을 받는 연구성과는 공적으로 이용할 수 있어야 한다는 오픈 액세스 규정을 채택하기 시작했다. 이 규정을 따르는 연구소들은 점점 늘어날 것이다. 미국 국립보건원은 연간 280억 달러(142개국의 국내총생산을 합한 것보다 많은 금액이다)의 예산을 가진 세계 최대의 비군사 연구지원 센터다. 국립보건원이 현재 채택한 자발적 오픈 액세스 규정에 순응하는 연구소는 4퍼센트에 지나지 않는다. 앞으로 국립보건원은 자금을 지원하는 연구소에 오픈 액세스 발행을 의무화할 예정이다. 연간 1만 건의 학술지 게재 논문들이 이 규정의 영향을 받을 것이다. 유럽입자물리연구소CERN는 모든 물리학 학술지를 오픈 액세스로 전환하는 사업에 돌입했다. 사우샘프턴, 베를린, 오슬로, 스톡홀름을 비롯한 일련의 대학들도 모든 연구성과를 오픈 액세스하기로 약속했다. 학술지 출판업자들 역시 이런 동향을 파악하고 오픈 액세스 사업모델을 채택하기 시작했다. 미국화학협회, 케임브리지 대학 출판부, 〈영국의학저널〉 등의 유서 깊은 조직들은 오픈 액세스 저널사업을 시작한 바이오메드센트럴BioMedCentral과 공공 과학도서관의 선례를 따라가고 있다. 과학자들은 논문의 공식 출판 이전에도 자신의 활동을 알리기 위해 블로그와 위키, 소셜 네트워크 활용 비중을 높이고 있다.

오픈 액세스는 고비용을 들여야 서구 학술지를 구입할 수 있는 개발도상국에 특히 유리하다. 과학 연구에 대한 투자를 확대하고 있는 중국, 인도, 브라질, 남아프리카공화국은 오픈 액세스 정책을 채택할 가능성이 높다. 세계 2위의 연구개발 투자국인 중국은 공적 자금으로 진행되는 각종 프로그램을 통해 수집된 과학 데이터 전체를 오픈 액세스하도록 규정하고 있다. 빌게이츠재단은 에이즈에 관한 데이터에 이런 비슷한 조치를 취하고 있다. 오픈 액세스는 세계적인 차원에서 과학지식을 공유하고 축적하는 새로운 보고라는 결실을 맺을 것이다. 오픈 액세스 연구성과를 집적하는 공간의 대표적인 예는 캘리포니아대학의 이스콜라십eScholarship과 아카이브arXiv다. 가장 오래된 과학논문 오픈 액세스 저장소인 아카이브는 1991년에 창립되어 현재 40만 건이 넘는 물리학 논문을 저장하고 있다.

과학 데이터의 공동 저장소는 오랜 세월에 걸쳐 협업 연구가 이루어질 수 있는 토대를 제공한다. 인간 게놈 프로젝트는 6개국 20개 연구소에 소속된 2,000명이 넘는 과학자들의 협업사업으로 진행되고 있는데, 2003년에는 인간 DNA를 구성하는 기본 요소에 대한 완벽한 지도를 만들었다. 이 프로젝트가 이룬 성과는 개방적이고 협업적인 연구방식을 통해 엄청난 역동성을 확보할 수 있다는 교훈을 준다. 인간 게놈 프로젝트의 연구방식은 1996년에 웰컴 트러스트Wellcome Trust의 후원으로 버뮤다에서 개최된 학회에서 결정된 일련의 원칙을 기반으로 하고 있다. 오픈소스 과학의 성명서라고 할 수 있는 버뮤다 원칙은 2003년 미국 국립인간게놈연구소가 주최한 2차 학회에서 더욱 확장되고 강화되었다. 오픈소스 원칙을 따르는 게놈 연구 프로젝트는 갈수록 늘어나고 있다. 그 사례로는 인간 게놈과 다른 동물의 게놈을 비교하는 프로젝트, 암 유전자 지도 연구Cancer Genome Atlas, 질병과 관련된 게놈 내부에서 작은 이상물질을 찾아내는 것을 지원하는 지도, 그리고 웰컴 트러스트 센터의 후원을 받아 당뇨병, 말라리아, 암 등의 질병과 관련된 수백 개의 단백질에 관한 데이터를 공개하고 있는 구조게놈학 컨소시엄 등을 들 수 있다. 각국의 수많은 연구소에 소속된 수백 명의 과학자들은 공개적으로 활용되도록 데이터를 개방하면서 이런 협업활동에 참여하고 있다.

과학지식의 개방적인 공동 저장소를 건설하려는 가장 야심찬 선두주자는 생명백과사전Encyclopedia of Life이다. 생명백과사전은 인간 게놈 프로젝트와 위키피디아를 혼합한 형태로, 식물, 동물을 비롯한 180만 종의 생물에 대한 기록을 저장할 계획이다. 이 프로젝트는 하버드대학의 명예교수인 생물학자 E. O. 윌슨의 구상으로 탄생해 맥아더재단으로부터 무려 2,000만 달러의 지원을 받고 있다. 맥아더재단의 이사장인 조나단 팬턴은 프로젝트 출범식 연설에서, 생명백과사전은 "모두에 의해 창조되고 모두에 의해 유지되며, 모두에게 혜택을 주는 지식의 원천이자 전 세계적인 시도"가 될 것이라고 말했다. 2007년 중반을 기준으로 약 125만 페이지의 정보가 생명백과사전의 디지털 데이터베이스에 저장되었다.

윌슨은 종에 관한 정보가 한 곳에 수집되면, 우리 지식에서 무엇이 부족한지 뚜렷이 알 수 있다고 말했다. 팬턴의 말을 빌리면, 생명백과사전은 연구자들이 이제까지 놓쳤던 유형을 발견하는 데 도움을 주고, 멸종을 예측할 척도를 제공하고, 과학 연구를 가속화할 것이다. 생명백과사전은 또한 전문가와 아마추어들에게 공유 지식 기반을 만들 수 있는 새로운 모델을 제시할 것이다. 생명백과사전은 전통적인 의미의 백과사전에 머무르지 않을 것이다. 다양한 원천에서 흘러나온 정보들이 뒤섞일 것이고, 높은 품질의 데이터를 확보한 신뢰할 수 있는 원천으로부터 핵심 정보가 나올 것이다. 그런 원천으로는 하버드대학의 필드자연사박물관, 미국의 10개 연구소, 세계 10대 자연사도서관들의 컨소시엄, 영국 자연사박물관과 영국의 큐식물원 등을 들 수 있다. 생명백과사전은 3단계의 품질관리 과정을 거쳐 사용자제작 컨텐츠를 거르고, 일정한 기준을 충족하는 자료들만 사이트에 게시해 모두에게 공개한다. 생명백과사전은 구글어스Google Earth를 이용해서 개발한 도구들을 시민 과학자들에게 제공해 표본에 대한 관찰내용을 기록할 수 있게 하려는 계획을 갖고 있다.

미래의 과학은 과학자들이 분야와 시간대를 뛰어넘어 협업하는 수준에 그치지 않을 것이다. 갈수록 많은 분야에서 시민 과학자들이 전문가와 함께 일하게 될 것이다. 그 대표적인 예가 천문학이다. 대부분의 과학 분야가 그렇듯이, 천문학은 아마추어들로부터 시작되었다. 코페르니쿠스는 아마추어 천문학자였던 시절에 태양을 우주의 중심이라고 주장했다. 행성의 타원궤도 운동을 발견한 요하네스 케플러는 점성술이 주업이었다. 20세기에 이르자 천문학 연구의 중추는 영국의 조드렐 뱅크 천문대나 캘리포니아의 파사데나의 윌슨 천문대 등의 대형 망원경을 이용할 수 있는 직업적인 천문학자 쪽으로 크게 기울어졌다. 에드윈 허블은 윌슨 천문대에서 은하들이 서로 멀어지는 방향으로 움직이고 있다는 결론을 내렸다. 전문가들은 우주의 깊이에 대한 연구에 몰두했고, 아마추어들은 변변치 않은 망원경으로 상대적으로 밝고 가까운 물체들에 집중했다.

3가지 혁신 덕분에 프로앰 천문학자들이 값싸고 강력한 도구를 이용할 수 있게 되면서 상황은 급변했다. 한때 수사修士였으나 별을 관측하는 일에 평생을 바친 존 돕슨은 값싸고 강력한 디지털 망원경을 제작할 수 있는 오픈소스 설계를 구상했다. 돕슨은 다음과 같이 말했다.

내가 가진 망원경이 얼마나 큰가, 내가 가진 렌즈가 얼마나 정확한가, 내가 찍은 사진이 얼마나 아름다운가는 그리 중요하지 않다. 나에게 중요한 것은 망원경을 통해 우주를 이해할 기회를 누릴 수 있는 특권을 갖지 못한 사람들이 이 넓은 세상에 얼마나 많은가 하는 것이다.

돕슨은 자신이 발명한 것을 이용해 수이을 올리려 하지도 않았고 특허조차 내지 않았다. 많은 회사가 그의 설계를 기초로 빛을 감지하는 컴퓨터 칩을 결합한 망원경을 제작하기 시작하면서 흐린 별빛을 기존의 사진보다 훨씬 선명하게 포착할 수 있게 되었다. 돕슨의 망원경 덕분에 지구는 수십만 개의 새로운 눈을 갖게 되었고, 소수의 전문가들이 못 보고 지나칠 만큼 먼 우주에서 일어나는 사건들까지 기록하기 시작했다. 인터넷은 이런 프로앰들의 협업활동을 보조함으로써 분산된 탐구 역량을 크게 확장하고 있다.[6]

세계적인 연구 네트워크가 형성되면서 섬광성閃光星과 혜성, 소행성에 관심을 가진 전문가와 아마추어들이 연결되고 있다. 프로앰 천문학자 그룹은 전문가만큼이나 정확하게, 목성에서 기상의 흔적을 찾고, 화성에서 크레이터를 발견하고, 은하들이 충돌하면서 형성되는 반향을 탐지하고 있다. 물론 아마추어들은 새로운 천체물리학 이론을 내놓지 못하고, 자신들이 수집한 데이터를 이해하지 못할 때도 있고, 《시간의 역사》를 쓸 능력도 없다. 그럼에도 불구하고 앞으로 천문학의 여러 측면들은 우주탐구라는 공통의 관심에 이끌려 전문가들과 협업해 활동하는 헌신적인 아마추어에게 의존하게 될 것이다. 앞으로 점점 많은 과학 분야들이 이와 같은 경로를 따라가야 한다는 필요성을 자각할 것이다. 생물학도 그 대표적인 예가 될 수 있다. 상당히 골치 아픈 사례이긴 하지만.

20세기는 물리학자 프리먼 다이슨이 말한 '회색' 과학이 우세한 시대였다. 회색 과학은 자동차와 비행기, 제철소, 발전기 등 인간의 힘을 강화하는 기계를 창조했다. 금세기에는 자금과 연구력이 기계에서 살아 있는 복잡한 시스템으로 옮겨갈 것이다. 다이슨은 생물공학의 도구가 연구소에서 일반인의 가정으로 확산되고, 수백만의 아마추어 동식물 애호가들이 새로운 도구를 사용하게 될 날이 멀지 않았다고 주장한다. 원예가들은 직접 유전자 서열을 변형시켜 만든 장미와 난초를 기르게 될 것이고, 애완동물을 키우는 사람들은 자신만의 독특한 개와 고양이를 만들어낼 것이다. 농부들은 해당 지역의 조건에 더 잘 견디면서 더 높은 생산량을 내도록 농작물을 개량할 것이다. 다이슨이 2007년 7월에 〈뉴욕 리뷰 오브 북스〉의 어느 기사에서 밝혔던 말을 빌리자면, "게놈 디자인은 개인적인 활동이자 회화, 조각과 같은 새로운 형태의 창조적인 예술이 될 것이다."

생물공학이 소프트웨어 산업의 한 부문이 된다면, 이런 미래는 더욱 앞당겨질 것이다. 1972년 이후로 유전공학은 세포 내의 DNA를 추출해 재조합하는 고도의 전문기술에 의존하고 있다. 그것은 고도의 기술을 가진 전문인력과 많은 경험, 인내심, 수많은 실험 대상과 장비를 필요로 하기 때문에 아마추어로서는 도저히 넘볼 수 없는 일이다. 그러나 'DNA 프로그램'을 작성해 살아 있는 유기체의 세포를 만들 수 있는 인공생물학(합성생물학)이 출현하면 상황은 완전히 달라진다. 현재의 생물공학은 이미 확보한 것들을 재조합할 뿐이지만, 미래의 인공생물학은 세포를 인공적으로 만들 수 있다. 인공생물학의 설계도가 소프트웨어를 공유하는 것만큼이나 쉽게 공유될 것이다. MIT의 교수 드류 엔디는 이미 학생들에게 '바이오브릭BioBrick'을 이용해서 직접 박테리아를 만드는 방법을 가르치고 있으며, 이 바이오브릭은 엔디 교수가 설립한 바이오브릭재단에서 오픈소스로 이용할

수 있게 되어 있다. 워싱턴대학 교수이자 초창기부터 생물공학의 오
픈소스를 옹호했던 롭 칼슨은 인터넷의 산파 노릇을 한 미국 국방연
구센터 다르파Darpa가 생물공학을 위한 인터넷도 만들어야 한다고
주장한다.

　다이슨은 곧 암호의 오픈소스 공유가 유전자까지 확대되는 새로
운 진화의 시대로 진입하게 될 거라고 생각한다. 억지처럼 들릴지
모르지만 머지않아 그런 시대가 올 것이다. DNA 배열기계의 생산
성은 15년 전에 비해 2만 배 이상으로 증가했고, 배열 비용은 13개
월마다 반으로 줄어들고 있다. 머지않아 특정 유전자의 단백질 염기
쌍 하나를 읽는 데 드는 비용은 1센트, 그것들을 합성하는 데 드는
비용은 10센트로 낮아질 것이다. 이런 기술은 이미 연구실에서 사회
로 옮겨가고 있다. 우리는 DNA 실험 장비를 이베이에서 구입해 평
범한 차고에 설치할 수 있다. 미국의 재택 발명가들의 바이블인 〈메
이크Make〉지는 이미 독자들에게 ‘뒷마당 생물학’을 할 수 있는 방법
을 소개하고 있다. 에볼라, 마르부르크, 사스를 비롯한 십여 개의 바
이러스 게놈은 이미 공개되어 있다. 2002년에 뉴욕주립대 스토니브
룩의 연구그룹은 우편주문으로 구매한 DNA 조각을 갖고 전염성 소
아마비 바이러스를 합성했다. 드류 엔디는 폭스바겐 뉴비틀 한 대
가격이면 에볼라 바이러스를 만들 수 있다고 주장한다. 5년이 지나
면 그 비용은 아이팟 한 대 가격으로 내려갈 것이다.[7]

　인공생물학은 생명을 창조하고 파괴하는 새로운 힘을 악당 과학
자들과 무분별한 아마추어의 손에 넘겨줄 가능성이 있다. 버그가 들
어 있는 소프트웨어 프로그램은 회수해서 수정하면 되지만, 현실세

계의 바이러스는 그렇게 할 수 없다. 인공생물학이 안고 있는 진보의 가능성은 무궁무진하다. 그 사례로는 바이오매스로 만들어서 연소할 때 탄소가 발생하지 않는 연료와 유기체의 세포 내에서 만들어지는 값싼 약품 등을 들 수 있다. 오픈소스 생물학으로 인해 제기되는 안보와 윤리, 통제의 문제는 인터넷 대화방과 위키에서 일어나는 문제들과 비교할 수 없을 만큼 큰 걱정을 안겨줄 것이다. 인공생물학이 창조적인 역할을 할 것인지 파괴적인 역할을 할 것인지는 과학 그 자체뿐 아니라 사회의 조직방식과 지식의 소유·관리 방식에 따라 결정될 것이다. 따라서 장기적으로 선량한 과학과 안보를 위해서는, 국가의 통제나 개인소유 방식보다는 효과적인 자율관리와 광범위한 동료들의 검토가 필요한 개방적이고 협업적인 접근방식이 더 유리할 것이다.

집단지성은 이미 문화와 미디어, 소프트웨어, 엔터테인먼트 산업을 무너뜨리고 있다. 이런 분야는 선진국 경제 가운데 가장 빠르게 성장해 현재 국내총생산의 15퍼센트를 차지하는 분야다. 프로엠, 십대 청소년, 과학자, 전위예술가, 록 밴드 등 누구보다도 뛰어난 기술력과 열정을 가진 핵심 그룹들이 웹의 가능성을 틀어잡고 변화에 추진력을 제공할 것이다. 그러나 집단지성은 모두 앞에서 하룻밤 사이에 모든 것을 거꾸로 뒤집는 일을 벌이지는 못할 것이다.

그럼에도 불구하고 집단지성은 기업 서비스, 제조업, 에너지, 엔지니어링 등 많은 부문에서 이제까지 목격한 것보다 훨씬 큰 영향력을 발휘할 수 있다. 특별히 큰 영향을 받는 것은 디자인과 연구 분야일 것이다. 우리가 의식주와 운송을 위해 의존하는 대다수의 기본적인 경제활동은 아주 장기간에 걸쳐 간접적인 영향을 받을 것이다. 농업 생산과 채취 산업, 대인보호 서비스 등 일부 경제영역들은 전혀 흔들림이 없을 수 있다. 텍스트 메시지를 이용해서 아기의 젖은 기저귀를 갈아줄 방법은 없으니까. 그러나 웹이 앞으로 60년 동안 해마다 2퍼센트씩 우리의 작업과 소비 방식을 변화시킨다면, 그 변화는 차곡차곡 쌓여 결국에는 혁명적인 변화에 이르게 될 것이다.

웹의 영향을 가장 크게 받는 것은, 이미 웹의 영향이 상당히 진행된 부유한 선진국이 아니라 개발도상국일 것이다. 웹 기술에 대한 접근이 더욱 쉬워져서 개발도상국의 수백만 인구가 빈곤에서 벗어나게 될 것이다. 아시아의 수백만 명이 이동전화를 중심으로 생활이 네트워크화되고 상호 연결되어 풍요로운 생활을 누리게 될 것이다. 거센펠드의 팹랩은 선진국에서는 별 의미가 없겠지만 개발도상국에서는 기적을 낳을 것이고, 오픈 액세스 출판은 극빈국의 과학자들에게 막대한 이득을 안겨줄 것이다. 지금도 아시아의 제조업체들은 오픈소스 디자인 커뮤니티 덕분에 큰 이득을 보고 있다. 공교육과 공공의료의 새로운 모델은 이미 학교와 의료제도가 확립된 사회에서는 어설픈 이야기처럼 들리겠지만, 교사와 의사가 부족한 사회에는 막대한 영향을 미칠 수 있다. 과연 집단지성은 우리에게 유익한 것인가, 해로운 것인가? 이 대답에서도 개발도상국들은 핵심적인 역할을 하게 될 것이다.

6장

집단지성의 유토피아와 디스토피아

커뮤니케이션과 대화, 참여와 협업, 투명성과 언론자유가 확대되는 것에 반대할 사람은 없을 것이다. 웹의 확산을 문제삼는 것은 돌고래와 녹지, 숲, 그리고 누가 봐도 유익한 것들을 문제삼는 것과 마찬가지다. 그러나 기술을 혐오하는 러다이트주의자와 문화적 보수주의자뿐 아니라, 지각과 분별이 있는 사람 중에도 웹이 몰고 오는 충격과 결과에 대해 크게 우려하는 사람들이 많다.

주목을 끌기 위해 아우성치는 목소리들이 점점 늘어나면서 세계는 갈수록 시끄러워지고 있다. 세계적인 차원의 커뮤니케이션은 사람들을 더욱 밀착시키고 시샘과 분노, 오해에 불을 지르고 있다. 쌍방 간의 대화보다는 일방적으로 자기 말만 하려는 사람들이 늘어나고 있기 때문이다. 더욱 큰 문제는 웹이 무분별하게 근본주의자들의 대중추수주의 운동에 일조하고 있다고 생각하는 사람들이 많다는 점이다. 특히 개발도상국의 경우 불평분자들은 자신들의 대의에 관심을 집중시키고, 신념을 확산시키고, 새로운 지지자를 모집하고,

추종자들을 조직하기 위해 인터넷을 이용하고 있다.

협업적이고 자발적인 네트워크를 만들어내는 웹의 잠재력을 테러리스트 단체들은 매우 교묘하게 이용하고 있다. 느슨한 권위구조를 가진 테러리스트 그룹의 세포들은 제1국에서는 자금을 마련하고, 제2국에서는 훈련을 받고, 제3국에서는 본부를 운영하고, 다른 여러 국가에서 활동을 하고, 캠코더 하나만으로도 전 세계에 자신의 메시지를 전달한다. 이들 테러리스트들 바로 뒤에는 종교적인 광신자, 현대판 나치주의자, 소아성애증 환자, 포르노 작가, 도박꾼, 조직적인 범죄 연합이 늘어서 있다. 영국의 정치 웹사이트 중 가장 많은 트래픽을 기록하는 것은 극우정당인 영국국민당의 웹사이트다. 텔레비전을 통해 자신의 견해를 표현할 기회가 없는 인종주의자들은 인터넷을 선동과 조직의 방편으로 이용하고 있다. 웹은 조직화가 필요하지만 공식적인 조직을 표면화할 수 없는 그룹, 그림자 같은 사람들이 꾸리는 그림자 같은 네트워크로는 안성맞춤이다.

안보 전문가들은 혼란과 위협, 무질서와 통제이탈이 갈수록 심해지는 세계를 만드는 데 웹이 결정적인 기여를 하고 있다고 생각한다. 냉전 중에는 대량파괴 무기에 대한 통제력을 가진 국가들이 핵무기의 대량살상 위협을 최소한도로 억제했다. 세계는 늘 위협에 시달리지만 과거에는 그런대로 질서가 유지되었다. 오늘날 저울눈은 하향식 통제로부터 벗어나는 방향으로 가고 있다. 또한 과학기술이 다수의 손으로 넘어가 테러와 파괴, 범죄의 목적으로 사용되는 것을 막기가 점점 어려워지고 있다.

이 장에서는 이 두 가지 우려에 대해 살펴보면서 집단지성 문화가 우리에게 이로움을 안겨줄지, 해로움을 안겨줄지 탐구할 것이다. 당연히 이에 대한 판단은 이 글을 읽는 독자가 누구인지에 달렸다. 출판인이냐 아니면 독자냐, 음악가냐 아니면 청취자냐, 권위적인 통치자냐 아니면 민주적인 권리를 옹호하는 활동가냐, 상호 연결된 부유한 나라에서 살고 있는 사람이냐 아니면 기본적인 자유조차 보장되지 않는 나라에서 생계유지를 위해 안간힘을 쓰고 있는 사람이냐에 따라 판단은 달라지기 때문이다. 분명 웹은 승자와 패자를 만들 것이다. 이런 판단을 넘어서 웹이 더 나은 사회를 위한 요인이 될지 판단하는 것은 훨씬 더 광범위하고 거창한 문제다. 이런 판단을 하려면 일정한 척도가 필요하다. 가장 흔히 사용되는 속도와 생산성, 소요자원과 재정은 적절한 척도가 될 수 없다. 이 책에서는 웹이 광범위하게(전 인류까지는 아니라도) 공유되는 기본적인 가치를 향상시킬 것인지 평가할 것이다. 과연 집단지성은 민주주의와 평등과 자유의 확산에 공헌할 것인가?

민주주의

민주주의는 집단혁신을 이룰 우리의 능력 중 가장 중요한 것이다. 다시 말해 민주주의는 능력이다. 민주주의는 곧 노예와 아동의 노동 폐지, 교육과 복지의 집단적 제공 등의 사회혁신을 이루기 위해 집단적으로 책임 있는 결정을 내릴 수 있는 능력이다. 민주주의는 아이디어와 가치관을 결합함으로써 자치능력을 부여한다는 점에서 의식적인 집단혁신이다. 따라서 민주주의는 집단지성이 향상시킬 수 있는 당연한 후보자다. 여기서 집단지성이 적용되는 대상은 컴퓨터

게임이 아니라 기후 변화와 중동 평화, 노인 구호 등의 중대한 사안이다. 웹이 민주적인 사고와 활동 능력을 향상시킨다는 것을 입증할 증거로는 어떤 것이 있을까?

집단지성이 민주주의에 유익하다고 단언할 수 없는 이유는 여러 가지다. 자신의 입장을 표명할 많은 기회를 가진 사람들이 늘고 있다는 사실만으로는 집단지성이 민주주의에 유익하다고 단정지을 수 없다. 웹에서 정치논쟁에 참여하는 사람들은 대개 마음이 맞는 사람들과 이야기를 나눈다. 진보적인 블로그는 대개 다른 진보적인 블로그들을 링크하고, 환경 블로그는 대개 다른 환경 블로그들과 관계를 맺는다. 웹은 민주적인 토론을 잘게 나누어 비슷한 생각을 하는 사람들의 모임인 당파적인 공간 속으로 밀어넣을 수 있다. 그러나 민주주의는 생각이 다른 사람들이 토론을 통해 서로의 차이를 인정하고 문제를 해결할 수 있는 공적인 공간이 마련될 때 성장한다.

정치는 점차 고도의 정교성, 전문성, 전임 근무를 요구하는 직업으로 바뀌고 있다. 늘 경계심을 늦추지 않는 전문적인 언론인과 독립적인 규제자만이 정치인을 제어할 수 있다. 그런데 웹은 이런 전문적인 조사활동에 대한 지지를 약화시킬 수 있다. 신문과 주요 방송국을 멀리하고 아마추어 블로그와 온라인 뉴스에 몰입하는 사람들이 늘어나면, 전문적인 조사활동을 수행하는 언론기구에 대한 재정적 지원도 줄어든다. 이렇게 되면 정치인은 스캔들을 파헤치는 비법을 아는 부지런하고 능숙한 언론인과 대면해야 하는 상황을 피해갈 수 있고, 변변치 않는 장비를 가진 블로거로 이루어진 오합지졸 위에 군림하면서 그들을 무시하기 쉽다. 민주적인 조사기능이 약해지는 것이다.

점점 더 많은 주류 정치인들이 웹에 적응하면서 신중한 계산으로 유튜브 채널과 소셜 네트워크 프로필을 이용하고 있다. 이렇게 되면 웹은 평범한 정치도구로 전락해 근본적인 잠재력이 약화된다. 설사 웹이 기존의 엘리트층에 아무런 혜택을 주지 않는다고 해도 새로운 엘리트층이 정치적 목적을 위해 웹을 능숙하게 이용하면서 그들의 자리를 대체할 수 있다. 신문사 주필의 영향력이 줄어들고 인기 블로거의 영향력이 커진다고 해서 서민들의 상황이 개선되지는 않는다. 설사 엘리트층이 권력을 확고히 하기 위해 웹을 이용하는 일이 없다고 해도 대중추수주의 운동이 웹을 장악할 경우에는 민주적인 토론의 강화와는 거리가 먼 일종의 디지털의 다중지배를 조장할 수 있다.

분명히 말하지만 디지털 기술만으로는 사회를 민주화할 수 없다. 일본은 세계에서 손에 꼽히는 기술능력을 보유하고 있고 초고속 인터넷이 도처에 깔린 나라지만, 국회의원들이 자기 선거구의 이익을 위해 활동하는 관행은 거의 개선될 기미를 보이지 않는다. 얼마 안 있어 세계 최대의 인터넷 보급률을 자랑하게 될 중국의 경우에도 공산당이 정치적 목적을 위해 인터넷을 굳건히 장악하고 있다. 웹은 정치문화에 영향을 미치는 작은 요인일 뿐이다. 하지만 웹의 민주적인 잠재력을 얕잡아봐서는 안 된다.

선진국의 공식적인 정당정치는 쇠퇴하고 있다. 19세기 말, 산업화를 이룬 선진국 국민들은 엘리트층이 독식하던 정치과정에 참여할 수 있는 기회를 달라고 요구하고 나섰다. 그들은 투표권을 요구했고, 그 요구는 점진적으로 수용되었다. 그로부터 백년이 채 못되어 그 투쟁에 나섰던 사람들의 증손자들은 대의제도의 한계를 깨닫고 차츰 정치영역에서 빠져나오고 있다. 미국의 경우, 유권자 중 투표에 참가한 비율은 1960년에는 62.8퍼센트, 1996년에는 48.9퍼센트였다. 미국의 각 정당에 가입한 정당원 수는 1967년부터 1987년 사이에 절반으로 줄었다. 정치는 소수의 이익을 추구하는 방향으로 빠르게 움직였다. 2001년과 2005년의 영국 총선에서는 전체 유권자의 40퍼센트, 25세 이하 젊은 유권자의 60퍼센트가 투표를 포기했다. 1997년 영국 총선의 투표자 수는 1945년 이후 최저를 기록했다. 2007년에는 전체 영국 인구의 2퍼센트 미만이 주요 정당의 정당원으로 가입했는데, 이는 1964년과 비교하면 4분의 1 수준이다.

갈수록 심해지는 개인주의, 소비주의 문화는 대중 정당의 토대를 이루는 집단적인 정체성을 무너뜨리고 있다. 정부는 국민생활의 세세한 측면으로부터 점점 멀어지는 한편, 국민들을 세계적인 움직임으로부터 보호하는 능력도 줄어들고 있는 듯하다. 사람들은 정치적 대표자들을 만날 수도 없고, 그들은 자신들과 생각도 다르며, 당파적이고 오만하고 신뢰할 수 없고, 말도 안 통하고 연락도 하기 힘든 사람들이라고 이야기한다.

정치 참여의 쇠퇴 시기는 매스미디어와 텔레비전 방송의 확산 시기와 일치한다. 매스미디어와 텔레비전 방송은 공적인 생활의 핵심 정보를 제공하고, 사람들이 여러 가지 논쟁점에 대해 토론을 하고, 정치인들이 국민들의 관심과 지원을 호소하는 공간이다. 신문사와 방송사는 인쇄기와 방송실 등을 확보해야 하기 때문에 고정 비용이 매우 높다. 따라서 자체 운영비를 충당하기 위해 대중시장에 손을 뻗어야 한다. 이런 면에서 산업화 시대의 미디어는 민주적인 생활을 실현하는 수단이 되기에는 치명적인 약점을 가진다.

민주주의는 국민 주권을 전제로 하고, 국민 주권은 언론의 자유와 국민들 사이의 자유로운 토론을 전제로 한다. 신문의 지면과 텔레비전 방송시간은 제한되어 있고, 라디오 방송의 가청 거리 역시 제한되어 있다. 언론을 제한하는 이런 요인은 의견을 공표할 수 있는 사람들과 그렇지 않은 사람들 사이에 불평등을 조장하고, 정보의 자유로운 흐름을 방해하며, 민주적인 의사결정 과정의 품질을 떨어뜨린다.

소수의 뉴스 편집국 구성원들은 어떤 견해와 발언을 공표할지, 특정 기사를 언제 크게 보도하고, 언제 보도 대상에서 밀어낼지를 결정한다. 2000년에 ABC, CBS, NBC 3대 주요 뉴스채널은 미국 대통령 선거 직전 두 달 동안 선거 관련 보도에 805분을 할애했다. 뉴스 프로그램 한 건당 평균 4분씩을 할애한 셈이다. 사회적 자본의 개념을 창안한 로버트 퍼트남은, 미국의 시민참여가 저조한 것은 상당 부분 텔레비전 시청으로 여가시간을 보내는 문화 때문이라고 비판했다. 텔레비전은 사람들을 토론에 참여해야 한다는 책임의식을 가진 시민이 아니라 자극과 흥미거리에 끌려다니는 청중으로 만들고, 정치인들을 내용과 아이디어보다는 스타일과 정서에 치우치게 만든다.

텔레비전은 또한 부자들에게 유리한 방향으로 민주정치를 왜곡한다. 산업화 시대의 매스미디어는 인쇄기를 소유한 소수의 소유주들의 견해에 지나치게 큰 비중을 둔다. 텔레비전 방송 이용료는 매우 비싸다. 엄청난 광고료는 광고하기를 원하는 사람이 돈 많은 사람에게 의존하게 만들고, 부자에게 유리한 방향으로 각종 정책이 결정되는 부정부패의 가능성을 열어놓는다. 이런 상황에서 극소수에게 참여 기회를 제공할 정치과정을 외면하는 사람들이 늘어나는 것은 당연한 일이다. 우리는 이런 맥락에서 웹의 정치적 영향력을 판단해야 한다. 과연 웹은 영국과 미국의 경우처럼 빈껍데기만 남은 민주정치를 되살릴 수 있을까?

웹의 정치적 영향력을 극찬하는 사람들은 웹이 민주주의를 회복시키는 만병통치약이 될 수 있다고 생각한다. 그들은 웹이 정치인과 유권자의 관계를 더 직접적으로 만들고, 토론을 더 신중하게 만들고, 시민들을 더 참여적으로 만들 것이라고 주장한다. 벤자민 바버는 《강력한 민주주의Strong Democracy》에서 미래의 과학기술은 "시민 교육을 강화하고, 정보에 대한 동등한 접근 기회를 보장하고, 개인과 기관을 네트워크로 연결해 시공간의 제약을 뛰어넘어 토론과 논쟁에 참여할 수 있는 기회를 제공할 것"이라고 예견한다. 1990년대에 인터넷이 크게 발전하자, 1996년 빌 클린턴 대통령의 선거 본부장이었던 딕 모리스는 웹은 직접성을 강화한다는 점에서 민주주의를 구원할 것이라고 주장했다.[1] 그는 유권자들이 정당과 기성 미디어를 배제하고, 가상의 입법부에 상정되는 각종 공약에 대해 논평하고 투표를 진행할 것이라고 예견했다.

웹의 주요한 정치적 기능으로 언급되는 또 한 가지는 민주주의를 더 사려 깊고 더 신중하게 만든다는 것이다. 이 입장은 독일의 정치철학자인 위르겐 하버마스의 주장을 따른 것이다. 하버마스는 돈이 들지 않고 치우침도 없는 커뮤니케이션은 누구나 참여할 수 있는 끊임없는 대화를 허용해 진정한 민주주의의 토대를 형성한다고 주장한다. 그 사례로는 웹의 대표적인 자율적 커뮤니티에서는 비교적 투명한 의사결정과 책임성 있는 자율규제가 이루어진다는 점을 들 수 있다. 이런 커뮤니케이션이 허용되면 시민들의 참여도는 높아지고 정치과정의 합리성과 독창성은 제고될 것이다.

하버드대학 법학 교수인 요차이 벤클러에 따르면, 웹을 통해 공표되는 의견이 더 많아지기 때문에 시민들은 광범위해진 주장들을 검토하고 토론하고 선택하는 과정에 더욱 비판적으로 참여하게 될 것이다. 벤클러의 주장은 한나 아렌트의 주장과 일치한다. 아렌트에 따르면, 시민들은 직접 활동에 참여함으로써 사물의 작동방식을 탐구하고 정책결정을 주도하는 전문가의 권력에 도전하면서 '민주주의를 만드는 뛰어난 장인'이 될 것이다. 아렌트가 옹호하는 민주주의는, 전문가든 아마추어든 관계없이 누구나 자신의 생각을 공표하고 논쟁하고 다른 사람들의 견해에 도전할 권리를 가진다는 점에서 '홈브루 민주주의'라고 할 수 있다.

이들에 따르면, 웹은 정보와 권력을 직업적인 정치인, 정당, 논평가, 혹은 정책 관료 등의 엘리트 손에서, 과거에는 관객 노릇만 하던 사람들 손으로 옮김으로써 껍데기만 남은 정당정치를 소생시킬 수 있다. 웹은 과거보다 훨씬 다양한 사람들이 더 충실하게 민주적인 토론에 참여하고, 생산성과 합리성과 창조성을 강화하는 방향으로 토론하고 심의하고 조사하는 방법을 찾도록 허용할 것이다. 과연 이런 일이 이루어질까?

앞서 소개한 회의론과 낙관론 중 어느 쪽이 옳은 것으로 밝혀질지 판단하기는 아직 이르다. 1933년에 프랭클린 루스벨트는 자신의 의견을 공표하기 위해 라디오를 이용했다. 텔레비전이 성숙기에 접어든 1960년, 존 F. 케네디는 텔레비전으로 방영된 대통령 후보 토론회에서 돋보이는 언행으로 시청자들을 사로잡아 카메라를 기피하던 리처드 닉슨을 앞질렀다. 1990년대 중반에는 웹이 기성 정치계에 발을 들여놓았다. 최초로 웹사이트를 만든 정치인은 1994년 민주당 부통령 후보인 다이앤 파인스타인이었다. 같은 해에 앤 캠벨은 영국 국회의원으로서는 처음으로 웹사이트를 만들었다. 영국의 주요 정당들은 1997년 총선 때 웹사이트를 열었고, 일년 뒤에는 60명의 국회의원이 웹사이트를 열었다. 2002년에 국회의원들이 받은 통신의 거의 20퍼센트가 이메일로 도착했고, 2003년에는 3명의 국회의원이 블로그를, 260명이 웹사이트를 만들었다. 2006년에 2대 정당의 지도자들은 유튜브에 채널을 개설하고, 국회의원 560명이 웹사이트를, 260명이 블로그를 운영했다. 그러나 한 가지 눈에 띄는 정치적 실패를 계기로 해서 사람들은 정치계에 새로운 생명을 불어넣는 웹의 잠재력에 주목하게 되었다. 그것은 바로 하워드 딘의 선거운동이었다.

하워드 딘은 2004년 민주당 대통령 후보 지명에서 탈락했다. 선거운동을 시작할 당시, 그에게는 조직이 없었다. 딘이 영향력을 미칠 수 있는 유일한 방법은 지지자들을 참여자이자 기여자로 만드는 것이었다. 딘의 선거본부장인 조 트리피와 젊은 자원봉사자 그룹은 다른 대안이 없었기 때문에, 인터넷을 기반으로 자발적으로 결집하는 지역별 지지 그룹과 소액의 기부금을 수많은 사람들에게서 추렴할 계획을 세웠다. 다중 사용자 컴퓨터게임을 모방한 중앙 선거본부는 일레트로닉 아츠의 역할을 담당하고, 게임의 내용을 보강하고 게임의 수명을 연장하고 새로운 에너지를 추가하는 게임 참여자 겸 개발자로 지지자들을 활동하게 하려는 계획이었다. 선거운동을 중단하기 전까지 딘의 선거본부는 6,000만 달러의 기부금과 50여만 명의 정치게임 참여자 겸 개발자들을 끌어모았다.

딘의 선거운동에는 집단지성의 여러 가지 특성이 있다. 사람들은 중앙의 지시나 허락을 구하지 않고 쉽게 참여할 수 있었고, 활동에 필요한 도구를 쉽게 이용할 수 있었다는 것. 그리고 소셜 네트워크 소프트웨어를 사용해 지역별 지부의 형성을 돕고, 크든 작든 각자의 형편대로 기여 활동에 참여할 수 있었다는 것. 선거본부는 레고 블록을 조합하듯이 참여자들의 작은 기여를 끼워 맞췄다. 한 여성 지지자가 자전거를 팔아 기부금을 보탰다는 이메일을 보내자, 수천 명이 그녀와 같은 방식으로 움직였다. 강을 청소하고 노숙자들을 위해 음식을 베푸는 활동에 참여하는 사람들도 있었다. 트리피는 선거활동을 회고하는 글에서 이렇게 주장한다.

권력은 상부에서 정보를 모아 사람들에게 활동방식을 지시하는 하향식 기구의 품에서, 모두가 민주적으로 배분하고 공유하는 새로운 패러다임으로 이동하고 있다.[2]

트리피는 딘과 같은 선거운동을 통해 훨씬 참여적인 민주주의가 출현할 것이라고 예상했다. 사람들은 누군가가 정보를 보내줄 때까지 기다리지 않고 직접 가서 정보를 찾고, 무슨 일이 일어났는지 보고받는 데 만족하지 않고 공식적인 발표에 의문을 제기한다. 사람들은 유력한 인물로부터 얻는 정보의 양과 비슷한 양의 정보를 서로 주고받고, 자신들의 대화에 지도자가 참여해 자신들이 내놓는 믿을 만한 의견을 활용하기를 기대한다. 무엇보다도 그들은 하향식 지시나 거짓말을 듣고 싶어하지 않는다.

트리피는 딘의 선거운동을 계기로 유권자들과의 대화와 유권자 상호 간의 대화를 기반으로 수천 명의 지지자들의 집단지성을 이끌어내는 새로운 형태의 정치가 이어질 것이라고 생각했다.

> 우리 사무실에 있는 열성 당원 수십 명이 잠잘 시간도 없이 일을 한다고 해도 수십만 미국인의 지성과 풍부한 지략을 따라잡지 못할 것이라는 사실이 순식간에, 분명하게 드러났다.

웹이 이런 기대에 부응해 고갈된 정치계에 새로운 생명을 불어넣고 있다는 증거가 있을까?

웹은 다양한 사람들을 민주적 토론의 광장으로 끌어낸다. 이들 대다수가 예전에는 정치에 전혀 관여한 적이 없는 사람들이다. 2002년 11월부터 2006년 11월 사이에 가정에서 광대역 통신망을 이용하는 미국의 성인 인구는 17퍼센트에서 45퍼센트로 급증했다. 더불어 광대역 통신망 인터넷을 이용한 사람들의 정치활동 규모도 크게 늘었다. 인터넷을 뉴스의 주요 공급원으로 이용하는 미국인 비율은 1996년에는 3퍼센트에서, 2006년에는 15퍼센트로 늘어났다. 이 비율은 선거 때가 되면 더 상승한다. 2006년 미국 의회선거 때에는 정기적인 인터넷 사용자의 46퍼센트가 정치 관련 정보를 수집하고 31퍼센트가 정치 관련 이메일을 주고받았다. 온라인 정치참여층 구성은 무척 달라지고 있다. 1996년의 온라인 정치참여층은 대부분 컴퓨터 마니아, 즉 대학교육을 받고 도시 주변에 사는 중산층 젊은 백인 남성들이었다. 2006년의 온라인 정치참여층은 여전히 대학교육을 받은 중산층 사람들이었지만 성별이나 인종, 지리적인 분포 등 포괄적인 인구구성을 보여주었다.

인터넷은 젊은 사람들을 정치로 끌어내는 데 특히 효과적이다. 2004년 미국 대통령 선거에서 정치기부금을 낸 젊은이들은 거의 온라인을 통해 기부했다. 퓨 인터넷 앤드 아메리칸 라이프 스터디가 2006년 미국 대통령 선거를 분석한 결과, 인터넷 사용자의 11퍼센트인 1,400만 명(전체 인구의 5퍼센트)이 정기적으로 웹 2.0을 이용해 정치적 토론과 선거유세 활동에 참여했다. 온라인 기부자들의 참여는 지속적인 경향을 보인다. 퓨의 연구에 따르면, 온라인 기부자들이 다시 기부를 할 확률은 오프라인 기부자들이 다시 기부를 할 확률보다 높았고, 블로거들은 청원서에 서명하거나 집회에 참석하거나 하원의원들에게 편지를 보낼 가능성이 더욱 높았다. 퓨의 연구에 따르면, 온라인 정치참여층은 오프라인에서도 네트워크 형성 수준이 높기 때문에 친구와 동료들 사이에서 큰 영향력이 있다. 그러나 노련한 정치활동가들만 웹에 의지하는 것은 아니다. 2004년 미트업Meetup을 통해 조직된 정치회의에 참석한 40만~50만 명 중 50퍼센트는 그 이전에는 정치회의에 참석해본 적이 없는 사람들이고, 60퍼센트는 40대 이하다. '정치, 민주주의, 인터넷 연구소Politics, Democracy and the Internet'가 분석한 역대 선거 결과에 따르면, 정치에 참여하는 인터넷 사용자의 44퍼센트가 그 이전에는 정치에 참여한 경험이 없는 사람들이었다. 2008년 선거기간에는 이런 추세가 더욱 심해질 것이다.

인터넷은 점점 더 많은 사람들을, 특히 젊은 사람들을 정치활동으로 끌어들이고 있다(전체 인구와 비교하면 여전히 소수지만). 인터넷을 통한 정치참여 방식은 과연 거대 기업 기부자들의 세력을 축소하고 정치적 사안에 영향을 미치는 사람들의 구성을 바꾸어놓을 수 있을까? 미국의 경우, 광고비용에 가장 많이 지출하는 후보가 일반적으로 대통령과 의원 후보 경선에서 지명권을 획득한다. 2004년 예비선거에서 조지 W. 부시와 존 케리는 5억 달러의 선거활동 자금을 모았다. 그러나 이 돈은 미국 인구 중 극히 일부에서 나온 것이다. 2004년 선거기간에 200달러 이상의 기부금을 낸 사람은 3억 미국 인구 가운데 0.52퍼센트, 2,000달러 이상의 기부금을 낸 사람은 0.12퍼센트에 지나지 않는다. 이런 정치자금 기부방식은 극소수의 유권자들에게 지나치게 많은 영향력을 몰아준다. 인터넷을 통해 정치자금 지원방식이 달라진다면 아주 중요한 변화가 일어날 것이다.

인터넷을 이용해 상당한 액수의 선거자금을 모은 정치 후보자는 하워드 딘이 처음은 아니었다. 빌 브래들리, 존 매케인, 미네소타 주지사 제시 벤추라 역시 인터넷을 이용해서 자금을 모았다. 그러나 딘의 상향식 선거유세 활동은 거액 기부자들의 영향력과 맞먹는 수준의 소액 기부금을 모으는 잠재력을 보여주었다. 딘은 평범한 사람들이 소액의 기부금을 낼 수 있는 방법을 찾아내 많은 액수의 기부금을 모았다. 이런 기부금 모금방식은 집단지성이라기보다는 집단 자금조달에 가까운 것이다. 딘은 하루 만에 9,700명의 온라인 소액 기부를 통해 50만 달러를 모금한 반면, 딕 체니는 125명의 거물들과의 오찬행사에서 25만 달러를 모집했다. 그러니까 딘은 1인당 약 50달러씩 기부금을 받는 형식으로 3만 달러 이상을 모집했다.

2008년 대통령 후보 지명을 위한 선거기간에는, 하워드 딘이 선구적으로 시도했던 방식이 표준 관행이 되었다. 2007년 전반기에 민주당 후보 경선에 참여한 힐러리 클린턴, 에드워드, 오바마, 이 세 명의 정치인들은 주로 소액 온라인 기부방식에 의존해 2,800만 달러를 모금했다. 오바마는 온라인으로 1,700만 달러 이상을 모금했는데, 그중 90퍼센트는 1인당 50달러 미만의 소액 온라인 기부를 한 11만 명에게서 나온 것이었다. 2007년 중반에 오바마의 선거용 웹사이트에는 9,000명의 '초미니 번들러micro-bundler'들이 모여들었다. 이들은 오바마 웹사이트의 한 페이지씩을 차지하고 기부금 모금에 활용할 수 있도록 친구와 지인들의 이메일 주소를 올리는 역할을 담당했다.

소액 온라인 기부로 미국 정치계에 대변혁이 일어날 거라고는 말할 수 없다. 2008년 미국 대통령 후보들은 그 어느 때보다 많은 자금을 필요로 했고, 대부분의 자금은 여전히 부유한 기부자들에게서 나왔다. 그러나 인터넷 덕분에 비주류 후보들은 선거에서 더 많은 역할을 할 수 있었고, 평범한 사람들은 새로운 방식으로 정치와 관계를 맺을 수 있었다. 이제 소액 기부방식으로 활동자금을 모으는 능력은 정치적인 영향력과 정당성을 드러내는 중요한 징표가 될 것이다. 다시 말해 소액 기부방식으로 자금을 모으지 못하는 후보는 거액 기부자들에게 코가 꿰어 있다는 의심을 사게 될 것이다.

웹 덕분에 정치는 더욱 광범위한 관점과 이슈, 발언에 대해 더욱 개방적으로 반응하게 될까? 미국 정치인들은 블로그가 제공하는 정치적 논평에 대해 꽤 많은 주의를 기울인다. 2006년 어떤 조사결과에 따르면, 의회의원 중 90퍼센트가 블로그들을 의식하고 있거나 읽고 있다. 그러나 블로거들은 독립적으로 활동하는 것보다는 주류 언론과 협업해 활동하는 것이 훨씬 효과적이다. 2004년 대통령 선거에 관한 어느 연구에 따르면, 블로거들은 대부분 기사를 쓰기보다는 기존의 기사를 따라다니면서 주류 언론의 결함을 바로잡는 데 매우 효과적인 활동을 펼쳤다.

공적인 감시인으로 활동하는 블로거들의 협업활동 중 대표적인 예로는 상원 다수당인 공화당 원내대표 트렌트 로트의 사임을 이끌어낸 사건을 들 수 있다. 로트는 극우적인 스트롬 서몬드 공화당 상원의원의 100세 생일파티에서 인종차별적인 발언을 했다. 주요 언론들은 그의 발언에 주의를 기울이지 않았지만 블로거들은 그 발언을 물고 늘어져 주요 언론의 기삿거리로 만들었다. 그후로 거의 모든 경솔한 행동을 집어내는 능력을 가진 블로거와 정치인의 충돌은 갈수록 늘어나고 있다.

2008년 미국 선거에서 시민기자와 논평가들은 유튜브라는 강력한 도구를 사용했다. 제임스 코테키(EmergencyCheese라는 이름으로 활동하는 대학원생)는 유튜브에 젊은 유권자들에게 다가가려는 후보자들의 노력에 대해 신랄한 동영상 논평을 올려서 후보자들의 반응을 살폈다. 유튜브는 비록 미미하긴 하지만 권력의 균형점을 정치인에서 일반인에게로 옮긴다고 할 수 있다. 유튜브 사용자들이 제작하는 정치 관련 동영상은 후보자들이 직접 제작한 동영상보다 훨씬 인기가 높다. 애플의 20주년 특집 광고를 편집해서 만든 유명한 동영상에서는 힐러리가 조지 오웰의 《1984년》의 빅브라더에 비유된다. 이 동영상은 2007년 3월부터 7월 사이에 3,500만 번의 조회와 1만 건 이상의 댓글이라는 기록을 남겼다. 이 기록은 클린턴 선거본부가 직접 제작한 동영상 기록을 훨씬 뛰어넘는 것이었다. 힐러리 클린턴은 드라마 〈소프라노〉의 마지막 장면을 패러디한 영상물에 남편과 함께 출연해서 자신의 유세용 노래를 선택해달라고 요청하면서 언론에 대서특필되었는데, 이 패러디는 2007년 7월까지 유튜브 사상 최고인 27만 6,000번의 조회와 751개의 댓글이라는 기록을 남겼다.

《1984년》 패러디를 만든 필 데 벨리스는 〈뉴욕타임스〉에서 이 광고를 만든 이유를 밝혔다.

나는 정치인들이 텔레비전처럼 동영상을 대하는 것을 보고 무척 실망했다. 그래서 정치인들에게 더 많은 활동을 펼쳐 시청자들과 실질적으로 상호작용을 주고받아야 한다는 말을 하고 싶었다. 겉치레뿐인 대화로는 충분치 않다.

2004년에 www.toostupidtobepresident.com 웹사이트를 만든 데이비드 카운츠 역시 웹사이트를 만든 동기를 "획일적이고 숨이 막히는 상업용 미디어의 메시지 사이에서 의미 있는 이야기를 하려는 것"이라고 설명했다. 시민들은 블로그과 유튜브를 활용해 정치인들에게 책임을 묻고 그들의 가면을 벗기고 그들의 대응을 유도하는 정치적인 역할을 강화할 수 있다. 웹은 또한 더 많은 틈새 공간을 허용해 정치의 다원화를 촉진할 수 있다.

텔레비전은 정치인에게 대규모 청중의 마음을 움직일 것을 주문하기 때문에 정치인은 중심부에 갇힌 채 똑같은 이야기를 하지 않을 수 없다. 정치인은 온라인 정치참여 방식 덕분에 소규모의 열정적인 커뮤니티들과 관계를 맺고 그들을 겨냥한 정책을 입안할 수 있다. 2007년 중반에 힐러리 클린턴은 목장과 아동용 시리얼의 영양성분, 교과서에 실린 편견 등과 관련한 공약을 내놓았는데, 시민들은 이 공약에 엄청난 양의 댓글을 달았다. 앞으로 정치인들은 대규모 유권자를 겨냥한 소수의 정책뿐 아니라 소규모 커뮤니티들을 겨냥한 수많은 정책을 내놓게 될 것이다.

온라인 소셜 네트워크에 프로필을 올리는 사람들은 점점 늘어나고 있다. 온라인 소셜 네트워크에 프로필을 올리는 사람들은 개인정보의 흔적을 남기게 되는데, 특정한 그룹을 겨냥해 활동하려는 정치인들은 이것을 막강한 데이터베이스로 활용할 수 있다. 2004년 조지 W. 부시는 오하이오주의 흑인 남성 유권자들이 교육과 건강 관련 공약에 반응을 보일 것이라는 표적 세분화micro-targeting 접근법의 예견에 따라 선거활동을 전개함으로써 좋은 성과를 거두었다.

극소지역 정치ultra-local politics 역시 웹으로 인해 번성할 수 있다. 펜실베이니아대학의 사회학 교수인 키스 햄프턴은 토론토와 보스턴의 이웃 간 소셜 네트워크를 연구했다. 그는 지역 온라인 네트워크에 관여하는 사람들은 범죄와 사회적 무질서에 대항하는 것에서 공적 서비스에 대해 불만을 토로하는 등 지역정치에 개입할 가능성이 높다는 것을 밝혀냈다. 햄프턴에 따르면, 소셜 네트워크는 로버트 퍼트남이 시민 불참여의 원인이라고 지적한 사회적 자본의 쇠퇴를 역전시키는 데 도움이 될 수 있다. 미국에서는 최근 5년 사이에 수백 개의 지역별 토론 그룹과 소셜 네트워크가 형성되었다. 풀 서클Full Circle이라는 시카고의 시 의회 프로젝트는 지역별 커뮤니티에 지역별 지도를 제작할 수 있도록 허용함으로써 재개발 전략 입안에 도움이 될 자료를 얻고 있다. 예컨대 어느 라틴아메리카 출신의 주민은 인근 식당과 식료품점의 위치를 알려주는 도구를 이용해 세 곳을 제외한 모든 식당이 튀김요리를 팔고 청과물 가게 두 곳만이 신선한 과일과 채소를 판다는 정보를 이 프로젝트에 제공했다. 허리케인 카트리나가 지나간 후 아메리카 스픽스America Speaks 라는 인터넷 그룹은 생활기반을 잃은 뉴올리언스 주민들 사이에 온라인과 오프라인을 병행한 협의공간을 만들어 뉴올리언스의 개발계획을 논의했다. 극소지역의 정치토론은 웹의 중요한 수혜자가 될 수 있다.

그러나 국가적인 차원에서 대화 중심의 신중한 민주주의를 창조하는 것은 웹으로서는 달성할 수 없다. 에스토니아는 내각의 모든 보고서를 온라인에 공개하고 내각이 결정한 사항은 곧바로 웹에 공개하는 등 인터넷 활용도가 가장 높은 정치제도를 운영하고 있다. 에스토니아의 공무원들은 이렇게 유례없이 투명한 정치제도는 정치 과정의 신중한 진행이 아니라 신속한 진행에 크게 기여한다고 주장한다.

웹이 신중한 민주주의를 달성하기 위한 토대라고는 할 수 없다. 하지만 웹은 사람들이 조직적인 운동, 즉 집단지성이 아니라 집단행동에 나서게 할 강력한 방법인 것만은 분명하다. 웹 덕분에 사람들은 훨씬 쉽게 관계를 맺고 자신이 옳다고 믿는 대의와 관련해 서명운동을 벌이고 집회에 참석하고 기부금을 낼 수 있게 되었다. 그러나 민주적 발전은 합리적인 토론만으로 이루어질 수 있는 것이 아니다. 민주적 발전은 권력을 장악한 사람들에게 기존 방침을 바꾸도록 요구하는 저항과 운동을 필요로 한다. 웹은 광범위한 사람들이 운동에 참여할 수 있는 공간을 열어준다는 점에서 민주주의에 도움을 준다.

하워드 딘의 선거유세 활동은 미트업 웹사이트와의 제휴를 통해 이런 잠재력을 부각시켰다. 미트업은 비슷한 생각을 가진 사람들이 스타벅스 매장 하나에 모일 정도의 소규모 그룹을 형성하는 것을 도와준다. 딘의 선거본부가 미트업의 활용 가능성을 깨달을 무렵, 딘의 공약에 대해 이야기를 나누고 싶어하는 지지자 432명이 미국 전역에 흩어져 있었다. 미트업에 등록한 회원은 곧 19만 명으로 늘어났고, 미트업이 조직한 행사에는 약 50만 명이 참석했다. 2008년 대선 후보들 대다수가 딘의 선례를 따랐다. 공화당 후보 지명에서 탈락한 론 폴은 2007년 7월까지 552개의 미트업 그룹을 확보했는데, 그 그룹에 소속된 2만 4,000명의 회원들은 1,400건의 행사를 진행했다.

　다수의 사람들을 정치활동에 동원하는 웹의 능력, 특히 이동전화의 잠재력과 결합한 웹의 능력을 보려면, 미국 바깥으로 눈을 돌려야 한다. 이동전화는 과거의 그 어떤 기술보다 빠르게 세계 전역으로 퍼져나가고 있다. 선진국의 경우 젊은 사람들과 가난한 사람들, 그리고 최근에 이주해온 이민자들까지 이동전화를 갖고 있다. 사람들을 정치로 끌어들이는 측면에서 볼 때 인터넷과 연결된 이동전화는 컴퓨터보다 기여도가 높다. 1991년에 유선전화와 이동전화의 비율은 34대 1이었지만 2004년에는 이동전화 가입자는 17억 4,800만 명, 유선전화 가입자는 11억 9,800만 명으로, 이동전화 가입률이 유선전화 가입률을 앞질렀다. 2004년 1월 현재, 아프리카 사람 중 이동전화 소유자는 5,200만 명인 반면, 이메일 사용자는 580만 명이다. 이동전화의 성장 가능성은 개발도상국들에서 특히 엄청나다.

　미국은 컴퓨터를 기반으로 한 웹 분야에서 혁신을 창출하지만, 필리핀 같은 개발도상국은 이동전화 사용분야에서 엄청난 혁신을 이루고 있다. 필리핀의 이동전화 사용자들은 일년에 평균 2,000건의 문자 메시지를 보낸다. 필리핀의 이동전화 사용자 3,000만 명이 하루에 2억 건의 메시지를 보내는 것이다. 2004년 말을 기준으로 보면, 미국의 이동전화 사용자 중에서 정기적으로 문자를 이용하는 사람은 2,700만 명에 지나지 않았다. 개발도상국에서 이동통신의 급속한 확산은 정치적인 새로운 가능성을 낳는다. 일대일 통신이라는 독립적인 채널에는 당국이 끼어들기가 어렵다. 이동통신 기술은 정치적인 목적을 위해 친구관계를 동원할 수 있다는 점에서 대단한 힘을 발휘할 것이다.

2001년 1월, 필리핀 마닐라에서는 수천 명의 시위대가 이동전화로 정보를 주고받으면서 나흘간의 대중적인 항의운동을 벌여 부패혐의를 받고 있던 에스트라다 대통령을 사임시켰다. 1998년부터 온라인 토론광장과 대화방에서는 에스트라다의 부패 관련 토론과 소문이 쌓여갔다. 그리고 2001년에는 이와 관련해 200개의 웹사이트와 100개 이상의 이메일 토론그룹이 운영되었다. 이라그다닷컴E-Lagda.com은 에스트라다의 퇴임을 요구하는 서명운동을 펼쳐 9만 1,000명의 서명을 받아냈다. 이런 항의운동의 성공으로 경제학자인 글로리아 아로요가 대통령직을 인수했다. 2004년에는 아로요 대통령에 대한 탄핵운동이 전개되었는데, 여기서는 17초짜리 이동전화 벨소리가 한몫을 했다. 그 벨소리는 임박한 대통령 선거결과를 조작하도록 지시하는 아로요의 육성이 녹음된 것으로, 필리핀의 자생적인 정치세력으로 자리 잡은 Txtpower.org 웹사이트에서 100만 회나 다운로드되었다.

'이동전화와 웹 정치'의 힘을 보여주는 또 다른 사례로는 2002년 12월 한국의 대통령 선거를 들 수 있다. 노무현 대통령의 당선은 온라인 지지자 모임인 노사모의 활약에 크게 힘입었다. 선거 당일에 투표 참여를 촉구하는 80만 건의 문자 메시지가 이동전화로 보내졌는데, 이것은 노무현 후보에게 유리한 결과를 가져왔다.

이동전화 정치는 2004년 3월 스페인의 선거에서도 결정적인 영향을 미쳤다. 급진적인 이슬람 테러리스트들이 선거 직전에 마드리드에서 3대의 통근열차에 폭탄을 터뜨리면서 192명이 목숨을 잃었다. 3월 11일 목요일에 폭탄테러가 일어난 직후, 집권당인 국민당이 바스크 테러리스트 단체인 ETA를 비난하자, 주요 언론들은 정부의 이런 비난을 아무런 이의도 달지 않고 보도했고, 정부는 테러에 반대하는 연대 시위를 조직했다. 웹에는 정부가 폭탄테러 사건을 의도적으로 조작했다는 주장이 올라왔고, 3월 13일 토요일에 마드리드의 국민당 당사 앞에서 침묵시위를 하자는 문자 메시지가 퍼져나갔다. 그날 스페인의 문자 메시지 통화량은 여느 토요일에 비해 20퍼센트나 많았고, 다음날인 일요일의 통화량은 여느 일요일에 비해 40퍼센트나 많았다. 항의운동은 마드리드에서 시작해 바르셀로나를 비롯한 주요 도시로 퍼져나갔다. 그 결과 3월 14일에 국민당은 선거에서 참패했다.

우크라이나와 그루지야, 키르기스스탄에서는 이동전화 네트워크를 형성한 대중적인 '색깔 혁명'이 평판이 나쁘거나 부정한 선거 결과들을 뒤집어놓고 있다.

이동전화와 소셜 네트워크를 혼합한 사회운동은 미국에까지 확산되고 있다. 2006년 워싱턴주에서는 반이민법안에 반대하는 항의행진이 시작되어 다른 도시로 확산되었다. 어떤 사람은 휴스턴에서 이렇게 말했다.

그들은 30분 안에 특정한 장소에 많은 사람들을 모을 수 있다. 한 사람이 다섯 사람에게 문자 메시지를 보내기만 해도 수만 명이 모인다.

캘리포니아에서 시위를 주도한 어떤 사람은 이렇게 말했다.

나는 전국적인 시위운동을 조직한 힘의 95퍼센트는 마이스페이스와 이동전화에 있다고 생각한다.

라스베이거스에서 발행되는 어느 신문에는 이런 글이 실렸다.

경찰과 학교 직원들의 말에 따르면, 최소한 3,000명의 학생들이 문자 메시지와 이동전화를 통해 연락해서 수업 시작종이 울리자마자 중·고등학교, 대학교를 빠져나와 시위에 참석했다고 한다.

산업화와 도시화가 직능별 조합과 친목회, 협동조합, 노동조합 등의 새로운 정치 행위자들을 만들어냈듯이, 웹은 나름대로의 새로운 정치 행위자들을 만들어낼 것이다. 네트워크를 형성한 사회운동은 짧은 기간 안에 엄청난 집중성과 지속성을 발휘할 수 있다. 미국의 대표적인 예로는 무브온MoveOn이라는 네트워크를 들 수 있다. 이것은 호주와 영국에서 비슷한 사례를 낳았다. 무브온 네트워크는 2명의 인터넷 사업자가 클린턴 대통령을 탄핵하려는 공화당 활동에 반대하는 청원서를 돌리는 한편으로, 의회에 대해서는 다른 긴급한 안건을 처리하기 위해 '계속 전진할 것move on'을 요청하는 과정에서 탄생했다. 이 청원서는 일주일이 되기 전에 10만 명의 서명을 확보했다. 무브온의 공동설립자인 조안 블레이즈Joan Blades는 이렇게 회고했다.

일시적인 운동으로 끝날 줄 알았다. 우리는 온갖 방법을 동원해 모든 사람이 지도층과 연결되도록 돕고 나면, 원래의 일상적인 생활로 복귀할 줄 알았다. 50만 명이 서명을 했고, 우리는 복귀할 수 없게 되었다.

2007년 초, 무브온은 15명의 직원으로 미국 각지의 330만이 넘는 회원과 26만 8,000명의 자원활동가와 70만 명의 개인 기부자를 확보했다. 이 운동은 재정개혁에서 환경보호, 사회보장에 이르기까지 폭넓은 문제에 관여하고 있다. 무브온은 미국 공영 라디오 NPR과 공영 텔레비전 방송 PBS에 대한 연방의 재정 지원 폐지 시도를 막는 데 한몫했다. 무브온의 자원활동가들은 목표 지역에서 진보적인 후보를 지지하기 위해 700만 건의 전화통화를 하고 7,500건의 파티를 주최하고 6,000건의 행사를 마련했다. 무브온은 단일한 문제에 매달리는 일시적인 운동도, 정당이나 압력단체도, 플래시몹도 아니다. 무브온은 웹이 낳은 새로운 종류의 정치적인 실체다. 이런 실체들은 갈수록 늘어날 것이다.

앞으로 10년 뒤에 웹은 낮은 비용으로 새로운 세대의 시민조직을 건설할 수 있는 기회를 주고, 새로운 정치 행위자들을 창조할 것이다. 하버드대학의 정치학 교수인 피파 노리스는 이렇게 주장한다.

다수 대 다수, 그리고 일 대 다수의 인터넷 특징은 공공성과 정치제도 내부의 정보에 대한 접근성을 크게 높인다. 웹의 세계적인 활동은 국경을 뛰어넘는 초국적 운동을 촉진하고, 이러한 연계능력은 제휴와 연립을 강화한다.[3]

마지막으로 가장 중요한 점을 짚어두자면, 웹은 아시아와 중동, 아프리카 북부, 그리고 예전에 소련에 속했던 지역의 억압적이고 권위주의적인 정권 내부에 민주주의를 확산할 것이다. 웹은 쇠퇴일로를 걷고 있는 서구의 민주주의를 소생하는 데는 별다른 기여를 하지 못하겠지만, 권위주의 국가 내부에서는 민주주의의 토대를 형성할 수 있다.

권위주의 국가의 인터넷 보급률은 대개 매우 낮다. 예멘 국민의 인터넷 이용률은 1퍼센트 미만이고, 2006년을 기준으로 예멘의 컴퓨터 수는 30만 대에 미치지 못했다. 그러나 컴퓨터 이용률은 빠르게 늘어가고 있다. 2007년, 아프리카는 세계적 범위의 광대역 연결망 분야에서 가장 빠른 성장률을 기록했다. 베트남 국민의 인터넷 이용률은 2004년 11월 5퍼센트에서 2006년에는 17퍼센트인 1,300만 명으로 급상승했다. 많은 개발도상국의 경우 일반인들은 대개 인터넷 카페를 통해 온라인에 접속하기 때문에, 실제 인터넷 이용자 수는 인터넷이 연결된 컴퓨터 수를 크게 웃돈다. 중국은 십년 안에 세계 최대 인터넷 국가로 떠오를 것이다. 2007년을 기준으로 중국의 인터넷 사용자는 1억 3,000만 명, 미국의 인터넷 사용자는 1억 9,000만 명이었다. 인도는 10억 인구 중 4퍼센트만이 인터넷을 사용하지만 십년 안에 그 3배로 늘어날 것이다.

개발도상국 정부들은 기술과 사업의 세계적 흐름을 따라가기 위해 인터넷을 적극적으로 권장하고 있다. 그러나 많은 개발도상국 정부가 인터넷 연결망이 다른 한편으로는 국민들에게 자체 토론을 조장하고 정부정책에 이의를 제기할 수 있는 자유를 제공한다는 점 때문에 당황하고 있다. 중동의 전 지역과 아시아 대부분의 지역, 과거 소련 지역의 정부들은 국가안보를 이유로 인터넷 사용을 탄압하고 있다.

토론토대학, 하버드대학, 옥스퍼드대학의 연구자들이 결합해 만든 오픈넷 이니셔티브Open Net Initiative의 2007년 보고서에 따르면, 아제르바이잔과 미얀마, 이란, 사우디아라비아를 비롯해 걸프 지역의 상당수 나라가 포함된 25개국 정부들이 정치적인 자료에 접근할 수 없도록 인터넷을 통제하고 있다.

중국 정부는 서구 국가들이 제공하는 시스코 등의 기술을 이용해 정교한 검열제도를 유지하고 있다. 모든 웹사이트는 정부 당국에 등록을 해야 하고, 인터넷 카페 소유자는 스파이로 동원되며, 인터넷 공간에서 활동하는 경찰 수만 5만 4,000명에 이른다. 인터넷 서비스 공급자는 컨텐츠에 관한 국가의 규제조치에 순응해야 하고, '민주주의', '자유'와 같은 단어를 사용하는 웹사이트에는 접근이 제한된다. 이런 제한으로 피해를 본 사례로는 언론인 쉬타오를 들 수 있다. 그는 야후 계정을 이용해 민주주의를 지향하는 미국의 어느 웹사이트에 이메일을 보냈다. 중국 정부가 1989년 톈안먼 광장 시위 기념일에 대한 신문보도를 규제하고 있는 것을 고발하는 내용이었다. 결국 쉬타오는 10년의 강제노동형을 선고받고 투옥되었다. 이란은 위키피디아와 〈뉴욕타임스〉 웹사이트의 접근을 막았고, 2006년 말 모든 시민의 웹 사용 내역을 감시하겠다고 발표했다. 미얀마 정부는 광대역 연결 비용을 매우 높은 수준으로 유지하며 연결 속도마저 제한하고 있다. 전화선으로 인터넷에 연결하면 국가가 승인한 웹사이트에만 접속이 가능하고, 이메일은 한 번 보낼 때마다 비용이 든다. 이런 제한에도 불구하고 2007년 가을 민주화 시위 때 블로거들은 1분 간격으로 사진과 동영상과 기사를 올리면서 전 세계의 이목을 집중시켰다.

이렇듯 권위주의 정권이 인터넷을 제한하는 것은 인터넷의 위력이 두렵기 때문이다. 권위주의 정권이 집권한 나라의 경우, 웹은 민주주의를 지향하는 반정부 인사들이 모이는 주된 공간이 된다. 베트남에서는 2005년에 인터넷 전화를 통한 음성인식 방식까지 활용해 온라인상으로 인민민주당이 설립되었다. 2006년 4월, 반정부 단체인 '블록 8406'은 민주화 활동가 118명의 서명을 시작으로 온라인 청원운동을 전개했고 수천 명이 서명에 참여했다. 베트남과 같은 나라의 경우, 인터넷이 없다면 반정부 민주화 세력은 거의 존재할 수 없을 것이다.

웹의 정치적 의미는 버락 오바마가 페이스북에 친구가 많으냐 적으냐가 아니라 시리아, 미얀마, 중국, 이란의 블로거들이 목소리를 높일 수 있느냐 없느냐 하는 것에서 가장 잘 확인할 수 있다. 따라서 우리는 인터넷을 정보와 아이디어를 교환할 수 있는 만국 공통의 열린 공용물로 보존해야만 한다. 미국 정부는 2003년 3월에 이라크와 중동의 민주화를 위해 전쟁을 시작했고, 2007년 중반까지 3,500억 달러 이상의 금액을 투입했다. 아랍 인구 가운데 광대역 인터넷을 이용할 수 있는 비율은 4퍼센트에 불과하다. 중동의 민주화를 촉진할 가장 효과적인 방법은 인터넷 이용률을 50퍼센트 이상으로 끌어올리는 것이다. 인터넷이 민주주의에 미칠 가장 큰 공헌은, 중국이 일당 지배로부터 벗어나는 과도기를 앞당기는 것이다.

2005년, 인터넷을 통해 중국 산웨이와 광둥 지역의 경찰이 풍력 발전소 건설에 반대하는 주민들을 학살했다는 소식이 퍼져나갔다. 중국 정부는 이 소식의 확산을 막기 위해 인근 지역의 인터넷 카페를 폐쇄했다. 게다가 주민들의 인터넷 이용을 막고, 검색엔진에서 그 마을의 이름을 조회하는 것을 방해하고, 사건 내용이 보도된 블로그 기사를 삭제했다. 이런 방해조치에도 불구하고 인권 단체들은 사건을 조사해 온라인으로 기사를 올렸다. 산웨이 투쟁의 경우처럼 자신의 생각을 집단적으로, 공개적으로 표현하고 싶어하는 사람들은 압제적인 국가를 민주화하기 위해 수많은 온라인 투쟁을 진행할 것이다.

일단 매듭을 짓자. 열린 세상의 웹은 민주주의에 유익할까? 물론, 그럴 것이다.

평등

웹의 민주적 잠재력에 대한 몽상가들의 기대는 웹이 평등을 증진하는 능력을 갖고 있다는 주장으로 이어진다. 그들은 웹이 정보와 지식을 기반으로 권력의 집중을 분산하고 아이디어들이 공유공간으로 진입하는 장벽을 낮출 뿐 아니라, 컴퓨터와 모뎀을 가진 모든 이들에게 원료와 물리적인 상품, 정보와 아이디어까지 거래되는 세계화 경제에 참여할 기회를 제공한다고 주장한다. 그러나 그것은 이론일 뿐이다.

웹이 세계의 불평등을 완화하고 가난한 개발도상국의 긴급한 문제들을 개선할 거라고 장담하기는 매우 어렵다. 세계 인구의 약 40 퍼센트가 기본적인 위생 설비를 이용하지 못하고 1억 이상의 인구가 깨끗한 식수를 마시지 못하고 있다. 8,000만 명의 아이들이 초등교육을 받지 못하고 4,000만 명이 에이즈를 앓고 있다. 에이즈 환자의 95퍼센트는 개발도상국의 주민들이다. 마이스페이스의 인물소개 정보를 이용할 수 있게 된다고 해서 이들의 처지가 달라질까? 굶주린 아이들에게 MP3 파일을 먹일 수는 없다. 웹은 정보와 지식을 활용할 수 있는 기회를 줄 지역에서도 불평등을 완화하기보다는 그대로 반영할 것이다. 서버와 공유기, 케이블, 하드 드라이브는 하늘에서 떨어지는 것이 아니라 돈을 주고 사야 하는 것이다. 웹이 제공하는 기회를 누릴 사람은 대개 그럴 만한 경제력을 가진 사람들이다. 2003년, 1,000명당 컴퓨터 보유대수는 고소득 국가의 경우 430대, 가난한 국가의 경우 6대였다. 세계 인구의 15퍼센트에 해당하는 고소득 국가의 국민들이 인터넷 연결망의 95퍼센트를 점유하는 것이다.

더 심각한 문제는 웹의 협업적인 특성이 이런 불평등을 심화한다는 점이다. 웹은 이미 좋은 인맥을 확보하고 있는 사람들이 훨씬 더 좋은 인맥을 확보하는 데 도움을 준다. 미시간대학의 연구자들은 페이스북을 통한 소셜 네트워크를 광범위하게 연구한 결과, 강력한 인맥을 확보한 사람들이 그것을 더욱 강화하기 위해 웹을 이용한다는 것이었다. 지식과 권력을 가진 사람들은 서로를 연결하는 네트워크를 더 많이 확보할 수 있다. 인터넷 회의론자들에 따르면, 웹은 최선의 경우라도 불평등에 아무런 영향을 미치지 않고, 최악의 경우에는 불평등을 강화한다. 웹은 대개 불평등 사회를 있는 그대로 반영한다.

웹이 평등에 유익한가 해로운가를 평가하는 데는 여러 가지 어려운 점이 있다. 우리는 어디에 관심을 두는가? 접근권의 평등인가? 기회의 평등인가? 결과의 평등인가? 능력의 평등인가? 또한 누구와 누구 사이의 평등인가? 남성과 여성의 평등인가? 젊은 사람과 늙은 사람의 평등인가? 부자와 가난한 사람의 평등인가? 사회 내부의 평등인가? 사회와 사회 사이의 평등인가?

이 문제를 쉽게 풀기 위해 정치철학자인 존 롤스가 《정의론A Theory of Justice》에 도입한 공식을 단순화해보자. 가장 부유한 사람들의 생활조건 향상이 가난한 사람들에게 더 많은 이익을 주는 경우에만 사회정의는 향상된다. 다시 말해 캘리포니아주의 유복한 십대들 사이의 집단지성 문화의 강화가 사회정의 관점에서 정당화되려면 똑같은 도구의 제공으로 극빈층의 생활이 더 크게 향상되어야 한다. 그래야만 우리는 집단지성의 확산이 세계의 사회정의를 향상시킨다고 말할 수 있다.

이론상으로는 조심스런 낙관론을 펼 수 있는 여러 가지 근거가 있다. 요차이 벤클러는 《네트워크의 부》에서 이렇게 주장한다.

정보, 지식, 문화는 인간 사회의 복지에 핵심적인 투입요소다. 농업 관련 지식과 생물학적 혁신은 식량 안보에 핵심 요소이고, 의학 혁신과 그 성과물의 이용 가능성은 건강한 장수생활에 핵심 요소다. 문자 해독 능력과 교육은 개인의 성장과 민주적인 자치, 경제적 능력에 핵심 요소이고, 혁신과 정보는 경제성장을 좌우하는 핵심 요소다. 따라서 정보정책은 각 사회가 인간의 복지와 행복을 어떻게 달성하고 배분할 것인가 하는 문제와 발전정책에 결정적인 요소이며, 지식의 이용 가능성은 인간 사회의 발전에 핵심 요소다.

집단지성은 몇 가지 측면에서 사회정의에 유익하다.

노벨경제학상 수상자인 아마르티아 센은 《자유로서의 발전》에서, 민주정부는 독재정권보다 엘리트층을 위해 각종 자원을 정선하거나 가난한 사람들의 곤경을 무시하는 것이 덜하다고 주장한다. 센은 외형적인 민주주의는 대화와 논쟁이 가능한 폭넓은 문화에 의존한다고 말한다.

> 토론과 논쟁은 민주주의와 공적 논의에 있어서 아주 중요하다. … 논쟁적인 전통 역시 책임 있고 신중하게 사용된다면, 사회적 불평등을 극복하고 가난을 없애는 데 중요한 역할을 것이다. 발언은 사회정의를 추구하는 주요 요소다. … 비판적인 발언은 불만을 품은 사람들의 오랜 동반자이며, 논쟁 참여는 특별한 전문기술이 아니라 일반적인 기회다.[4]

인터넷이 개발도상국의 민주주의에 효과적이라면, 불평등을 심화하는 권력 남용을 견제하는 데도 효과적일 것이다.

개발도상국은 과학과 혁신에 대해 개방적이고 협업적인 접근방식을 활용할 경우, 지금까지의 독점적이고 영리적인 접근방식을 활용하는 경우보다 훨씬 많은 혜택을 얻을 것이다. 지식과 아이디어를 더 낮은 비용을 들여 더 효과적으로 확산할 방법을 찾을 수 있다면, 더 많은 사람들이 혜택을 누리게 될 것이다. 위키피디아를 비판하는 사람들이 흔히 간과하는 것이긴 하지만, 위키피디아의 진정한 중요성은 수십 개의 언어로 된 세계적인 지식의 원천을 창조하고 있으며 인터넷 연결망을 확보한 사람들은 누구나 공짜로 이용할 수 있다는 것이다. 우리는 공적인 지식을 낮은 비용으로 전 세계에 제공할 새로운 방법을 개발할 것이고, 이런 정보공유는 세계 극빈지역의 발전에 도움을 줄 것이다.

연구와 혁신에 대한 영리적인 접근방식은 평등과 관련해 2가지 결점이 있다. 지식을 독점하고 통제하는 시스템은 소요비용을 지불할 수 있는 사람들의 관심사와 걱정거리만을 직접적인 연구주제로 삼는다. 부유하고 비만한 소수의 사람들이 앓는 질병에 관한 의약품 연구는 수없이 진행되고, 수백만 명의 가난한 사람들이 앓는 질병에 관한 의약품 연구는 거의 없는 것이 그 대표적인 예다. 대부분의 학문에서 한 사람이 내놓은 연구성과는 다른 사람에게 영감의 원천 혹은 연구의 시발점이 된다. 특허권과 저작권 같은 독점적인 통제수단은 학술잡지의 가격을 올리는 등의 방식으로 아이디어 활용에 들어가는 비용을 높이고, 그 비용을 지불할 여력이 없는 혁신자들을 시장에서 몰아낸다.

대부분의 개발도상국은 국내총생산의 0.5퍼센트 미만을 연구개발에 투자한다. 일부 아프리카 국가에서는 과학 분야의 석사학위를 가진 사람들 수가 한 손으로 꼽을 수 있는 수준이다. 세계은행의 《2003년 세계발전 보고서》에 따르면, 인구 100만 명당 과학자와 공학기술자

수는 국민소득이 높은 OECD 회원국의 경우 3,281명인 반면, 개발도상국의 경우는 788명이다. 고소득 국가의 국민들에게 승인된 특허 건수는 인구 100만 명당 평균 약 346건인 반면, 가난한 나라의 경우에는 겨우 10건에 불과하다. 협업적인 오픈소스 방식으로 생산된 정보와 지식은 이런 불균형을 바로잡는 데 도움이 될 것이다.

앞으로 어떤 것이 가능해질까? 그것을 짐작할 수 있는 대표적인 예로, 식량생산의 효율성을 높이기 위한 오픈소스 농업 생물공학 분야의 실험을 살펴보자. 식물이 흙에서 줄기가 보일락 말락 자랐을 때 혹이 동시에 자라나는 경우가 있다. 식물 연구자들은 처음에 이 혹이 식물 속에 독성을 넣은 박테리아 때문에 생긴 거라고 생각했다. 1990년대에 유전학자들은 이 혹이 실제로는 박테리아가 삽입한 유전자로 생긴 종양이라는 사실을 밝혀냈다. 오래지 않아 과학자들은 박테리아를 이용해 식물에 다른 유전자를 주입함으로써 그 식물을 더 빨리 더 크게 자라게 만들어 농업생산력을 증대할 수 있다는 것을 알아냈다. 십년이 채 못 되어 대형 생물공학 회사들이 이 과정과 관련한 200개 이상의 특허를 냈다. 개발도상국의 식물학자들이 그 기술을 이용하려면 사용료를 지불해야만 한다는 뜻이었다. 2004년 말, 호주의 작은 비영리단체 캠비아Cambia가 3년간의 분석 끝에 '오픈소스' 해법을 찾아냈다. 캠비아는 똑같은 기능을 할 수 있는 3가지 다른 박테리아를 찾아내 그 기술을 이용할 수 있는 '소스코드'의 자세한 내역을 인터넷에 공개했다. 캠비아의 설립 목적은 개발도상국의 과학자와 품종개량가, 농부들이 건강하고 질병 저항력을 가진 농작물을 유전학적으로 생산할 기법을 이용할 수 있도록 하는 것이었다.

캠비아의 창립자이자 독립적인 과학자이며 사회사업가인 리처드 제퍼슨Richard Jefferson 교수는 자신의 목적은 가난한 사람들에게 유익한 방향으로 혁신을 이끄는 것이라고 말했다.

사람들은 다국적 기업들이 장악하고 있기 때문에 유전자조작 기술을 좋아하지 않는다. 과학계에 몸담은 사람이 아니면 유전자조작 기술을 이해할 수 없다. 그래서 그것을 신뢰할 수도 없다. 우리는 유전자조작 기술과 과학을 공개해 그것을 효율적이고 도의적으로 사용하고자 하는 개발도상국의 가난한 농부와 식물학자들의 손에 넘겨주기를 원한다. 나는 도구를 개발하는 사람이다. 나는 더 많은 사람들이 더 효율적인 방식으로 더 많은 과학활동을 할 수 있도록 도와주는 도구를 개발하고 싶다. 많은 사람들이 활용할 수 있는 방법을 개발하는 것은 사람들이 이용할 수 있는 물건을 발명하는 것보다 그 효과가 훨씬 더 강력하다. 생산물은 사람들에게 능력을 부여하지 못하지만, 도구는 사람들에게 능력을 부여한다.

캠비아는 제약산업과 생물공학 산업의 전통적인 혁신방식에 도전장을 던졌다. 리처드 제퍼슨은 머리를 여러 방향으로 회전시키면서 천 가지 일을 동시에 진행하고 자금 마련을 위해 분투하면서 새로운 유형의 세계적인 공공재, 즉 오픈소스 생물공학 도구를 만들기 위해 노력하고 있다. 2005년 브라질에서 열린 학술회의에서 그는 이렇게 말했다.

인터넷은 지식의 공유방식과 공동 프로젝트를 통한 지식의 결합방식을 혁명적으로 변화시키고 있다. 인터넷은 지식을 공유할 수 있는 통로다. 뿐만 아니라 협업을 통해 새로운 아이디어를 창조할 수 있는 통로다. 창의성은 개개인의 번뜩이는 명석함에서 나오는 것이며, 수많은 사람들을 기여 활동에 참여하도록 유인한다. 분명한 사실은 처음부터 사용자와 개발자를 개입시키는 혁신은 그렇지 않은 혁신에 비해 성공 가능성이 훨씬 높다는 점이다.

과학 발전을 위해 지식을 공유하려는 시도는 많다. 중국의 연구자들은 쌀과 목화를 비롯해 생계형 농업 분야에서 중요한 위치를 차지하는 주요 농작물들의 유전자 정보를 이용한 연구를 주도하는 한편, 민간 부문의 생물공학의 성장을 장려하고 있다. 미국의 14개 대학이 합동으로 창립한 '농업 관련 공공 지적 소유권 연구센터'는 특허권을 공동으로 보유하고 연구결과를 개발도상국들이 무료로 이용할 수 있도록 허용하고 있다. 새로 탄생한 공공과 민간의 협업형태는 의약 분야에서 형태를 갖추어가고 있다. 예컨대 사회사업가와 과학자, 재단이 결합해 사장될 위기에 놓인 의약품을 가난한 사람들을 위해 개발하는 방식이다.

미국의 약품개발자 빅토리아 헤일Victoria Hale은 이런 접근방식을 활용하는 대표주자다. 그녀는 기성 제약업계를 떠나 '원월드헬스 연구소Institute for One World Health'를 창립했다. 이 연구소의 목적은 제약회사와 대학, 연구소에 자체 상업화 개발계획은 갖고 있지 않지만 개발도상국에서 활용 가능성이 큰 특허권과 발명품을 기부하도록 권장해 결핵과 말라리아, 소아마비, 설사와 같은 질병을 극복할 방법을 찾는 것이다. 이 연구소가 최초로 개발한 약품은 내장 리슈마니아증 치료제다. 흑열병이라고도 불리는 이 병은 눈엣놀이라는 곤충이 옮기는 것으로, 해마다 50만 명의 인도 사람들이 이 병에 걸린다. 연구소가 개발한 치료제는 2005년에 미국에서 활용 허가가 났다. 일반 제약회사들은 치료제를 개발할 능력은 있어도 개발 이윤이 없어 '흑열병' 시장을 포기했지만, 원월드헬스 연구소는 세계보건기구와 인도 정부, 인도 제약업체인 글랜드 파르마Gland Pharma와 함께 협업적인 해결책을 찾아냈다. 인도 사람들은 일반 치료제 가격보다 훨씬 낮은 10달러에 이 치료제를 평생 치료용으로 이용할 수 있게 될 것이다.

협업적인 웹은 연구와 혁신 비용을 낮추고, 사람들이 여러 가지 아이디어를 개선하는 데 참여할 수 있는 기회를 열어놓는다. 사람들은 협업적인 웹을 이용해 지속적인 가치가 있는 기술을 개발하고 있다. 인도의 고아Goa주에서 활동하고 있는 올윈 노론하Alwyn Noronha가 그 대표적인 예다.

고아에서는 컴퓨터를 찾아보기 어렵다. 노론하가 지역 학교를 대상으로 컴퓨터 공급 프로젝트를 시작했을 당시, 11만 명의 학생들에게 공급된 컴퓨터 수는 720대뿐이었다. 2002년 1월 이후, 그는 그 지역 출신으로 해외에서 활동하고 있는 컴퓨터 프로그래머들을 모으는 방식으로 수백 대의 중고 컴퓨터를 무상으로 확보해 해당 지역 학교에 공급했다. 그런데 문제는 하드웨어가 아니라 소프트웨어였다. 컴퓨터 한 대당 마이크로소프트 윈도우 소프트웨어 사용료로 60

달러를 지출해야 했다. 노론하로서는 이 엄청난 유지보수비용 예산을 확보할 방법이 없었다. 그는 학생와 교사가 컴퓨터 작동방식을 배운다면 유지보수비용은 따로 들지 않는다는 것을 깨닫고, 그들에게 직접 컴퓨터를 유지 보수할 수 있는 능력을 습득할 것을 권장했다. 노론하는 소스코드가 폐쇄된 윈도우는 자립적인 접근방법을 실현할 수 없는 프로그램이라는 점과 고아 지역의 언어로 바꿀 수 있는 프로그램이 필요하다는 점을 고려해 리눅스 등 오픈소스 프로그램을 설치했다(정부의 IT 지침서에 의무화되어 있었기 때문에 오피스 같은 마이크로소프트 제품도 일부 사용했다). 고아 지역의 3개 리눅스 사용자 그룹이 무료로 학교지원 활동을 담당했다. 컴퓨터 교사들은 프로그래머가 되었고, 뛰어난 학생들이 교사들의 뒤를 따랐다. 노론하는 중고 컴퓨터와 오픈소스 소프트웨어를 이용해 거의 비용을 들이지 않고 시골학교 수십 곳에 컴퓨터센터를 설치하는 성과를 거두었다. 아시아와 아프리카의 학교들에 큰 영향을 미치고 있는 이런 접근방식은 지식공유의 새로운 모델이 될 것이다.

이런 이유로 오픈소스를 장려하는 정책을 채택하는 개발도상국은 갈수록 늘어나고 있다. 브라질에서는 2003년 노동당 출신의 룰라 대통령이 당선된 이후 이런 움직임이 시작되었다. 리우그란데 두 술 주는 이미 2002년 12월에 무료 소프트웨어 발전 법안을 승인한 상태였다. 룰라가 대통령에 당선된 직후, 기술부는 공무원을 대상으로 한 오픈소스 소프트웨어의 개발과 훈련에 예산을 투입하기 시작했다. 2005년에는 22개 연방 청사 중 일곱 곳이 오픈소스를 이용하게 되었고, 연방 기관들의 오픈소스 사용을 의무화하는 대통령령이 입안되었다. 브라질에서는 현재 리눅스의 브라질판인 코넥티바Connectiva를 비롯해 수많은 오픈소스 프로젝트가 진행되고 있다. 투표 시스템과 은행의 자동입출금 시스템도 오픈소스를 기반으로 운영되고 있다. 브라질 군대와 통계청, 국영 기업인 브라질은행과 우체국, 석유기업, 상파울루의 공공 인터넷 카페와 고객지원센터 역시 오픈소스를 이용하고 있다. 그러나 만사가 순조롭게 진행되고 있는 것은 아니다. 교육부는 오픈 오피스 프로그램을 운영할 수 있도록 각급 학교에 1만 2,000대의 컴퓨터를 공급했지만, 포르투갈어로 된 프로그램을 찾을 수가 없었다. 2006년에 재집권한 노동당은 오픈소스 위주의 정책을 완화하고, 민간 소프트웨어 회사들에 제품 가격을 낮추도록 유도하고 있다.

여러 개발도상국과 세계 유수의 컴퓨터 회사들은 브라질의 실험을 면밀히 지켜보고 있다. 오픈소스는 비용이 저렴하다. 2005년에 브라질은 관공서에서 사용하는 컴퓨터 한 대당 500달러의 사용료를 마이크로소프트에 지불했다. 브라질 통계청은 비용을 부담할 형편이 되지 않는다는 이유로 5년 동안 소프트웨어를 업데이트하지 않았다. 정부는 국채가 국내총생산의 50퍼센트에 달하고 인구의 30퍼센트가 표준 이하의 생활을 하는 상황이니, 오픈소스로 전환할 경우 최소한 연간 1억 2,000만 달러를 절약할 것이라고 추정했다.

스타 가수 겸 기타 연주자 출신으로 깡마르고 카리스마적인 문화부장관 질베르투 질Gilberto Gil은, 브라질의 정치 지도자들은 1960년대에 전 세계의 음악을 혼합한 브라질의 저항문화 트로피칼리스무Tropicalismo와 함께 성장했기 때문에 오픈소스에 충분히 공감할 수 있다고 주장한다. 질은 트로피칼리스무와 오픈소스야말로 세계화로 가능해진 아이디어의 흐름에 대한 창조적인 대응이라고 여긴다. "오픈소스는 그들이 우리에게 제공하는 것을 받아들이고 그것을 가공해 전혀 새로운 것을 만들어내는 식인문화 양식의 반응이다." 브라질의 오픈소스 전략을 설계한 세르지오 아마데우Sérgio Amadeu는 독점 소프트웨어에 의존하면 의존적인 문화가 만들어지지만, 오픈소스를 활용하면 사람들이 독자적인 기술을 구축할 수 있다고 주장한다. 썬 마이크로시스템즈의 최고 경영자인 조나단 슈워츠는 2006년 4월 브라질을 방문한 뒤에 올린 블로그 기사에서 방문 당시 받은 충격을 이렇게 표현했다.

브라질은 무료 오픈소스 소프트웨어의 이용에 관한 한 세계 굴지의 나라다. 브라질은 대규모의 생동하는 개발자 커뮤니티로 변신하고 있다.

갈수록 많은 개발도상국들이 브라질의 선례를 따를 것이다. 2005년 9월, 페루 의회는 공공기관이 사용자의 자율권 제한 시스템을 구입하는 것을 금지하는 법안을 통과시켰다. 2004년 베네수엘라의 우고 차베스 대통령은 행정부의 시스템을 오픈소스로 전환할 것을 지시했다. 아르헨티나 정부는 실용주의 정책을 채택해 개방형 소프트웨어와 폐쇄형 소프트웨어의 경쟁을 권장하고 있다. 2004년의 어느 조사에 따르면, 아르헨티나 주요 기업 중 50퍼센트가 오픈소스를 이용했다.

앞서 살펴봤듯이, 오픈소스가 중요한 의미를 갖는 곳은 아시아가 될 것이다. 아시아의 정책 결정자들은 오픈소스를 컴퓨터 분야에서 우위를 지키고 있는 미국에 도전하는 방법으로 여긴다.

2006년 아주 추운 날, 나는 서울에서 한국 정보통신부의 중견 정책입안자를 만났다. 그는 광대역 유비쿼터스 환경을 만들기 위한 야심찬 전략을 주도하고 있었다. 한국전쟁 당시 한국은 국민의 55퍼센트가 문맹이었고, 연간 대학 졸업생 수는 수백 명에 불과했지만 전쟁이 끝난 뒤 급속한 경제발전을 이루었다. 이런 경제발전은 혁신을 국가적인 목적으로 삼았던 보수적인 문화의 산물이었다. 그 공무원은, 일본과 중국은 한국의 오랜 경쟁자이지만 오픈소스 소프트웨어를 장려하는 분야의 협업활동은 큰 진전을 보이고 있다고 말했다.

이동전화 부문의 성과에 관한 한, 삼성을 비롯한 여러 한국 기업은 세계 일류 기업과 어깨를 나란히 하고 있다. 우리는 이동전화와 관련해 개방적인 표준을 토대로 개방적인 기술을 확보하고 있고, 이 개방적인 기술을 토대로 혁신을 이루고 있다. 우리는 미국의 통제에 개인용 컴퓨터 부문에서는 큰 성과를 올리지 못하고 있다. 오픈소스 소프트웨어를 토대로 삼지 않고서는 차세대 개인용 컴퓨터를 개발할 수 없다. 장기적으로 마이크로소프트의 우위를 무너뜨릴 방법은 오픈소스 소프트웨어를 이용하는 것뿐이다.

앞으로 십년 후 인도와 중국에서는 수백만 인구가 빈곤에서 벗어나 인터넷에 접속하게 될 것이다. 그들은 마이크로소프트 등의 미국 기업이 생산한 소프트웨어를 이용하면서 비싼 가격을 지불하려고 하지 않을 것이다. 그러나 인도와 중국 정부는 불법복제 행위를 묵인한다는 비난에서 벗어나 세계 무역의 규칙과 규제에 순응하지 않을 수 없다. 인도와 중국이 택할 수 있는 유일한 길은 오픈소스의 토대를 구축해 비용이 적게 들면서도 합법적인 공유 소프트웨어를 개발하는 것이다.

집단지성이 아시아, 그중에서도 특히 중국의 미래를 어떻게 만들어갈 것인지는 한국의 사례를 통해 어렴풋이 추측할 수 있다. 오마이뉴스는 고작 55명의 직원으로 시민기자 5만 5,000명의 활동을 이끌어내 세간의 관심사를 여러 측면에서 다룬 기사와 견해를 제공하고 있다. 20대 젊은이 중 80~90퍼센트가 미니홈페이지를 운영하면서 사진을 공유하고 일지를 기록하고 네트워크를 유지한다. 또한 많은 젊은이들이 다중 온라인 게임을 할 수 있는 인터넷 카페를 이용한다. 한국 정부가 사용하는 소프트웨어의 26퍼센트가 오픈소스다. 십년 후 중국 본토의 급성장 지역들은 지금의 한국과 같은 모습을 갖추게 될 것이다.

마지막으로, 집단지성의 조직방식은 개발도상국에 특히 적합하다. 개발도상국은 전문가가 부족하기 때문에 도시에서 멀리 떨어진 지역에서는 중앙 집중식, 하향식 해결책이 효과를 발휘할 수 없다. 개발도상국의 사회사업가들은 극빈층의 절박한 필요에 대처하기 위해 집단지성의 조직방식을 흡수할 가능성이 높다. 선진국의 경우 집단지성 방식은 확고히 정착된 산업화 시대의 조직과 경쟁해야 하므로 늘 성과를 거두기는 어렵다. 그러나 아직 이런 조직이 확립되지 않은 개발도상국의 경우, 집단지성 방식의 해결책이 번창할 비옥한 토양이 아직 남아 있다.

협업적이고 자립적인 해결책을 위한 아이디어들은 이미 현실화되고 있다. 그 예로 1972년에 벙커 로이가 인도 주민들에게 자립적인 생활능력을 제공할 목적으로 설립한 '맨발대학Barefoot College'을 살펴보자. 로이는 델리의 부유한 가문의 생활을 포기하고, 글을 읽지 못하는 인도 주민들이 난방과 전기, 깨끗한 식수와 음식을 자급할 수 있도록 돕는 활동에 착수했다. 그러나 그에게는 주민들을 가르칠 전문가를 고용할 경제력이 없었다. 게다가 도시 출신의 전문가들은 마을 주민들의 생활을 제대로 이해하지 못했다. 로이는 일부 주민들을 교사와 기술자로 육성했고, 이 교사와 기술자들은 다시 다른 사람들을 가르쳤다. 그리고 이들에게서 배운 사람들은 다시 각자의 마을로 돌아가서 교사와 의사, 기술자로 활동했다. 2007년이 되자, 맨발대학 덕분에 부모와 자식 세대가 나란히 전문직업인으로 활동하는 가구가 생겨났다. 대학 인근 마을의 경우 저녁이면 소를 치는 아이들 4,000여 명이 교육관에 모여서 수업을 받는다. 이 교육관은 기술자들이 설치한 태양열 전등을 환하게 밝혀놓았다. 1979년 일부 마을에 1,737개의 수동 양수펌프를 설치했고 1,200명의 기계공들이 양수펌프를 관리하면서 32만 5,000명이 넘는 주민들에게 깨끗한 식수를 공급하고 있다. 로이가 건설한 세계에서는 수요가 공급을 낳는다. 조명이 필요한 사람은 조명 기사가 될 수 있고, 학생은 교사가 될 수 있다.

맨발 사고방식을 구체화한 가장 유명한 사례는 방글라데시의 그라민 은행이다. 경제학 교수인 무함마드 유누스는 1976년에 가난한 사람들에게 소액 신용융자를 해줄 목적으로 그라민 은행을 설립했다. 기존의 은행은 전문가들이 운영했고, 이윤이 안 남는 융자 조건을 찾는 가난한 사람들을 고객으로 환영하지 않았다. 그라민 은행은 소수의 전문가들을 고용해 양성한 주민 출신의 금융활동가들과 소액융자를 관리하는 주민위원회가 운영한다. 2003년까지 그라민 은행은 약 280만 명에게 40억 달러 이상을 대부했다. 그중에는 몬순철이 되면 늘 비가 새는 오두막에 함석지붕을 덮을 수 있도록 지원하는 57만 건의 대부금이 포함되어 있다. 또한 그라민 은행 소유권의 90퍼센트는 융자를 받는 주민들에게 있다. 그라민 은행의 모토는 집단지성, 즉 집단은행이라고 할 수 있다.

여러 개발도상국의 사회사업가들은 이런 자립적인 맨발 모델을 모방하고 있다. 인도의 제루 빌리모리아는 거리의 아이들을 위한 국립전화서비스를 설치하고 아이들을 훈련해 서로 조언해줄 수 있도록 지원한다. 사회운동 조직인 위트니스Witness는 "보고, 찍고, 바꾸자"라는 기치 아래 세계 전역의 인권단체들에 동영상 촬영과 편집 기술을 제공하고 있다. 이 단체는 인권을 유린당한 사람들이 주류 미디어에 대해 직접 자신의 이야기를 하는 미디어 생산자이자 기사 생산자로 탈바꿈하도록 돕고 있다.

벨기에 출신의 수녀인 마르그레테 융커는 우간다 캄팔라의 음부야 지역에서 에이즈 지원 네트워크를 주도하고 있다. 이 네트워크에는 1,350명의 수혜자와 230명의 자원활동가들이 소속되어 있는데, 그들 중 77퍼센트가 에이즈 지원 서비스를 받는 수혜자들이다. 나는

2005년에 그녀를 만났을 때 이런 이야기를 들었다.

선택의 여지가 없었다. 막대한 지원이 필요한데 의사가 없으니 사람들을 조직해서 자발적으로 활동하도록 해 그 일을 감당할 수밖에 없다. 기여자로 참여하는 사람들이 많아질수록 기여자들은 더욱 흡족해 한다.

개발도상국에서 그라민 은행과 같은 기발한 사회적 혁신조직이 자립적인 조직모델을 채택하는 이유는 전문가들이 적절히 분포되어 있지 않기 때문이다.

이런 하향식의 자립적인 모델이 대중 협업을 이끌어내는 낮은 비용의 통신기술과 결합하면 어떻게 될까? 그것을 추측할 수 있는 사례가 바로 케냐의 엠페사M-PESA다. 이것은 이동전화를 이용해 대출자와 대부자를 연결해주는 소액금융 프로젝트다. 케냐의 경우 전체 인구의 1.3퍼센트만이 인터넷에 접속할 수 있고, 30만 대뿐인 유선전화의 대부분은 정부기관에 설치되어 있다. 전체 인구의 10퍼센트만이 은행 계좌를 이용하는데 그 10퍼센트의 사람들은 대개 도시 거주자다. 그러나 이동전화 네트워크는 케냐 전 국토의 70퍼센트를 망라하고 있으며, 2000년에는 100만에 불과하던 이동전화 소유자가 2007년에는 650만으로 늘어났다. 2004년에 보다폰 케냐 지사인 사파리콤과 영국의 국제개발부는 엠페사(페사pesa는 스와힐리어로 돈을 뜻함)에 각각 90만 파운드를 투자해 이동전화를 신용카드나 은행통장처럼 이용할 수 있는 서비스를 시작했다. 엠페사 가입자는 인근의 이동전화 회선 공급자, 즉 지점을 찾아가 이동전화 서비스 업자에게 신용대출을 받고, 은행에 가지 않고도 이 금액을 사용하거나 다른 사람에게 직접 전송할 수 있다. 케냐에 은행은 많지 않지만 이동전화 회선 공급자들은 많다. 엠페사는 새벽부터 자정까지 이용할 수 있는 낮은 비용의 금융 기반으로, 거주 지역이 몹시 분산되어 있고 주로 소액 송금을 이용하는 가난한 주민들에게 적합한 제도다. 이 프로젝트가 시범 운영되는 기간 동안, 사용자들 간의 평균 송금액은 4.5달러였다. 2007년 2월, 보다폰은 씨티은행과 합작회사를 설립하고 엠페사 모델을 전 세계에 적용해 전 세계 2억 명의 이주 노동자들이 가족에게 보내는 연간 약 2,680억 달러의 송금액을 겨냥한 서비스를 시작했다.

이동전화를 이용해 공급할 수 있는 서비스의 범위는 대단히 넓다. 1996년 아프리카의 유선전화는 1,500만 대였지만, 2004년 아프리카의 이동전화 신규 가입자는 무려 1,500만 명이었다. 영국 국제개발부가 위탁한 연구보고서는 2010년에 이르면 이동전화 가입자가 2억 명에 이를 것으로 추산했다. 인도 정부의 2010년 이동전화 가입자 목표는 3,000만 명이다. 2005년에 개발도상국들의 이동전화 사용자는 14억 명이었는데, 2010년에 이르면 그 수는 30억으로 늘어날 것이다. 수억 명에 이르는 가난한 사람들은 높은 비용을 들여 정보, 교육, 금융, 의료 전문가들의 서비스를 받을 여력이 없다. 네트워크와 농촌, 컴퓨터 마니아와 농민을 결합한 협업적인 해법은 이들의 부담을 덜어줄 것이다.

상부가 비대해 굼뜨게 움직이는 산업화 시대의 조직모델은 유럽과 미국에서 20세기에 발전된 것이기 때문에 급성장한 저소득 국가에는 적합하지 않다. 이런 국가들은 수백만의 참여자들을 동원하는 그라민 은행이나 엠페사처럼 낮은 비용의 해결책을 지향한다.

집단지성은 평등에 유익할까? 그렇다.

자유

이상사회를 위한 청사진을 제시하기보다는 이상사회에서 살아가면서 겪어야 할 위험을 경고하는 토머스 모어의 《유토피아》에서는 경찰이 필요 없다. 주민들이 서로 감시하기 때문이다. 《아마추어 숭배》의 저자 앤드류 킨을 포함해 웹을 비판하는 사람들은, 웹은 모든 사람이 다른 사람의 일거수일투족을 감시하는 사용자 주도의 경찰 국가를 만들 것이라고 주장한다.

미국에서는 소셜 네트워크 사이트를 이용해 공개된 정보원에게 구한 정보(주소와 선거권 유무, 경력사항 등)를 끼워 맞추면, 특정 지역에서 누가 어느 집에 살고 무슨 일을 하는지를 표시한 지도를 만들 수 있다. 하지만 이것은 사람들이 흔히 생각하는 것처럼 새롭게 등장한 위험이 아니다. 19세기에는 누가 어느 집에 살고 무슨 직업에 종사하는지 표시된 런던 지도가 있었다.

사람들은 웹 때문에 과속을 하거나 버스전용차선을 침범하거나 직장에서 농땡이를 치거나 일반 쓰레기와 재활용품을 섞어 버리거나 하는 온갖 행동을 추적당하고 기록되어 늘 자신을 따라다니게 될지 모른다고 걱정한다. 웹에서 사람들이 하는 온갖 행동은 추적이 가능한 작은 전자적 흔적을 남기기 때문이다. 이동전화 카메라를 가진 사람은 누구나 파파라치가 될 수 있고, 더 심하게는 염탐꾼이 될 수도 있다. 플리커와 같은 사진공유 사이트는 누가 찍은 것이든 특정인의 얼굴이 찍힌 사진을 인식해서 자동적으로 신원을 표시한다. 어느 누구도 사생활의 비밀이 유지될 거라고 확신하지 못한다. 하지만 사람들은 자신의 삶이 공적인 감시의 눈길이 닿지 않는 상태여야만 존엄을 유지할 수 있다.[5] 소비에트 공산주의 정권은 사생활로 보호해야 할 영역에 대해 끊임없이 도청하고 사사건건 개입함으로써 시민들의 존엄을 짓밟았다. 오늘날의 문화에서는 인터넷 덕분에 가능해진 사람들의 자발적 참여가 이와 똑같은 결과를 낳을 수 있다. 십대들이 소셜 네트워크 사이트에 올리는 낯 뜨거운 사진들과 폭로는 언젠가는 그들을 따라다니는 부메랑이 될 것이다. 2007년 가을, 영국 테니스계의 스타인 두 젊은이는 페이스북 사이트에 각자의 성생활을 공개했다가 자금 지원이 끊기는 불상사를 맞았다. 카네기멜론대학의 알레산드로 어퀴스티와 랠프 그로스가 표현한 대로, 웹은 "우리의 모든 무분별함에 대한 영원한 기록"이 될 수 있다. 더 심하게 말하면 웹은 참견하기 좋아하는 사람들에게 특허장을 부여한다고 할 수 있다. 사생활을 침범하는 웹은 자유와 관련해서는 해로운 것이다.

웹에 관한 또 다른 두려움은, 젊은 세대들이 소셜 네트워크의 다른 사람들이 하는 대로 따라갈 뿐 스스로 생각하지 못할 만큼 개성이 위축된 채 성장하고 있다는 것이다. 집단지성이 지나치게 빠르게 진행되다 보면, 맹목적으로 집단의 생각을 따라가는 집단주의 사고가 나타날 수 있다. 웹은 개성을 장려하기보다는 순응을 강조한다. 재런 래니어는 2006년에 공개한 온라인 에세이에서, '디지털 마오이즘'이 집단적인 우둔함을 조장하고 있다고 주장했다. 래니어에 따르면, 사람들은 자신의 머리로 생각하는 번거로움에서 벗어나서 만물박사인 '집단'의 생각을 따라간다는 것이다.

〈와이어드〉의 초대 편집장인 케빈 켈리와 같은 웹의 옹호자들 역시 래니어의 주장을 지지한다. 켈리에 따르면, 웹은 '군중심리hive mind'를 만든다. 개인은 익명의 집단 속에서 벌집이나 개미집을 드나드는 벌이나 개미 같은 익명의 존재일 뿐이다. 미국의 사회학자인 쉐리 터클 역시 이런 두려움을 드러내고 있다. 그는 젊은 사람들은 늘 함께 어울려 다니는 온라인 대중의 생각에 따라 행동하기 때문에 혼자 있을 줄 모르고, 무엇이 자신에게 중요한 것인지 자기 힘으로 숙고할 능력이 없다고 본다. 그래서 이런 젊은이들이 전화와 교우관계가 끊기는 상황에 놓이게 되면 확고한 자기 정체성을 형성할 수 있을지 의문이 든다는 것이다.

집단지성을 비판하는 사람들은, 집단지성은 사회의 감시를 증가시키고, 사생활의 영역을 축소하고, 사람들에게 순응을 강요하는 집단 압력을 증가시키고, 개성의 영역을 제한할 것이라고 생각한다. 사생활이 제한되고 개성이 위축된다면 자유는 확장될 수 없다. 비판자들의 주장이 옳다면, 웹과 집단지성은 자유와 관련해서는 해악을 끼치게 될 것이다.

자유는 파악하기 어려운 개념이다. 그러나 나는 웹은 4가지 측면에서 표현의 자유에 유리하다고 생각한다. 첫째, 원하는 것을 생각하고 아이디어를 독자적으로 구상하고 표현할 수 있다. 둘째, 자기 정체성을 형성하고 자신이 원하는 개성적인 존재가 될 수 있다. 셋째, 소비자로서 원하는 것을 선택하고 살 수 있다. 마지막으로, 자신에게 소중한 것을 창조함으로써 자신을 표현할 수 있다.

앞서 살펴봤듯이, 구태의연한 산업화 시대의 미디어는 사람들을 단순한 시청자와 독자로 만들었지만, 웹은 공적인 토론에 참여할 수 있는 주체와 표현할 수 있는 아이디어의 범위를 대폭 확장하고 있다. 어떻게 정보를 소비하고, 어떤 뉴스와 의견을 선택하느냐 하는 것은 우리의 세계관과 판단에 영향을 미치는 중요한 요소다. 어떤 문화활동에 참여하고 어떤 관심사를 추구하는가는 스스로를 어떤 존재라고 생각하는지, 자신에게 소중한 것은 무엇인지, 세계를 바라보는 유리한 위치는 어디인지 등에 매우 큰 영향을 미친다. 우리는 일상생활에서 그렇듯이 웹에서도 자신이 좋아하는 주제가 있는 곳으로 움직이고 관심사가 비슷한 사람들을 찾아다닌다. 그렇다고 우리가 지적인 측면에서 맹목적인 집단행동을 일삼는 들쥐가 되는 것은 아니다.

우리는 웹에 들어가면 글을 읽고 이야기를 하고 이야기를 듣고 다른 사람들과 관계를 맺고 토론하고 자신의 견해를 밝히고 그 견해를 수정하고 변화시켜야 한다. 웹에서는 때론 차분한 대화가 오가기도 하고, 때론 시장 바닥처럼 시끄러운 언쟁이 일어나기도 한다. 웹이 허용하는 토론을 통해 얻는 집단적인 성과는 독립적인 수많은 개개인의 기여를 이끌어낼 때 비로소 가치가 있다. 모든 사람의 생각이 똑같다면 웹은 무척 따분할 것이다. 우리를 웹으로 잡아끄는 요소는 좋아하는 주제를 다른 사람과 공유하는 열정, 자신과는 다른 관점을 가진 사람에게 새로운 것을 배울 수 있는 가능성이다.

구글의 검색엔진은 수백만 명이 독자적으로 판단한 내용을 축적하고 있다. 웹은 사람들에게 구글의 집단적인 정체성 속으로 녹아들 것을 요구하지 않는다. 재런 래니어는 디지털 마오이즘이라고 비판했지만, 우리가 반드시 지역별로 조직된 구글 세포조직에 들어가야만 올바른 사고방식을 배울 수 있는 것은 아니다. 물론 사람들은 다른 사람들의 생각에 많은 영향을 받는다. 그러나 인터넷은 집단 압력을 행사하지는 않는다. 다만 다른 사람들의 생각을 더 많이 알 수 있게 해줄 뿐이다.

소셜 네트워크가 순응적인 사고방식을 강화하는지 여부를 판단하기 위한 몇 가지 실험은 결과가 모호하다. 대표적인 예가 컬럼비아 대학의 사회학자 던컨 와츠와 그의 제자 2명이 진행한 실험이다. 이들은 소셜 네트워크 사이트를 통해 1만 4,000명을 모집해 여러 개의 그룹으로 편성하고, 각각의 그룹에게 익명의 밴드들이 연주하는 음악에 순위를 매겨달라고 요청했다. 실험자들은 진행단계에 맞추어 참여자들에게 다른 사람들의 판단에 대한 정보를 들을 수 있는 기회를 차츰 늘렸다. 특정 그룹에서는 사람들이 다른 그룹들이 판단한 내용을 점점 많이 알게 되면서, 처음에는 순위가 그다지 높지 않았던 노래들의 인기가 치솟았다. 그러나 어떤 그룹이 어떤 노래를 선택할지 예견하는 것은 불가능했다. 같은 그룹에 속한 사람들은 결국 똑같은 노래로 의견이 모아졌다. 그러나 각 그룹이 선택한 노래는 꽤 차이가 있었다. 이 실험결과가 보여주는 것처럼 그룹 내부에서 의견의 합일이 이루어질 수는 있어도 사람들이 많은 그룹에 참여하면 아이디어의 다양성은 계속 유지된다.

사상의 자유에 있어서 웹을 이용하면 대개 상황이 나빠지는 것이 아니라 개선된다. 자신의 견해를 공개하고 같은 견해를 가진 사람들을 찾고 다른 사람들의 생각을 더 많이 알게 되면서 자신의 견해를 수정하는 법을 배우기 때문이다. 만일 우리가 웹 때문에 독자적인 사고를 하지 않고 무리를 따라간다면, 래니어의 우려는 지당하다. 그러나 집단지성이 독자적인 판단력을 가진 사람들로 이루어진 다양한 그룹의 형성을 촉진하기 때문에 웹은 사상의 자유에 유익하다.

젊은이들이 온라인을 통해 다른 사람들과 지나치게 많은 시간을 보내느라 자기 정체성을 잃어가고 있다는 우려 역시 지나친 감이 있다. 그것은 소셜 네트워크를 광범위하게 연구하는 여러 소장 사회학자들이 내린 결론이다. 캘리포니아대학의 다나 보이드는 1990년대 말에 소셜 네트워크를 통해 떠오른 인물이다. 그녀는 십대들은 대개 소셜 네트워크를 자기 정체성을 확립하고 뒷담화를 나누고 장난을 치고 부모에 대한 불만을 늘어놓고 어른들의 끼어듦을 걱정하지 않고 마구 떠들어댈 수 있는 공개적이고 안전한 장소로 여긴다고 설명한다. 십대들은 예전에는 수업이 끝난 뒤에 직접 만나 버스정류장이나 공원을 어슬렁거리면서 이런 일을 했을 것이다. 그러나 교제의 공간이 예전에 비해 훨씬 위험해진 현실에서 십대들은 온라인 교제에 치중하고 있다.

어른 중에는 이런 소셜 네트워크를 통해 소아성애증 환자와 남의 신분을 훔친 사람들이 순진하고 어린 십대들을 쫓아다닌다고 생각하는 사람들이 많다. 이런 위험이 있는 것은 사실이다. 그러나 젊은

이들은 온라인을 통해 자기 자신과 서로를 돌보는 방법을 터득한다. 내가 열두 살 된 아들에게 이런 이야기를 하자, 아들은 자신은 잘 알고 지내는 사람들과 대화하고 싶을 때에만 소셜 네트워크에 접속한다고 말했다. 소셜 네트워크에 낯선 사람이 나타나면 순식간에 사람들의 이목이 집중된다. 보이드는 이렇게 주장한다.

이런 걱정은 터무니없는 것이다. 마이스페이스에 포르노가 있지 않느냐고? 물론 있다. 십대들 사이에는 왕따와 성적인 괴롭힘이 만연해 있다. 우리는 이런 과정을 겪으면서 문화적인 규범과 역할을 학습한다. 아이들은 낯선 사람들 사이에서 자신의 인생을 개척해 나갈 필요가 있다. 우리는 그들에게 이 세상을 헤쳐나가는 방법을 가르쳐야 한다. 아이들에게는 그들만의 공간이 필요하다.

젊은이들은 어른들보다 생활의 일부가 반공개 상태로 드러나는 세계에 대처할 수 있는 준비가 더 잘되어 있다. 많은 젊은이들이 공공영역에 실시간으로 자신의 청년기를 기록하면서 결점까지 포함해 자신에 관한 정보를 점점 더 많이 내놓고 있다. 나이 든 사람들은 이런 활동을 불편하게 여긴다. 그들은 젊은이들이 어떻게 그런 일을 하고 왜 그런 일을 하는지 이해하지 못한다. 그들은 젊은이들이 가상의 친구를 진짜 친구라고 여기고, 글을 읽을 줄도 모르는 사람들에게 문자 메시지를 보내고, 다중 스크린과 통신기기만 연결되면 금방 신나서 기분 좋아한다고 타박한다. 그러나 이런 온라인 활동은 대개 관중의 유무에 관계없이 이루어진다. 블로그 중에는 댓글이 하나도 오르지 않는 블로그가 대부분이다. 그런 블로그들은 관중을 개의치 않는 미디어다. 대부분의 젊은이들은 자기만족을 위해 블로그를 운영하고 온라인으로 사진을 게시한다. 남의 웃음거리가 되는 짓을 해서 악명을 날리려고 하는 사람은 극소수일 뿐이다.

소셜 네트워크에 대한 연구과정 중 십대들과 이야기를 나눈 에밀리 누스바움은 〈뉴욕매거진〉의 어느 기사에서, 십대들은 대개 부모 세대에 비해 창피함을 모르고, 자기 정체성에 대한 뚜렷한 사회적 인식을 갖고 있으며, 건강하고 정상적인 태도를 보인다고 밝혔다. 그녀는 한 아이에게서 이런 말을 들었다. "일어날 수 있는 최악의 상황은 무엇이죠? 20년 뒤에 길거리에서 누군가가 당신 사진을 발견하는 것인가요? 그럼 그 사진이 좋은 사진일 거라고 믿으면 그만이잖아요."

지금의 십대가 어른이 될 즈음에는 누구나 자신의 일부를 온라인에 공개하게 될 것이다. 그것은 새로운 표준이 될 것이다. 한국에서는 거의 모든 대학생이 싸이월드 등의 소셜 네트워크 사이트에 자기소개를 올린다. 이런 일을 하지 않으면 오히려 괴짜 취급을 받는다. 소셜 네트워크는 젊은이들이 스스로 매몰되는 대상이 아니라 자기 정체성을 확립하는 새로운 방식이다. 방안에 틀어박혀 머리만 굴리는 것보다는 자기 또래와 상호작용을 하는 편이 정체성을 확인하는 데 도움이 될 것이다.

캐나다의 철학자인 찰스 테일러는 이렇게 주장한다.

자기 정체성이란 혼자 고립되어 만들어낼 수 있는 것이 아니라, 어느 정도는 공개적이고, 어느 정도는 내면화된, 다른 사람들과의 대화를 통해 결정된다. 내면에서 형성되는 이상적인 정체성은 다른 사람들의 인정에 큰 영향을 받는다. 자기 정체성은 다른 사람들과의 대화에 많이 의존한다.[6]

소셜 네트워크를 형성하고 있는 젊은 세대 대부분은 정체성과 자유에 관한 테일러의 생각에 동의할 것이다. 그들은 협업적인 개인주의자들이다. 그들은 개인의 권리와 야망, 열망을 뚜렷이 인식하지만, 웹과 이동전화 덕분에 매우 사교적인 모습으로 성장할 것이다. 내 딸 헨리에타가 문자 메시지로 친구들을 소집하면, 아이의 친구들은 영국 북부 이곳저곳에서 풀을 뜯다가 지정한 곳으로 모여드는 전자양 떼처럼 지정된 카페로 모여든다. 젊은이들이 지나치게 사교적이라는 우려는 얼토당토않은 것이다. 첨단 정보통신이 주도하는 신경제를 비판하는 리처드 세넷과 같은 대부분의 비평가들은 정반대로 푸념을 한다. 그들은 젊은 사람들이 지나치게 개인주의적이고 원자화되어 있다고 주장한다. 세넷의 주장이 옳다면, 우리는 교제관계를 좁힐 것이 아니라 더 넓혀야 한다. 웹은 젊은이들의 개성을 말살하는 것이 아니라, 오히려 개성을 확립하는 방식을 바꾸고 있다.

웹은 소비자의 자유 역시 성장시킨다. 이것은 더 많은 상품을 더 쉽게 찾을 수 있다는 의미가 아니다. 디지털 경제 덕분에 훨씬 더 다양한 상품들이 공존할 수 있게 되었다는 의미다.

〈와이어드〉의 편집자인 크리스 앤더슨은 저서 《롱테일 경제학》에서, 수백만 명의 소비자 마음을 움직이는 서너 개의 인기 상품들 뒤에는 극소수의 소비자 마음을 움직이는 수많은 상품들이 아주 긴 꼬리모양으로 늘어진 틈새시장 산업들이 늘어날 것이라고 주장한다. 앤더슨의 긴 꼬리 이론은 온라인 영화 대여사업인 넷플릭스 시장을 조사하는 과정에서 도출된 것이다. 넷플릭스는 수백만 명을 상대로 서너 편의 초대작 영화를 대여하는 방식으로 엄청 돈을 벌기도 하지만, 소수의 사람들을 상대로 수백 편의 영화를 대여하는 방식으로도 역시 막대한 돈을 벌어들인다. 이런 초소형 시장의 긴 꼬리들을 모두 더하면, 대형 시장과 같은 규모가 된다.

앤더슨에 따르면, 웹 덕분에 상품을 멀리 동떨어진 시장으로 배급하는 비용이 절감되기 때문에 긴 꼬리 상품을 공급하는 것으로도 이윤을 창출할 수 있다. 60만 명 규모의 도시는 긴 꼬리를 가진 소수 마니아 비디오 공급 시장을 형성하기에는 경제적으로 수지가 맞지 않는다. 그러나 그 시장이 인터넷 덕분에 600만 명, 나아가 6,000만 명으로까지 확장된다면, 색다른 영화를 원하는 소비자들을 찾아낼 가능성이 높다. 이윤이 많이 남지 않는 틈새시장의 경우는 소비자들이 직접 참여할 때 시장의 부양이 더 쉬워진다. 최근 십년간을 돌아보면, 집단지성 방식으로 커뮤니티와 참여, 틈새시장을 결합해서 큰 성공을 거둔 사업이 많다. 그 대표적인 예가 이베이다.

이베이는 인터넷을 이용해 벼룩시장을 세계적인 규모로 키웠다. 판매자들을 상상할 수 없을 만큼 거대한 예비 구매자 집단과 연결한 것이다. 애초에 이베이는 집중화된 고객지원 부서를 운영할 여력이 없었기 때문에 하는 수 없이 하부가 비대한 조직구조를 갖추었다. 컬렉터 커뮤니티들이 상품뿐만 아니라 팁까지 주고받으면서 장터를 최대한 활용할 수 있는 구조를 구축한 것이다. 초기의 핵심 거래자들이 만든 기준은 극도로 다양한 구성과 대규모의 참여자들을 끌어들이고 있다. 이베이 기업은 이베이 커뮤니티의 자발적인 조직화와 규모를 기반으로 존립한다. 2005년 세너제이에서 캐나다 출신의 이베이 초대 회장 제프 스콜을 만났을 때, 그는 내게 이렇게 말했다.

기존의 기업들은 우리를 모방하려고 시도하지 않았다. 그런 시도를 할 때에도 사람들을 참여자 커뮤니티로 보지 않고 돈지갑으로만 취급했고, 사람들과 관계를 맺지 않고 사용자들을 관리해야 하는 거래처로만 보았다. 사람들이 이베이에 대한 애정을 유지했던 이유는 이베이의 기술이 특별히 뛰어나서가 아니라 커뮤니티에 대한 소속감을 원했기 때문이다.

이베이는 공동거래의 토대를 만들고, 간단한 규칙을 정하고, 참여자들이 쉽게 활동할 수 있는 구조를 만들고, 참여자들에게 각종 도구(판매용 물품 게시 양식 따위)를 제공했다. 참여자들이 이것을 활용해 혼자 힘으로 일을 진행했다. 이베이의 등급평가 시스템은 단순한 형태의 집단지성이다. 등급평가 시스템을 통해 구매자는 판매자를 평가하고, 판매자는 고객서비스가 확실하다는 평판을 쌓을 수 있다. 수백 명의 판단을 토대로 한 등급평가 시스템 덕분에 중앙의 품질관리는 최소한으로 이루어져도 시장은 효과적으로 기능한다. 이렇듯 공유와 자율제작의 정신은 이베이의 소요비용을 낮추고, 낮은 소요비용은 사람들이 자발적으로 거래할 수 있는 다수의 틈새시장이 출현할 기회를 제공한다. 이베이에서는 바비인형에서 롤스로이스 부품에 이르기까지 온갖 것을 살 수 있다. 월마트 사이트도 이베이가 포괄하는 상품의 범위를 따라잡지 못할 것이다.

긴 꼬리는 어디서나 확산되는 것이 아니다. 한계가 있다. 철강, 정유, 수도, 전기, 전화, 항공, 국방 등에 긴 꼬리는 존재하지 않는다. 설사 이 분야에 긴 꼬리가 있다 해도 작은 틈새시장을 겨냥해 마니아 상품을 생산하는 소규모 생산자는 시장에서 탈락하지 않기 위해 안간힘을 써야 한다. 넷플릭스처럼 작은 수요를 엄청난 규모로 끌어들이지 못한다면, 긴 꼬리에서 돈을 벌어들일 가능성은 거의 없다.

이베이와 크레이그스리스트가 선도하는 커뮤니티와 시장의 결합 방식은 다양한 상품을 찾아 움직이는 소비자들의 활동방식을 다변화할 것이다. 인터넷은 소비자의 자유에 유익하다. 그러나 그 중요성을 따져볼 때, 소비자의 자유는 웹이 확장하는 자유 중 가장 처진다. 정말로 중요한 웹의 기능은 창조적 활동을 수행할 자유를 확장하는 것이다.

시벨리우스Sibelius는 상상력의 확장에 유용한 도구다. 우리는 이 도구를 될 수 있는 한 많은 사람들에게 제공하고 싶다. 이 상품의 평판에 큰 영향력을 미치는 것은 전문가들이 사용한다는 사실이다. 그러나 이 상품은 수십만 명에게, 특히 어린이들에게 확산될 때 진정한 영향력을 발휘한다. 시벨리우스는 사람들의 협업적인 창조활동 방식을 변화시킬 수 있다.

창조적 활동을 위한 도구는 갈수록 늘어나고 있다. 2017년이 되

면, 십대들은 웹사이트에 사진을 올리고 블로그에 글을 쓰는 정도가
아니라, 독자적인 인터넷 TV채널을 통해 직접 제작한 내용이나 다
른 사람에게서 빌려온 내용을 방송하게 될 것이다. 애니메이션 영화
를 만드는 것은 파워포인트 프리젠테이션을 하는 것만큼이나 쉬워
질 것이다.

점점 더 많은 사람들이 구매행위 대신에 창조행위를 통해 생활의
일부분에서나마 스스로를 표현하는 창조적인 활동을 경험할 수 있
다. 비판자들은 이것을 문화의 하향조정, 혹은 전문직 자질의 침식
이라고 비난한다. 그러나 앞으로 수십 년 뒤에는 사람들이 창조하고
차용하고 공유하고 개작하고 서로 모방하는 디지털 민중문화가 출
현해 우리 경제와 사회의 발전을 이끌 것이다. 2006년 노벨경제학상
수상자인 에드먼드 펠프스에 따르면, 창조적인 활동의 기회가 제공
되는 경제가 '좋은' 경제라고 한다.

매우 중요한 사실이 있다. 경제는 정신적 자극과 지적 도전, 문제해
결, 창조성을 발휘할 수 있는 직업에 대한 비전, 즉 개인의 발전(자아실
현)과 다양한 성취(독립, 인정, 자신의 직업에 대한 자부심)에 대한 비전을
제공해야만 한다.

물질적인 풍요를 누리는 선진국 사회에서 자아실현을 촉진하는
방안은 상가를 더 많이 지어 소비 기회를 늘리는 것이 아니라, 만족
감을 주는 창조적 활동의 기회를 더 많이 열어놓는 것이다. 20세기
에 선진국 국민들은 소비자가 될 수 있는 자유를 획득한 대신에 산

업조직의 철창 안에 갇힌 임금 노동자가 되었다. 21세기에는 웹이 베푸는 혜택 덕분에 창조하는 자유를 경험하게 될 사람들이 점점 늘어날 것이다.

나는 2006년에 마리샤 르완도우스카를 만났을 때, 창조적 활동의 기회가 중요하다는 것을 깨달았다. 그녀는 폴란드 태생으로 런던에서 예술가로 활동하고 있다. 그녀는 공산국가 폴란드에서 아마추어 영화제작클럽을 조사한 적이 있었다. 1970~1980년대에 폴란드 공산정권은 도덕적으로 타락한 미국 엔터테인먼트 산업의 유혹에 빠지지 않게 하려고 사람들에게 영화제작을 장려했다. 공장을 기반으로 한 영화제작클럽들은 수많은 장편영화를 제작했다. 그중에는 수준 높은 작품들도 있었다. 공장 노동자들이 직접 연출과 연기, 세트 제작, 편집과 음악을 맡았다. 그로부터 많은 세월이 지난 뒤, 르완도우스카는 영화제작에 관여했던 사람들을 만나서 그 경험으로부터 무엇을 얻었느냐고 물었다. 그녀는 이렇게 말했다. "그들은 자유로워지는 법, 스스로 생각한 것을 스스로 표현하는 법을 배우고 있었다."

웹은 사람들이 다양한 아이디어를 형성하고 표현하고 공유하고 검토할 수 있는 자유를 확장한다. 소셜 네트워크를 이룬 젊은 세대들이 자기 정체성을 형성하지 못할 거라는 기성세대의 걱정은 아무런 근거가 없다. 웹은 시장의 다양성을 강화함으로써(특히 틈새시장의 긴 꼬리를 지탱하면서도 비용부담이 적은 이베이 같은 사업모델을 통해) 소비자의 선택 기회를 확장한다. 무엇보다도 집단지성이 가져온 가장 중요한 변화는 창조적 활동의 자유를 확장한 것이다. 오랜 세월에 걸쳐 특별한 장소에서 일하는 소수의 특별한 사람들에게만 허용되던 창조적이고 생산적인 자유의 경험은 앞으로 갈수록 많은 사람들의 손으로 넘어갈 것이고, 갈수록 많은 사람들이 스스로를 표현함으로써 자유로워지는 법을 터득하게 될 것이다.

집단지성은 자유에 유익할까? 그렇다.

집단지성은 일반적으로 민주주의, 평등, 자유에 유익할 것이다. 그러니까 집단지성을 최대한 이용하는 경우에만 집단지성은 우리에게 유익하다. 우리는 시장경제에서 살아가고 있지만, 집단지성을 최대한 이용하기 위해 앞으로는 각자 무엇을 소유하는가뿐 아니라 무엇을 공유하는가가 우리의 미래를 결정할 것임을 인정해야만 한다. 아이디어와 관련해서도 마찬가지다.

7장

집단지성의 미래

아이디어는 다른 사람과 나눌 때 비로소 움직인다.[1] 혁신과 창조, 더 근본적으로는 번영과 행복, 그리고 미래에 대한 희망은 우리가 아이디어를 축적하고, 교환하고, 개발하는 데 이용할 수 있는 도구를 얼마나 갖고 있느냐에 따라 결정된다. 아이디어는 표현되고, 검토되고, 다듬어지고, 차용되고, 수정되고, 개작되고, 확장되면서 성장한다. 이런 활동은 한 사람의 머릿속에서 한꺼번에 이루어지는 경우는 거의 드물고, 대개 다양한 관점과 안목을 가진 수많은 사람들을 거치면서 이루어진다. 웹은 더 많은 사람들이, 더 다양한 관점에서, 더 많은 의문점을 논의하면서 더 많은 아이디어에 관여할 수 있는 기회를 제공한다.

이 책은 창조성 공유를 향한 서투른 시도들을 적지않게 다루고 있다. 앞으로도 크고 작은 시도들은 수없이 이어질 것이다. 그중에는 실패로 끝나는 시도도 있을 것이다. 우리는 수많은 시행착오를 거치고 나서야 아마추어와 전문가, 사용자와 생산자가 바람직한 성과를 얻을 수 있는 협업방식을 이해할 수 있다. 이는 하룻밤 사이에 터득되는 것이 아니다. 우리는 강력한 이해관계와 인습, 의혹의 눈길에 맞서 힘든 투쟁을 하면서 이득을 보기도 하고 손실을 입기도 할 것이다. 그 과정에서 우리는 오랜 연륜을 가진 기관들과 익숙한 작업방식, 그리고 전문적이고 권위적인 지식의 원천들이 행사하는 특권을 위협하게 될 것이다.

공유, 인정, 참여

공유가 경제를 움직일 거라는 생각은 일반 통념을 뒤집기에 많은 사람들에게 큰 불안감을 안겨준다. 1749년에 애덤 스미스가 쓴 《국부론》에서 최근 에르난도 데소토가 쓴 《자본의 미스터리》에 이르기까지 경제학자들은 사유재산이 자본의 근간을 이룬다고 주장한다. 자본은 꾸준한 성장과 혁신을 추진하는 자본주의 정수다. 칼 마르크스는, 국가 자산의 일부로서 새로운 모험의 시작과 생산성 증대를 가능하게 한다는 점에서 자본을 "황금알을 낳는 거위"라고 불렀다. 집이나 땅, 기계, 공장은 재산이라는 형태로 고정되어 있을 경우에만 자본이 되어 담보물로 이용되거나 투자대상이 될 수 있다. 자산과 자본을 구별하는 것은 까다로운 일이다. 자산은 축적된 부라는 점에서 석유 저장고에 비유하지만, 자본은 석유가 정유로 정제될 때 방출하는 에너지의 흐름에 비유할 수 있다.

페루의 경제학자 에르난도 데소토는 이 이론을 근거로 세계 대부분의 지역이 가난에서 벗어나지 못하는 이유를 밝혔다. 그에 따르면, 가난한 나라에는 예금과 땅과 집을 가진 사람들이 많지만, 이런

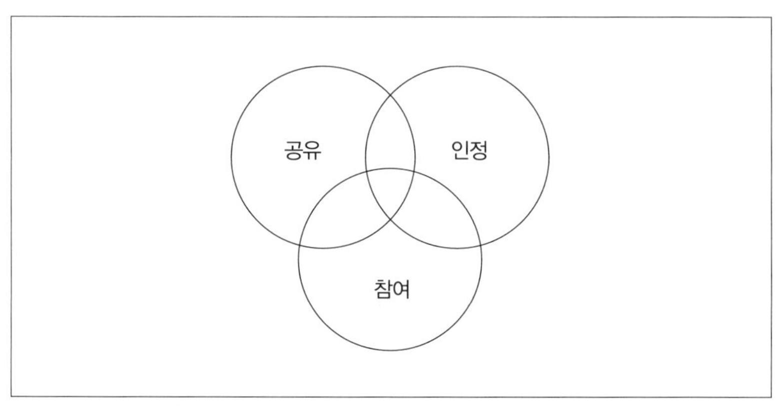

자산들은 재산으로 고정되어 있지 않기 때문에 자본의 역할을 하지 못한다. 즉 서구 자본주의 국가에서는 자산이 자본으로 변환되지만, 가난한 나라에 축적된 대규모의 자산들은 사적 소유 형태가 되지 못하기 때문에 끊임없이 경제를 움직이는 원동력이 되지 못한다. 그는 가난한 나라들이 부를 이룰 수 있는 해답은 사적 소유 체제를 형성하는 것이라고 주장한다.

데소토의 주장은 여러 사람에게 비판받고 있다. 법과 효율적인 정부가 없으면 재산권은 형성될 수 없다는 비판도 있고, 지주가 아무리 많은 땅을 갖고 있어도 그 땅으로 뭔가를 할 능력이 없다면 재산권은 별 가치가 없다는 비판도 있다. 내 생각은 훨씬 근본적인 것이다. 사적 소유권은 땅을 비롯한 여러 가지 물건과 관련해 산업과 농업 경제에 생명력을 불어넣는다는 데소토의 주장은 옳을 수도 있다. 그러나 아이디어 경제에서는 경제에 생명력을 불어넣는 자본은 대부분 공유된다.

웹의 위력은 공유가 지금까지 사적 소유권 위에 구축되어왔던 경제에 활력을 줄 수 있도록 허용한다는 점이다. 웹이 형성한 새로운 조직모델은 사적 소유권의 산업모델을 기반으로 구축된 전통적인 기업 내부에 큰 동요를 일으킨다. 오늘날 전통적인 방식으로 조직되고 소유되는 기업들은 아이디어와 시장을 활성화할 토대를 만들기 위해 전례 없는 규모로 공유를 허용하고 있다. 수많은 주류 기업과 그 기업에서 일하는 사람들의 앞길은 평탄하지 않다. 오늘날 웹은 혁신의 가장 강력한 추진력으로서 공유문화를 장려하고 있는데, 이러한 공유문화는 사적 소유가 우리 경제에 생명력을 불어넣고 있다는 관념과 근본적으로 크게 어긋난다. 집단지성을 도입한 초기 사례들 중에는 참여자가 자신이 직접 창조한 것을 공짜로 나누어주는 특징을 보인 것이 많다. 그들은 아이디어와 지식을 선물 주듯 (적어도 일정기간 동안은) 나누어준다.

웹은 서구의 발전을 다른 방식으로 설명한다. 이 설명은 땅과 건물이 재산으로 전환되는 과정이 아니라, 아이디어가 발표되고 공유되는 방식에 초점을 맞춘 것이다. 우리가 소중하게 여기는 것(예컨대 문화, 언어, 예술, 과학, 학습) 중 대부분은 선물교환 방식으로 제공된다. 아이디어는 일대일로 전달되고 오랜 기간에 걸쳐 축적된다. 우리는 막심 벤게로프의 바이올린 연주, 진시황릉의 병마용, 혹은 바버라 햅워스의 조각 등의 문화적 경험을 소중하게 여긴다. 이런 문화적 경험의 가치는 입장료로 측정할 수 있는 것이 아니다. 문화적 경험을 마친 뒤에도 아이디어와 문화가 제공하는 충격과 가치는 오랫동안 지속되면서 우리를 감동시키고 변화시키며, 생각하고 상상하는 능력을 우리에게 제공한다. 입장료를 내고 박물관에 들어갔다 나오는 우리의 마음속에는 영원히 지속되는 무언가가 자리 잡는다.

아이디어의 교환은 대개 이런 이중성을 가진다. 돈의 임자가 바뀌는 것도 기여행위라고 할 수 있다. 선물은 누군가에게 넘어간 순간, 그것을 준 사람이 통제할 수 있는 범위를 벗어난다. 기여는 거래도 아니고 자선행위도 아니다. 기여는 결속력을 창조하고, 관계를 형성하고, 감정을 전달하고, 답례행위를 야기한다. 금융거래는 개방된 시장에서 번창하지만 기여는 관계 속에서 번창한다. 기여된 것이 아이디어일 경우 그 아이디어는 커뮤니티 안을 두루 돌아다니면서 번창한다. 루이스 하이드Lewis Hyde가 《선물The Gift》이라는 저서에서 썼던 표현을 빌리면, "그룹 내에서 선물이 순환하면 일련의 상호연락 관계가 형성되고, 분산된 응집력이 나타난다."[2]

아이디어의 기여에 의존하는 활동(과학, 문화, 예술, 학습, 혁신)이 중요해질수록 그 활동을 활용할 시장 외에도 그 활동들을 지원할 비시장 기구가 더 많이 필요해진다. 연구, 표현, 실험의 공유라는 비시장 활동은 과거에는 교회와 군주, 귀족의 지원을 받았고 최근에는 국가의 지원을 받고 있다. 집단지성은 기여경제의 새로운 토대를 형성한다. 분산되고 분권화된 과학기술 덕분에, 기여경제 내에서는 지식과 아이디어라는 선물이 다수의 사람들에서 다수의 사람들로 순환한다. 이런 순환은 대중적인 디지털 민중문화를 성장시킬 것이고, 디지털 민중문화는 21세기 초반의 가장 강력한 문화적 원동력이 될 것이다. 세계적인 지식의 공공은행인 위키피디아와 생명백과사전, 인간 게놈 프로젝트, '세계 극지의 해'의 성과물, 심즈의 무료 컨텐츠는 모두 이런 공유물에 속한다.

그렇다고 해서 비시장적인 수단을 통해 모든 것이 이루어질 수 있는 것은 아니다. 결코 그렇지 않다. 시장은 자유와 선택과 높은 생산성을 제공한다. 우리는 네트워크 경제를 조직하는 시장적인 방법과 비시장적인 방법 사이에서 적절하게 균형을 이루어야 한다. 아이디어를 소유하고 싶어했던 빌 게이츠와 아이디어가 무료 공유를 통해 성장하게 되기를 원했던 프레드 무어 사이에 벌어졌던 홈브루 컴퓨터 클럽의 내전은 어느 한쪽의 완전한 승리로 끝나지는 않을 것이다. 미래의 가장 독특한 조직모델은 협업과 영리추구, 커뮤니티와 기업을 혼합한 형태일 것이다. 리누스 토발즈는 자신이 개발한 핵심 프로그램을 내놓음으로써 리눅스 커뮤니티를 창조했다. 새로운 조직모델을 창조하려는 시도들은 아마 기여로부터 시작될 것이고, 결국에는 수많은 영리추구 활동에 토대를 제공할 것이다. 그 사례로는 기업을 대상으로 리눅스를 설치해주는 레드햇과 같은 회사를 들 수 있다. 기여는 또한 상거래라는 전혀 다른 길(예컨대 월드오브워크래프트 게임을 시작할 수 있는 소프트웨어를 돈 주고 구입하는 방식)을 열어놓을 수도 있다. 기여는 또한 다수의 기여행위가 가능한 방법(예컨대 게임 참여자들이 자발적으로 조직한 길드에서 컨텐츠를 공유하는 방식)을 개발할 수 있다.

산업화된 경제는 산업관계와 브랜드 관리, 공급망 관리 등 대량생산의 경영원칙을 정교화하는 데 20세기의 대부분을 투자했다. 20세기 초에는 경영학이란 개념조차 없었다. 20세기 말이 되어서야 경영대학원과 고액의 중역 훈련 프로그램, 수많은 경영서적과 큰 수입을 올리는 경영 컨설턴트가 출현했다. 우리가 창조적인 협업활동을 관리하고 통솔하는 데 능숙해진다면, 금세기 말에는 웹의 창조적인 잠재력이 실현될 것이다. 이론상으로 과학기술은 웹의 창조적인 잠재력을 실현하는 데 도움을 준다. 차세대의 검색도구는 다른 사람들이 이미 표시해놓은 흔적을 이용하도록 허용함으로써 정보검색이 더욱 쉬워질 것이다. 지금까지는 건축가와 공학기술자만이 이용해왔던 시뮬레이션 기술을 누구나 이용함으로써 여러 가지 문제와 그 해결책을 가시적인 형태로 표현하게 될 것이다. 협업활동을 위한 새로운 기술이 개발되면 공동의 가상공간에서 국경과 분야를 넘나들어 진행되는 공동 프로젝트의 활동은 훨씬 용이해질 것이다.[3]

웹이 창조한 세계에서 번영에 이르는 방법은 기여와 거래, 공유와 소유, 시장(상품을 사고파는 곳)과 커뮤니티(지식을 양육하는 곳)의 상호작용이 이루어지는 과정에서 출현할 것이다. 두 진영 모두와 관계를 맺는 조직은 번영할 것이고, 아이디어를 순환함으로써 수익을 창출하는 조직은 가장 크게 번영할 것이다. 혁신은 지구온난화와 세계적인 전염병 등 긴급한 문제를 해결하는 데 중추 역할을 하게 될 것이다. 다른 사람들과 무엇을 공유하고 무엇을 협업해 창조하느냐 하는 것은 점점 더 우리의 행복에 결정적인 영향을 미칠 것이다.

유토피아적 윤리관은 집단지성을 뒷받침할 수 없다. 이타주의에만 의존하는 집단지성은 오래 살아남지 못한다. 협업적인 사업모델이 성공을 거두려면, 사람들에게 보상을 하고 사람들의 욕구와 개별적인 목표를 충족시켜야 한다. 예컨대 사람들은 사진을 공유하고, 게임을 하고, 정보를 공유하고, 소프트웨어를 만들고, 특정 대의를 위한 서명운동을 전개하고, 특정 유전자의 구조를 파악하고, 특정한 신념을 따르고, 돈을 빌리고, 친구들과 연락을 취하기를 원한다. 협업적인 사업모델은 이렇듯 사람들이 원하는 목표를 달성하는 데 필요한 작업을 수행한다. 그러나 이런 실용적인 혜택은 사람들의 협업적 활동을 촉진하는 유일한 요인이 아니다. 사람들의 협업적 활동을 촉진하는 또 다른 요인(실용성은 떨어지지만 효과는 매우 강력한)은 바로 남들에게 인정받고자 하는 욕구다.

사람들이 집단지성 활동에 참여하는 까닭은, 자신이 공동목표의 달성에 기여하고 있다는 것을 남들로부터 인정받기를 원하기 때문이다. 사람들은 동료들로부터 자신의 기여를 인정받기를 원한다. 심즈 게임을 개발한 윌 라이트는 사람들이 다중 컴퓨터게임에 이끌리는 까닭은 인정받고 싶은 욕구 때문이라고 주장한다. 18세기에 동료들에게 자신의 엔진 디자인을 공개했던 콘웰의 기술자들과 오픈소스 소프트웨어 프로젝트, 과학 커뮤니티, 위키피디아에 참여하는 사람들에게도 남들로부터 인정받고 싶은 욕구가 있다.

인정받고, 주목받고, 존경받고 싶어하는 인간의 욕구는 뿌리 깊은 것이다. 애덤 스미스는 《도덕 감정론》에서 자유주의 시장경제를 형성한 윤리관에 대해 이렇게 설명한다.

생활조건의 향상이라는 원대한 목표가 이루어지면 우리는 어떤 이득을 얻을 수 있을까? 내 행동이 남들에게 주목받는 것, 내 발언이 남들에게 경청되는 것, 남들로부터 호의 어린 시선을 받는 것, 자기만족과 인정, 이 모든 것이 생활조건이 향상됨으로써 우리가 얻을 수 있는 이득이다.

사회가 풍요로워질수록, 의식주와 안전 등의 기본적인 욕구가 충족될수록 심리적인 행복에 대한 사람들의 관심은 더욱 늘어난다. 심리적인 행복에 결정적 영향을 미치는 것은 자신이 한 일로 존경을 받고 진가를, 기여를 인정받는 것이다. 다른 사람들의 인정은 자기 정체성, 즉 내가 무슨 일에 유능하고 무엇을 중요하게 여기는가 하는 것을 결정한다. 아주 오래전에는 부사나라 사람들은 대개 특정한 범위의 지역 공동체에서 차지하는 지위로부터 자기 정체성을 확인했다. 20세기에는 사람들이 위계조직 내의 지위와 업무가 그 사람의 정체성의 핵심을 이루었다. 오늘날은 갈수록 많은 사람들이 자신이 맺는 관계와 자신이 다른 사람들과 공유하는 관심사에서 자기 정체성을 찾고 있다. 웹은 사람들에게 참여하고 공유할 수 있는 기회, 더 나아가 다른 사람들에게 인정받을 수 있는 통로를 제공한다. 블로그에 올리는 글, 이베이에서 거래자로서 받은 평점, 게임을 하면서 얻은 점수, 혹은 자신이 제작해 소스코드에 통합된 소프트웨어 따위가 그런 통로다. 사람들이 아이디어의 공유에 이끌리는 까닭은 자신의 아이디어를 표현하고 싶은 마음뿐만 아니라 자신의 기여가 커뮤니티의 동료들로부터 인정받기를 바라는 마음이 있기 때문이다.[4]

타인의 인정은 돈으로 사고팔 수 있는 것이 아니다. 인정은 돈으로 사고팔 수 없는 중요한 가치가 있다. 아첨꾼들에게 인정을 받는 것은 별 가치가 없다. 많은 사람들이 위계질서 내의 위치에서 자기 정체성을 확인하는데, 그런 지위는 점점 불안정해지고 있고, 명성과 직함, 심지어는 부 역시 변화할 수 있다. 개인적인 존경과 인정이 가치 있으려면 확고한 근거가 있어야 한다. 이런 근거는 그 사람 내부에서 찾을 수 있는 것이 아니다. 자만심이 강한 사람들은 대부분 마음이 편치 않다. 공평한 외부적 원천(대개는 커뮤니티의 동료들)으로부터 받는 인정이야말로 가치가 있는 것이기 때문이다. 바로 이런 점에서 집단지성 문화는 위력을 발휘한다. 웹 덕분에 번창하고 있는 커뮤니티와 소셜 네트워크는 특히 아이디어와 관련해 동료들의 인정을 받을 수 있는 중요한 통로다. 이런 커뮤니티들은 물질적인 풍요와 더불어 점차 강력해지는 기본적인 인간 욕구들을 충족하는 역할을 한다.[5]

아이디어는 공유될 때 생명력을 얻는다. 인정과 존경은 커뮤니티와 네트워크, 당파, 가족, 종교모임, 사회활동(돈으로는 이것들을 활성화할 수 없다)에서만 얻을 수 있다. 그래서 사람들은 공유에 이끌린다. 웹은 뛰어난 게임 참여자나 프로그래머, 영화제작자, 가수, 작곡가, 시민, 작가, 과학자, 혹은 연구자로 인정받을 수 있는 새로운 기회를 제공한다. 자신이 존경하는 사람들로부터 존경받는 사람은 행복하다. 커뮤니티에서 인정을 받을 기회를 사람들에게 끊임없이 제공한다면, 웹은 계속 성장할 것이다.

그러나 이런 상황은 이 활동에 참여할 수 있는 기회를, 어떤 사람에게, 어떤 방식으로 허용하느냐와 관련해 갈등을 증폭시킬 수 있다. 스스로 생각하고 다양한 기술과 관점을 가진 독립적인 구성원들을 확보한 그룹만이 지혜와 슬기와 재치를 발휘할 수 있다. 그 대표적인 예가 시드니 브레너가 꼬마선충 프로젝트를 위해 끌어 모은 그룹이나 아이러브비즈 게임에 참여한 그룹들이다. 백과사전과 소프트웨어 프로그램, 상품의 디자인과 제조를 위한 지침서, 지도, 과학

이론 등 지속성과 신뢰성을 확보할 수 있는 복잡한 물건을 만들어내려면, 공유지성을 증대할 수 있는 협업활동 방식을 찾아내야 한다. 전문가들만 관여하는 협업활동 방식도 있다. 과학자들은 복잡한 주제의 연구는 멀리 떨어진 수많은 과학자들과의 협업을 통해 진행하는 것이 훨씬 효율적이라는 판단을 내릴 수도 있다. 한편 위키피디아와 같은 아마추어들의 협업활동 방식도 있다. 똑같이 아마추어 모임이라고 해도 불안하게 덜컹거리는 모임도 있고, 한국의 오마이뉴스처럼 잘 조직된 모임도 있다. 현대의 천문학처럼 수많은 분야가 전문가의 지식과 아마추어의 지식을 대립관계에 놓는 대신에 그 둘을 결합하게 될 것이다.

이런 발전에 동력을 제공하는 과정에서 우리의 경제문화에는 근본적인 변화가 일어날 것이다. 앞으로 20~30년 사이에 사람들은 스스로를 노동자이자 소비자이면서 동시에 참여자이자 기여자라고 여기며 전혀 다른 역할을 하게 될 것이다. 20세기 산업화 세계에서는 거의 모든 사람들이 낮에는 임금 노동자가 되었다가 밤과 주말에는 소비자가 되는 식으로, 대량생산 경제를 가동하는 노동자이자 소비자로서의 역할만 담당했다. 21세기가 끝날 무렵이면 우리의 후손들은 대개 스스로를 노동자이자 소비자라기보다는 참여자이자 기여자, 혁신자로 여길 것이다. 수많은 사람들이 말과 이미지, 영화, 사진, 음악, 소프트웨어, 물건, 기계, 심지어는 유기체를 창조할 수 있는 도구들을 이용할 것이고, 전문적 이해력이 필요한 과학기술을 모방해 뛰어난 활동을 펼치는 아마추어들이 늘어날 것이다. 과학기술의 비용이 낮아지고 소프트웨어가 발전함에 따라 과학자와 의사의 실험실,

디자이너의 작업실에서만 사용되던 막강한 도구들이 일반가정과 학교로 퍼져나가서 열정적이고 박식하고 야심이 있는 아마추어들에게 더 많은 일을 더 창조적으로 할 수 있는 기회를 제공할 것이다. 고비용과 복잡성 때문에 한 곳에 집중되어야 했던 활동(예컨대 제조업과 에너지 공급 산업)은 분산되고 분권화될 수 있다. 부유한 선진국의 소비자들은 거센펠드의 팹랩이나 보이어의 렙랩에 별 관심이 없겠지만 가난한 개발도상국의 소비자들은 큰 관심을 보일 것이다.

참여는 다양한 환경에서 매우 다양한 활동방식을 통해 이루어질 것이다. 갈수록 많은 기업과 브랜드, 정치인과 유명인사들이 소비자를 자신의 팬과 추종자, 전도자로 만들려고 노력할 것이다. 근본주의자와 테러리스트들은 웹을 이용해 널리 흩어져 있는 특정한 신념의 추종자와 신봉자들을 연결시킬 것이고, 이 네트워크에 관련된 사람들은 단순한 추종자가 아니라 활동가이자 주도자가 될 것이다. 해커 커뮤니티는 이와는 전혀 다르게 더욱 광범위한 참여를 허용하는 웹에 의지해 디지털 기술 노동자들로 이루어진 자율적이고 민주적인 커뮤니티들을 결합할 것이다.

선순환을 위한 자율규제

새로운 조직방식이 항상 건설적인 결과를 가져올 거라는 생각은 순진하다. 그것은 파괴적인 폐단, 그것도 매우 중요한 폐단을 낳을 수도 있다. 대량생산 산업체제는 생산성을 크게 증대하고 상품의 가격을 낮추어 대부분의 사람들이 이용할 수 있도록 혜택을 준 동시에, 소외와 직장 내 분쟁, 산업재해, 자연훼손, 환경파괴 따위의 결과를 낳았다. 집단지성 문화도 역시 파괴적인 폐단을 낳을 것인가? 우리가 소중히 여기는 어떤 것을 파괴할 것인가? 우리 앞에는 어떤 새로운 위험이 나타날 것인가?

앞서 살펴봤듯이, 비판자들은 우리에게 수많은 폐단이 나타날 수 있다고 경고한다. 비판자들은 대표적인 폐단으로 전문가의 권위와 지식을 침범당하고, 혼란스러운 소셜 네트워크들 사이에서 개성을 상실하고, 서로 늘 연결되어 있기 때문에 스스로를 돌아볼 공간이 사라지고, 관계가 기술에 의해 매개됨으로써 우정의 가치를 훼손하는 것 등을 지적하고 있다.

장점은 종종 그에 버금가는 약점을 야기한다. 사람들에게 공유의 기회를 허용하는 웹의 힘은 한편으론 엄청난 약점을 야기할 수 있다. 인터넷에는 중앙에서 이용을 통제하는 문지기가 존재하지 않는다. 인터넷에서는 거의 모든 사람이 참여할 수 있고, 거의 모든 사람이 다른 사람을 찾아내고, 다른 사람과 관계를 맺고, 아이디어를 공유할 수 있다.

인터넷은 처음 과학기술에 정통한 학자와 연구자로 이루어진 미국의 엘리트들이 파일을 공유할 목적으로 만든 것이었다. 이 네트워크는 점차 발달해 다양한 활동에 참여하기를 원하는 수억의 사람들을 포용하게 되었다. 또한 인터넷은 텔레비전과는 달리, 사람들에게 기술을 사용할 수 있는 기회뿐만 아니라 그것을 개작해 더 많은 응용물을 만들어낼 수 있는 기회를 제공한다. 인터넷의 개방적인 문화는 어느 누구의 소유도 아니면서 거의 모든 사람이 참여할 수 있다는 점에서 거대한 가능성과 위험의 원천이 될 것이다. 공유는 질병과 감염, 바이러스, 도둑맞은 아이디어와 개인정보를 순식간에 수천 대의 컴퓨터로 퍼뜨릴 수 있다.

1988년 11월 2일 저녁, 코넬대학 대학원생인 로버트 타판 모리스는 자기 학교에서 MIT의 어느 컴퓨터로 아주 작은 소프트웨어를 보냈다. 그 소프트웨어는 MIT에서 실행되는 순간, 마치 접속을 기다리던 사람처럼 인터넷으로 연결된 가까운 컴퓨터들로 퍼져나갔다.[6] 그 소프트웨어의 유일한 목적은 새로운 컴퓨터를 열고 들어가서 자체 증식을 하는 것이었다. 이튿날 아침, 1,000~6,000대에 이르는 컴퓨터가 최초의 컴퓨터 바이러스에 감염되었다. 옥스퍼드대학에서 인터넷 제어와 규제를 연구하는 조나단 지트레인 교수의 말을 빌리면, 이 사례에는 인터넷 보안과 위험에 관련된 거의 모든 사항이 들어 있다. 2003년, 어느 연구자가 다른 사람들이 연결할 수 있도록 개방된 컴퓨터 한 대를 인터넷에 연결하자 10시간 만에 스팸메일이 쏟아져 들어오기 시작했다. 사흘 뒤, 이 컴퓨터에는 22만 9,468개의 메시지가 336만 181명의 예상 수령자에게 발송되었다는 기록이 남았다.

오픈 네트워크는 공격에 취약하다. 인터넷 활용도가 상당히 높은 에스토니아 공화국에서는 2007년 5월, 러시아의 100대가 넘는 컴퓨터가 참여한 연합 공격으로 인해 인터넷 시스템이 중단되고, 수많은 공공조직과 영리조직이 타격을 받았다. 중국 해커들은 서구 각지의 컴퓨터 시스템에 침입하기 위한 작업을 하느라 분주하다. 그들은 서구의 일부 방위 산업체의 직원 개개인을 겨냥해 엄청난 양의 중요한 데이터에 접근할 수 있는 바이러스를 개발했다.

앞으로 우리가 부딪힐 가장 큰 문제는, 신뢰할 수 있는 기관과 전문가의 손에서 벗어난 막강한 과학기술이 사회 일반으로, 지적 재산권에 대한 존중과 효율적인 통제력이 존재하지 않는 그룹으로 확산될 때 어떻게 통제력을 유지할 것인가 하는 것이다. 웹의 비판자들은 저마다 방식은 다르지만 하나같이 "웹이 세계를 신뢰할 수 없는 곳, 위험한 곳, 통제할 수 없는 곳으로 만들고 있다"는 걱정을 한다. 산업화 시대의 하향식 기관들은 약점을 갖고 있긴 했지만, 그 기관을 창조한 세계는 상당히 질서정연했고, 사람들은 자신이 어디에 서 있는지를 알고 있었다. 편집자, 연구자, 의사, 과학자, 전문가들은 무엇이 사실이고 무엇이 사실이 아닌지 말해줄 수 있는 지식의 파수꾼이다. 웹은 더 많은 지식을 창조하는 대신, 종종 의혹과 불확실성의 씨앗을 뿌리고 억측과 뒷공론을 퍼뜨린다. 냉전은 세계를 핵에 의한 인류 전멸의 낭떠러지로 몰아갔지만, 냉전기의 대량파괴 기술은 최소한 핵사용에 대해 책임감을 느끼는 강대국의 수중에 있었다. 오늘날은 캠코더를 가진 사람이면 누구나 공포를 확산할 수 있고, 이베이에서 구입한 원료와 위키피디아에서 수집한 정보를 이용해 치명적인 생물학 무기를 만들 수 있다. 이런 이야기를 공포감을 조성하려는 음모로 치부해서는 안 된다. 2050년이 되면 서투른 아마추어들이 유전자 염기 서열 분석기가 장치된 온실에서 유전공학 도구를 이용해 위험한 돌연변이 생물을 만들어낼지도 모른다.

　웹의 세계에서 공유는 황금알을 낳는 거위다. 공유능력을 훼손하지 않고 질서와 안정을 창조하는 것은 우리가 해결해야 할 까다로운 과제다. 통제에서 벗어나기 쉬운 세계를 통제할 수 있는 방법은 크게 3가지다.

첫째, 하향식 통제력을 가진 사람들이 그 통제력을 유지하기 위해 계속 노력하는 것이다. 물론 이들은 통제력을 상실할지도 모른다. 앞으로 중국에는 엄청난 충돌이 일어날 것으로 예상된다. 공산당의 강력하고 위계적이고 권위적인 힘과 점차 자율권을 획득해가는 시민사회의 상승하는 힘 사이의 격투는 오래도록 지속될 것이다. 이 격투와는 비교도 되지 않겠지만 소프트웨어 산업과 엔터테인먼트 산업, 미디어 산업이 저작권 관리기법과 법적인 조치 등에 의지해 컨텐츠의 이용방식과 지불방식을 좌지우지하려는 시도 역시 오래도록 지속될 것이다. 이들 산업은 대부분 점점 거세지는 급류를 거슬러 헤엄쳐야 하리라는 것을 잘 알고 있다. 나는 2007년 말에 런던에서 미국의 대규모 출판그룹의 회장에게 이런 말을 들었다.

우리는 컨텐츠에 대해 컨텐츠 복사비용에 해당하는 가격만을 부과하기로 결정했다. 사람들은 그 가격 이상으로는 지불할 생각을 하지 않을 것이다. 따라서 우리는 단순히 출판만이 아니라 다른 서비스를 통해 더 많은 돈을 벌어야 한다.

조직 구성원들이 자신을 통솔하는 관리자와 전문가에게 갖던 공경심은 갈수록 약화되고 있다. 관리자와 전문가들은 정보와 지식에 접근할 수 있는 특권을 기반으로 권력을 유지하려고 안간힘을 쓸 것이고, 하급자들은 발언 기회를 얻고 공식 자료를 의심하며 직접 정보를 찾는 데 집중할 것이다. 가장 까다로운 문제는 언제 전문가들에게 하향식 통제를 허용하고(예컨대 위험한 과학기술의 흐름을 통제하는 것 따위), 언제 그런 통제를 거부하느냐 하는 것이다.

둘째, 정보와 권력의 분산과 분권화는 더욱 강화되고, 동료들의 검열에 의한 통제와 감독은 더욱 늘어날 것이다. 산업화 시대의 미디어의 경우는 전문적인 편집자와 조정자가 정보의 품질을 통제했다. 출판이 수억 명에게 분산되는 경우, 하향식 품질통제는 아무런 힘을 발휘하지 못하기 때문에 개방적이고 투명한 동료들의 검토와 평가가 이루어져야 한다. 우리는 서로를 평가하고 동료에게 평가를 받는데 익숙해져야 한다. 과학자들은 거침없는 동료들의 검열 때문에 성실성을 유지한다. 이를 필요로 하는 영역은 더욱 많아질 것이다.

셋째, 사람들이 나날이 성장하는 자신의 기술력을 책임감 있게 사용할 수 있도록 자제력 강화를 장려해야 한다. 우리는 아이들에게 미디어의 교양과 책임기술과 규범을 학습하고, 정보를 복사해서 붙이는 것뿐 아니라 정보에 대해 의문을 제기하는 법을 학습하도록 권장해야 한다. 우리는 자신의 아이디어와 개인정보를 다른 사람들과 더 많이 공유하면서도 불안을 느끼지 않는 법을 터득해야 한다. 하향식 통제가 있는 곳이라면 그 통제는 더 지적이고, 더 투명하고, 더 집중적으로 바뀌어야 한다. 이런 자율규제의 네트워크를 통해 더 많은 것을 이루고 싶다면, 우리는 동료들에 대해 더 책임 있는 자세를 가져야 한다.

오늘날, 상호관계를 강화하는 사람들과 조직, 시장, 도시는 점점 더 많아지고 있다. 4차선 고속도로를 만나 날듯이 달려가는 자동차처럼 상품과 정보, 아이디어, 돈, 질병이 오고가는 속도가 점점 빨라지면 파멸적인 연쇄충돌의 가능성 역시 높아진다. 더욱더 개방되는 세계를 보면서 우리가 느끼는 불안은 정체를 알 수 없는, 또는 신뢰할 수 없는 사람들과의 공유를 피할 도리가 없다는 사실 때문에 생긴다. 다른 사람들과의 관계가 늘어날수록 우리의 존재도 그만큼 노출된다. 우리는 멀리 떨어진 곳에서 발생하는 사건에 연루되어 속수무책으로 위기를 맞을지도 모른다. 2007년 여름, 미국의 일부 주택시장이 내림세로 돌아서자 겁에 질린 영국의 은행 예금자들은 돈을 인출하려고 수천 명씩 장사진을 쳤다. 또한 아프가니스탄과 파키스탄 국경지역에서 가시화된 알카에다 테러리스트들의 위협은 런던과 마드리드 주민들의 생활에 먹구름을 드리웠다. 에이즈는 그 어떤 전염병보다 많은 사람의 목숨을 앗아가고 있다. 너무나 많은 사람이, 너무나 많은 것과, 너무나 쉽게 연결될 수 있는 상황에서, 안정을 유지하기 위해서는 훨씬 많은 노력이 필요하다. 그 노력은 금융시장 규제로 구현될 수도 있고, 기후변화를 막기 위한 상호 연결된 수많은 결정사항으로 구현될 수도 있다. 숲을 연구하는 사람들에 따르면, 숲이 커질수록 동물과 식물들이 양분을 최대한 이용하기 위해 특정한 장소를 차지하는 경향이 늘어나기 때문에 생물의 다양성이 증가한다. 그러나 숲이 지나치게 조밀해지면 화재와 같은 외부의 충격에 갈수록 취약해지고, 단 한 번의 충격에도 숲 전체가 영향을 받을 수 있다. 빠르게 성장하는 숲과 마찬가지로, 웹이 창조한 세계는 갈수록 조밀하고, 다양하고, 긴밀하게 연결된다. 웹이 모든 곳에 스며들면 지나치게 긴밀히 연결된 숲처럼 작은 화재만으로도 순식간에 거대한 면적이 파괴될 것인가? 그렇지 않고 지속적인 성장을 지탱할 수 있는 물과 흙과 햇빛의 새로운 원천을 끊임없이 찾아낼 것인가?

집단지성 문화가 이러한 여러 가지 도전을 타개할 수 있으냐 없느냐에 따라 많은 것이 좌우될 것이다. 대량생산은 2차 세계대전 때 파시즘에 맞서 싸우는 과정에서 단단하게 성장했다. 집단지성은 지구 온난화에 맞서 싸우는 과정에서 단단한 성장을 이룰 수도 있다. 에너지 생산, 자원 이용, 해수면 상승 대책 등의 문제에 대처할 대안을 찾기 위해서는 어마어마한 규모의 집단적인 혁신이 필요하다.

네덜란드가 바닷물을 견제할 수 있는 것은 순전히 제방과 댐, 양수시설, 방수로 등으로 이루어진 복잡한 시스템 덕분이다. 모든 사람이 서로 의지해서 이 시스템이 효율적으로 작동할 수 있도록 하지 않으면 네덜란드는 물에 잠길 수밖에 없다. 습지와 바다를 매립한 땅에 세워진 네덜란드는 공동체의 축적된 혁신 없이는 존속할 수 없다. 네덜란드 사람들은 뛰어난 건축 설계자 개개인을 칭찬하기보다는 재조립이 용이한 간단한 모듈형 건물과 같은, 발전적이고 실용적인 혁신에 주목한다. 네덜란드에서는 국가차원에서 집단지성이 활동하고 있다. 그리고 항상적이고, 적응력 있으며, 상호 연결되어 있고, 점증적인 방식으로 혁신이 이루어진다.[7] 세계적인 문제에 맞서 싸우기 위해 우리는 이런 수준 높은 사회혁신을 대규모로 진행해야 한다.

재난대책을 연구하는 토머스 호머 딕슨Thomas Homer-Dixon은 《내림세의 오름세The Upside of Down》에서 이렇게 말한다.

어떻게 보면 인류는 굉장히 운이 좋다. 역사에서 손꼽히는 거대한 도전에 직면할 때마다 인류는 전 지구적인 차원에서 신속하게 문제를 해결하고, 근본적으로 새로운 민주적 의사결정의 토대를 제공할 수 있는 기술을 개발한다.

우리는 이제 막 웹의 잠재력과 웹이 제공하는 새로운 사고방식과 활동방식에 손을 댔을 뿐이다. 우리가 거대한 공동의 도전과 맞서 싸우기 위해 창조적으로 이용할 수만 있다면 집단지성은 확실한 효과를 발휘할 것이다. 집단지성을 이용해 민주주의와 지식을 확산하고, 건강과 생활의 질을 향상시키고, 기후변화와 극단주의의 위협에 대처할 수 있다면, 백년 뒤 우리의 후손들은 집단지성이 세계의 자율적 통제능력에 결정적인 영향을 미쳤다고 말할 것이다. 집단지성은 세계차원에서 발전하는 지식경제 속에서 소프트웨어, 교육, 통신, 의료, 식량 등 차세대 공공재를 창조할 수 있는 새로운 방안을 제시한다. 세계화가 맥도날드와 코카콜라, 마이크로소프트의 행진에 그친다면, 수많은 개발도상국이 세계화를 받아들이기를 거부할 것이다.

집단지성은 색다른 가능성을 안고 있다. 그것은 바로 자유주의적이고 계몽주의적인 전통 위에 세워진 신뢰와 협업의 가능성, 이데올로기가 아니라 증거를 토대로 더 나은 아이디어를 추구하는 신뢰와 협업의 가능성이다. 집단지성은 코카콜라 판매기보다 훨씬 효율적인 방식으로 이런 가치를 시민사회에 확산할 것이다. 집단지성은 경제발전을 위한 도구일 뿐만 아니라 민주주의와 사회발전을 위한 도구다.

우리는 아이디어를 공유해야 한다. 그것만이 아이디어를 실현할 수 있는 방법이다. 아이디어를 공유하면 아이디어는 점점 늘어나고 자라나서 아이디어를 더욱 강화하는 순환고리를 이룬다. 우리는 무엇을 갖고 있느냐뿐만 아니라 무엇을 공유하고 있느냐에 따라서도 규정된다. 이것은 우리가 앞으로 백년 동안 신조로 삼아야 할 가치관이다.

함께 생각하라

웹이 창조하고 있는 문화는 단순한 구성 원칙 하나로 요약할 수 있다. 나는 그것을 '함께'의 원칙이라고 부르겠다.

웹은 사람들을 위해서가 아니라, 사람들과 '함께' 생각하고 '함께' 행동할 것을 권유한다. 웹은 새로운 지식과 아이디어를 함께 공유하고 교환하고 창조할 수 있도록 우리를 다른 사람들과 연결해주는 초대장이다. '함께' 생각해야 한다는 원칙은 20세기의 대량생산, 대량소비가 야기한 사고방식, 조직, 문화와 극명한 대조를 이룬다.

전통적이고 위계적인 조직들은 사람들을 위해 활동한다는 명분을 내세우지만, 대개는 사람들을 대상으로 삼아 활동을 전개한다. 기업들은 소비자를 위해 일한다고 주장하지만, 실제로는 소비자를 손에 넣어야 할 목표, 지갑을 비우게 만들어야 할 목표로 대한다. 번화가에 자리 잡은 일류 은행에서 나의 "인간관계를 관리해주는 사람"임을 자임하는 인물은 나에 대해 전혀 아는 것이 없다. 그는 내가 원하지 않는 저축상품을 나에게 팔아먹기 위해 마치 절친한 평생지기인 것처럼 행세한다. 사람들 대부분이 공공서비스를 이용하면서 경험하는 것 역시 전혀 다를 바가 없다. 사회복지 부서는 도움이 필요한 사람들을 위해 구성된 것이지만, 복지혜택을 받는 사람들은 한 사람의 인간이 아니라 복지 대상자 번호로 취급되는 느낌을 받는다. 이들은 복지 및 지원 서비스가 사람들이 진정으로 필요로 하는 것이 무엇인지에 대해서는 거의 관심을 두지 않은 채 비정하고도 복잡한 과정에 의거해 냉담하게 제공되고 있다고 불평하는 경우가 많다. 정치인들 역시 자신들은 우리의 이익을 위해 우리의 관점을 대변하는 일을 한다고 주장한다. 그러나 그들은 대부분의 시간을 자화자찬하고 우리에게 입에 발린 소리나 장광설을 늘어놓는 데 할애하고 있는 것 같다. 학교에서는 대개 교사들이 하는 강의를 듣거나 칠판에 적힌 내용을 베껴쓰는 방식으로 교육이 이루어진다. 병원을 찾는 환자는 병원 시스템에 의해서 취급되는 물건이 된 듯한 느낌을 받는다. 공공부문이나 민영부문 모두 우리를 소비자로 대우하도록 고안되어 있지만, 실제로 우리의 생활은 비인격적이고, 완고하고, 비정하기까지 한 시스템에 의거하고 있을 뿐이다.

사람들은 대개 시장(사람들의 생활 속에 존재하는 거대한 추상적인 힘)이 자신들을 위해서 움직이는 대신에 자신에게 영향을 미치면서 일자리, 산업, 혹은 공동체를 몰아내고 있다는 느낌을 받는다. 대규모 조직에 속해서 일하는 것은 강압 속에 있는 느낌을 준다. 사람들은 조직이 시행하는 지나치게 많은 관리 때문에, 하고 싶지 않은 일을 억지로 하고 있다는 느낌을 받는다.

이처럼 사람들을 조종의 대상으로 취급하는 태도는 뿌리 깊은 가설에서 비롯한 것이다. 그 가설은 다음과 같은 내용이다. 지식과 학문은 특정한 전문가들에게서 나와 도움을 필요로 하는 사람들에게 흘러간다. 조직들은 권력과 지식에 기반해 결정을 내리고, 집중화된 권위는 위에서 아래로 행사된다. 산업 시스템은 어느 한 장소에서 끌어낸 자원을 상품이나 소비재로 변환시켜 변형된 형태로 소비자에게 전달한다. 지식은 대개는 유용하고 합리적인 것이며, 우리가 환경을 길들이고, 설계하고, 통제할 수 있게 한다.

그러나 웹은 '함께'라는 논리에 맞추어 움직이는 세계, 즉 사람들과 아이디어들의 수평적이고 자유로우며 구조화된 결합 관계를 창조하고 있다. 사람들을 위한다거나 대상으로 삼는 것이 아니라, 사람들과 함께 활동한다는 원칙은 거의 모든 분야에 있어서 전혀 다른 조직과 전혀 다른 서비스, 그리고 전혀 다른 경험을 창출한다.

'함께'란 우리의 활동방식과 관련된 것이다. 나의 경우, 위계와 직함의 방해를 받지 않고 사람들과 함께 일하는 것이 꿈이었기 때문에 대규모 조직을 위해서 일하는 것을 그만두었다. 오픈소스 공동체(위키피디아, 그리고 더 일반화시켜서 말하자면 웹 자체)의 작업 문화는 비슷한 사고방식을 가진 사람들이 아이디어들을 공유하는 문화다. 웹의 세계에서는 누구나 직함이나 위계에 구애받지 않고 자신이 필요로 하는 누구와도 자유롭게 의견을 교환할 수 있다. 이 원칙은 그라민 은행, 맨발대학과 같은 위대한 사회적 기업들의 핵심을 이룬다. 이 기업들은 사람들과 함께 그들의 문제를 밝혀내고 해결책을 고안해내고, 사람들로 하여금 독자적으로 활동하면서 스스로를 부양할 수 있는 능력을 길러준다. 이 기업들이 지향하는 정신, 즉 사람들에게 대등한 권한을 부여하고 사람들이 자립적으로 활동할 수 있게 한다는 정신은 웹에서 출현하기 시작한 새로운 조직들이 지향하는 정신과 동일하다.

'함께'의 원칙은 창조적인 협업활동과 대화 내용의 공유에 의해 실행에 옮겨지며, 혁신에서 결정적인 역할을 담당한다. '함께'는 자유로운 공동체 내부의 지도적인 정치 원칙이 되어야 한다. 이런 공동체 내부의 정치인들은 사람들과 함께 활동하면서 공동의 문제에 대한 해결책을 찾아야 한다. 사람들은 대화가 더욱 중시되는 정치, 즉 자신이 해야 할 것이 상부로부터 메시지의 형태로 통고되거나 전달되는 것이 아니라, 대화를 통해서 추구되고 경청되는 정치를 원한다. '함께'의 정신은 최근 미국의 선거에서 발현된 바 있다. 수천 명의 자원활동가들이 웹에서 활동하면서 유권자들에게 오바마가 백악관에 입성할 수 있도록 돕자고 지지를 구했다. '함께'의 개념은 우리 주위의 물리적인 환경을 색다른 방식으로 바라보고, 환경과의 연계 속에서 움직이는 경제를 창조한다는 것을 의미한다. 자원을 재활용하고, 폐기물과 오염물질 배출을 최소화하려는 노력은 '함께'가 실행에 옮겨지고 있는 사례라고 볼 수 있다.

사람들과의 관계는 우리의 행복에 결정적인 영향을 미친다. 인생이 충만하고 비옥한 느낌을 주는가, 아니면 공허하고 무력한 느낌을 주는가는 대체로 우리가 맺고 있는 관계가 얼마나 충실한가, 즉 다른 사람과 얼마나 충실한 연관을 맺고 있느냐에 의해 결정된다. 인간관계와 네트워크는 사회를 구성하는 기본적인 구성 요소다. 학습역시 협업적이고 상호작용에 기초한 방식으로 진행될 때에만 향상된다. 다른 사람이 알려주는 지식을 수동적으로 전달받는 것이 아니라, 다른 사람과 함께 학습하는 활동적인 참여자는 궁극적으로 자신의 지식을 발전시킬 가능성이 높다.

20세기는 우리를 노동자로, 소비자로 여기면서, 우리를 대상으로 삼고 활동했던 대규모 조직들이 우위를 점했던 시기였다. 21세기에는 우리와 함께 활동하는 조직, 독자적으로 활동할 수 있도록 우리를 도와주는 조직이 우위를 점하게 될까? 내가 보기에, 그것은 가능한 일이다. 그러나 그런 가능성을 현실화하기 위해서 우리는 세 가지 커다란 문제에 대해 답할 수 있어야 한다.

첫째, 실제로 참여하는 것은 누구인가? 다시 말해서, 우리는 누구와 함께 할 것인가? 이런 협업적인 문화는 대단히 긴밀하게 연결된 활동가들과 열렬한 애호가들만을 위한 것인가, 아니면 광범한 대중을 위한 것인가?

둘째, 참여의 의의를 높이기 위해서, 어떻게 참여를 증대시킬 것인가? (참여는 웹페이지에 의견을 남기거나, 어떤 제안을 하거나, 동영상을 올리거나, 공유할 수 있는 소프트웨어를 만들거나, 기부를 하는 등의 여러 가지 방식으로 이루어질 수 있다. 이런 활동들은 모두 다른 사용자들에게 피드백을 제공하는 것이다.)

셋째, 우리는 과거에 수평파들이 하지 못했던 일들을 할 수 있을까? 다시 말해서 우리는 사람들 간의 협업과 공유를 가능하게 하는 확고하고 믿을 만한 방법을 창안할 수 있을까?

협업적인 웹이 진취적이기는 하지만 불운한 또 하나의 실험에 머문다면, 그것 역시 실패로 끝나고 말 것이다. 지속적인 변화를 이루기 위해서는 '함께'의 논리가 일상생활 속에 녹아들고, 사람들이 그 것에 의지해서 노동자로서, 소비자로서 자신이 원하는 것을 얻을 수 있어야 한다.

향후 수십 년 동안, 우리는 두 세계 사이의 투쟁을 목격하게 될 것이다. 한 세계는 익숙하기는 하지만 기능장애가 심한 세계, 즉 우리를 위해서 결정이 내려지고 우리의 이익을 위한다는 명목하에 행동이 이루어지는 세계다. 또 다른 세계는 갓 출현하여 혼란을 일으키기 쉽고, 혁명적인 잠재력을 가지고 있는 세계, 즉 함께 사고하고 함께 일하는 세계다.

'함께'의 아이디어는 다양한 형태로 변형될 수 있는 잠재력을 가지고 있다. 웹이 창조하는 세계로 들어갈 방안을 아주 간단한 방법을 구상하고 싶다면, '함께' 생각하라.

■ 감사의 말

　내가 이 책을 쓰는 동안 수많은 사람들이 의식적 혹은 무의식적으로 내게 아이디어를 제공했다. 내 생각에 막대한 영향을 준 책들은 일카 투오미의 《혁신의 네트워크》, 스티븐 웨버의 《오픈소스의 성공》, 요차이 벤클러의 《네트워크의 부》, 헨리 체스브로의 《오픈 이노베이션》, 스티븐 존슨의 《출현》, 칼리스 볼드윈과 킴 클라크의 《디자인 규칙》, 에릭 폰 히펠의 《혁신의 민주화》, C. K. 프라할라드와 벤카트 라마스와미의 《경쟁의 미래》, 스콧 페이지의 《차이》, 제임스 서로위키의 《대중의 지혜》, 크리스 앤더슨의 《롱테일 경제학》 등이다. 나는 이밖에도 많은 책과 논문, 기사를 참조했는데, 그 목록은 〈참고문헌〉에 밝혀두었다. 내가 밝힌 참고문헌만으로 충분치 않다고 생각하는 사람들은 이 책의 위키 버전을 이용해 직접 관련 문헌과 링크를 추가하기 바란다.

　나는 그밖에도 수많은 사람들과 협업해 진행한 프로젝트를 통해, 그리고 학술회의와 연구회의의 토론을 통해 많은 아이디어를 개발했다. 시카고의 도시 최고경영자 센터의 캐롤 콜레타, 암스테르담의 버추얼플랫폼의 캐시 브릭맨, 날리지랜드의 조우리 반 스틴호벤, 프랑스 나우타와 미셸 슈워츠, 노르웨이 올레순의 이노타운에 참여하는 세실리 위드와 관계자들, 호주 브리즈번의 퀸즈랜드공과대학의 존 하틀리와 스튜어트 커닝햄, 위키미디어 재단의 지미 웨일스와 관계자들, 사이드 경영대학원의 로웨나 영과 안소니 홉우드, 교육혁신단의 발레리 하논과 관계자들, 내각사무처와 제3섹터 사무처의 에드 밀리반드, 도미닉 맥스웰, 벤 접, 캠벨 롭, 외무행정부의 데이비드 밀리반드와 라비 구루무시, 데모스에서 아이디어 아틀라스 프로젝트를 하고 있는 내 동료들인 제임스 윌즈던, 폴 밀러, 몰리 웹, 커스턴 바운드, 데모스에서 일하다가 지금은 멜버른의 정부 고문으로 일하는 톰 벤틀리, 이노베이션 익스체인지의 대표자인 존 크레이그, 영 파운데이션의 제프 멀건, 마이 소사이어티의 톰 스타인버그, 파티시플에서 일하는 내 동료들인 힐러리 코탐, 콜린 번즈, 제니 윈홀, 내가 객원 연구원으로 있는 국립 과학기술 및 예술기금의 조나단 케스턴 바움과 리처드 할켓, 오슬로의 오피니언 벵갈의 추세 분석가인 커스틴 운트하임, 《창조형 리더는 원칙을 배반한다》의 저자인 폴리 라바르와 윌리엄 테일러, 내 강연 일정 조정을 도와준 런던강연사무소의 톰 케넌 슬레이니와 관계자 일동, 사용자 주도의 혁신에 관한 내 연구활동을 후원해준 국립소비자위원회의 에드 메이요, 필립 컬럼, 수 존스톤 등이 나에게 도움을 준 사람들이다.

대학을 졸업하자마자 내 연구원으로 일하고 있는 안나 메이뱅크의 노력이 없었다면 이 책은 빛을 보지 못했을 것이다. 안나는 월드오브워크래프트에서 브라질의 오픈소스 정책에 이르는 모든 사항에 대해 자세하고 총괄적이며 총명한 보고서를 믿을 수 없을 만큼 빠른 속도로 작성해주었다. 이 책에서 매우 흥미진진한 부분이 눈에 띈다면 그것은 모두 안나가 발굴한 것이다. 이 책의 웹사이트를 디자인해준 에이디도의 앤디 헤딩톤과 알렉스 오솔드를 소개해준 마이크 본드와 마틴 코인에게 감사의 말을 전하고 싶다. 내 아들 프레디 노튼과 데모스의 인턴사원으로 일했던 조시 부스는 이 책의 참고문헌과 주석, 색인을 완결하는 귀중한 일을 맡아주었다.

내 사이트에 의견을 남기고 이메일을 보내는 등 온라인을 통해 도움을 준 모든 사람들에게 감사드리고 싶다. 하이코 스팔렉, 미란다 모우브레이, 팀 설리번, 그밖에도 고마움을 전해야 마땅한 사람들이 너무나 많은데, 그중 몇 사람의 이름은 〈머리말〉에 밝혀두었다.

내 에이전트인 클레어 알렉산드라는 이 프로젝트의 가능성을 한눈에 알아보고 어느 누구도 흉내 내지 못할 솜씨로 이 프로젝트를 관리했다. 프로파일 출판사의 앤드류 크랭클린과 다니엘 크루 역시 이 프로젝트의 가능성을 알아보았고, 내가 원고를 내놓겠다고 약속한 기일을 한참 넘겼을 때도 상당한 인내심을 보여주었다. 대단히 심혈을 기울여 책을 출판하는 프로파일 출판사에서 이 책을 내게 되어 참으로 기쁘다.

가장 큰 감사의 말은 내 가족에게 돌려야 마땅하다. 나는 어느 휴일, 아침 식탁에서 내 처제 일레인 베델과 이야기를 나누다가 이 책의 제목을 떠올렸다. 일레인은 두뇌와 용모는 어울리기 마련임을 입증하는 산증인이다. 주말이면 가족들은 내가 자신들과 함께 더 재미 있고 유익한 일을 했으면 하고 바랄 때가 많았지만, 나는 주말마다 아침 일찍 일어나 책을 써야 했다. 가족들은 내가 쓰고 있는 책이 몇 달 전에 썼다고 했던 바로 그 책이라는 사실을 알고는 놀라는 표정을 감추지 못했다. 물론 나는 가족들이 그렇게 놀라는 까닭을 이해했다. 헨리에타, 프레디, 해리와 네드에게 고마움을 전한다. 나는 아내 제랄딘 베델에게 무엇보다 큰 빚을 지고 있다. 제랄딘의 후원은 결코 흔들리지 않았고, 집필 최종 단계에서는 서투른 문법을 바로잡아 내 글을 새로운 차원으로 끌어올렸다. 아내의 도움이 없었다면 나는 이 책을 쓸 수 없었을 것이다.

■ 주석

서장

1. 펀투의 〈캐논〉 동영상은 다음을 보라. http://uk.youtube.com/watch?v= QjA5faZF1A8. 2008년 11월 5일 현재, 이 동영상의 조회수는 5,122만 1,981건을 기록하고 있다. 일반적으로 유명한 일렉트릭 기타 연주 동영상들은 수백만 건의 조회수를 기록하는 경우가 많다.
2. charlieissocoollike와 비슷한 사례들과 관련해서 더 많은 정보를 원하는 사람은 다음을 참조하라. Celia Hannon, Peter Bradwell, Charlie Tims, Video Republic, Demos, 2008. http://www.youtube.com/user/charlieissocoollike
3. Christopher Hill, *The World Turned Upside Down* (Penguin, 1972)

1장

1. Thomas Homer-Dixon(2006), *The Upside of Down: Catastrophe, Creativity, and the Renewal of Civilisation* (Souvenir Press Ltd, 2007)
2. Jane McGonigal, 'Why I Love Bees: A Case Study in Collective Intelligence Gaming', February 2007. 이 자료는 다음 웹사이트에서도 구할 수 있다. http://www.avantgame.com/McGonigal_WhyILoveBees_Feb2007.pdf
3. 한 가지 사례를 들자면, 2007년 4월에 4,000여 명의 플래시몹 참여자들이 런던 빅토리아 기차역의 중앙 광장을 차지했다. 그들은 휴대용 음향기기를 착용한 채 두 시간 동안 춤을 췄다. 다음 책을 참조하라. Howard Rheinggold, *Smart Mobs* (Perseus Books, 2002)

4. 생어는 웨일스가 이사로 활동했던 보미스Bomis 회사로부터 재정적인 지원을 받았다.

5. Larry Sanger, 'The Early History of Nupedia and Wikipedia', in Chris DiBona, Danese Cooper and Mark Stone (Eds), *Open Sources 2.0* (O' Reilly, 2006)

6. 가장 유명한 사례는 로버트 케네디의 전직 수행원이 존 F. 케네디의 암살에 개입했다는 것을 암시하는 항목이다.

7. 이에 대한 자세한 설명을 원하면, 다음 책을 참조하라. Yochai Benkler, *The Wealth of Networks* (New Haven, CT/London: Yale University Press, 2006)

8. David Edgerton, 'From Innovation to Use: Ten (Eclectic) Theses on the History of Technology', *History and Technology* 16 (1999), pp. 1~26. 이 글은 원래 프랑스어로 출판되었다. 'De l'innovation aux usages. Dix thèses éclectiques sur l'histoire des tecgbuques', *Annales HSS* 4-5(1998), pp. 815~837; David Edgerton, *The Shock of the Old: Technology in Global History since 1900* (Profile Books Ltd, 2007)

9. F. B. Viégas, M. Wattenberg and K. Dave, 'Studying Cooperation and Conflict between Authors with History Flow Visualizations' CHI (2004), pp. 575~582. 이 내용은 다음 자료에도 요약되어 있다. William Emigh and Susan C. Herring, 'Collaborative Authoring on the Web: A Genre Analysis of Online Encyclopaedias', 2005. 이 자료는 다음 웹사이트에서도 구할 수 있다. http://ella.slis.indiana.edu/~herring/wiki.pdf

10. Charles Taylor, *Sources of the Self: The Making of the Modern Identity* (Cambridge University Press, 1992); René Decartes, Discourse on Method and the Meditations. Translated by F. E. Sutcliffe (Penguin Books, 1976)

11. Pierre Levy and Robert Bonomo (trans.), *Collective Intelligence: Mankind's Emerging World in Cyberspace* (Perseus Books, 1997)

2장

1. Tim O' Reilly, 'What is Web 2.0?', *www.oreillynet.com*, November 2005. 이 자료는 다음 웹사이트에서 찾을 수 있다. http://www.oreillynet.com/pub/a/oreilly/tim/news/2005/09/30/what-is-web-2.0.html

2. Matthew Gray, 'Web Growth Summary', *www.mit.edu*. 이 자료는 다음 웹사이트에서 찾을 수 있다. http://www.mit.edu/peoplellll/mkgray/net/web-

growth-summary.html

3. Mark Brady, 'Blogging: Personal Participation in Public Knowledge-Building on the Web', Chimera Working Paper, University of Essex 2005. 이 자료는 다음 웹사이트에서 찾을 수 있다. http: //www.essex.ac.uk/chimera/content/pubs/wps/CWP-2005-02-Blogging-in-the-Knowledge-Society-MB.pdf

4. Rebecca Blood, 'Weblogs: A History and Pesrpective', *Rebecca's Pocket*, September 2000. 이 자료는 다음 웹사이트에서 찾을 수 있다. http: //www.rebeccablood.net/esssays/weblog_history.html

5. Mallory Jensen, 'Emerging Alternatives: a Brief History of Weblogs', 2003. chttp: //www.cjr.org/issues/2003/5/blog-jensen.asp

6. http: //portal.eatonweb.com

7. http: //www.technorati.com/about

8. http: //slashdot.org
   http: //www.digg.com
   http: //www.plastic.com
   http: //www.fark.com

9. 다음 자료를 보라. Anns Maybank, 'Web 2.0', *www. charlesleadbeaster.net*

10. 다음 자료를 보라. http: //english.ohmynews.com

11. Nicole Ellison, Charles Steinfield and Cliff Lampe, 'Spatially Bound Online Social Networks and Social Capital: The Role of Facebook', Department of Telecomunication Information Studies and Media, Michigan State University, 2006. 이 자료는 다음 웹사이트에서 찾을 수 있다. http: //msu.edu/%7enellison/facebook_ica_2006.pdf

12. Danah Boyd, 'None of This is Real: Identity and Participation in Frienster', University of California, Berkeley. 이 자료는 다음 웹사이트에서 찾을 수 있다. http: //www.danah.org/papers/NoneofThisisReal.pdf

13. http: //c2.com/cgi/wiki?WikiHistory

14. The Economist New Media Survey, 'The Wiki Principle', *The Economist*, April 2006. 이 자료는 다음 웹사이트에서 찾을 수 있다. http: //www.economist.com/surveys/displaystory.cfm?story_id=6794228

15. 다음 자료를 보라. Steven Levy and Brad Stone, 'The New Wisdom of the Web', *Newsweek*, April 2006. 이 자료는 다음 웹사이트에서 찾을 수 있다. http: //www.msnbc.msn.com/id/12015774/site/newsweek

16. Fred Turner, *From Counterculture to Cyberculture* (Chicago, IL/London: Universityl of Chicago Press, 2006)

17. Patrice Flichy, *The Internet Imaginaire* (Cambridge, MA: MIT Press. 2007)

18. Charles Leadbeater, "The DIY State", Prospect 130, January 2007

19. Fred Turner, 앞의 책.

20. John Markoff, *What the Dormouse Said: How the Sixties Counterculture Shaped the Personal Computer Industry* (Penguin, 2006)

21. Patrice Flichy, 앞의 책.

22. Jonathan Lethem, 'The Ecstasy of Influence', *Harper's Magazine*, February 2007

23. Garrett Hardin, 'The Tragedy of the Commons', *Science* 162(1968), pp. 1243~1248

24. Elenor Ostrom, *Governing the Commons* (Cambridge University Press, 1990)

25. Lawrence Lessig, *Code and Other Laws of Cyberspace* (New York, NY: Basic Books, 1999)와 *Free Culture* (New York, NY: Penguin Press, 2004)

26. Melvyn Bragg, *The Routes of English* (BBC Factual and Learning, 2000); Melvyn Bragg, *The Adventure of English* (Hodder & Stoughton Ltd, 2003)

27. Jonathan Lethem, 앞의 책.

28. Cory Doctorow 외, 'On "Digital Maoism: The Hazards of the New Online Collectivism" By Jaron Lanier', *Edge*(2006). http: //www.edge.org/discourse/ digital_maoism.html

29. Paul A. David, 'From Keeing "Nature's Secrets" to the Institutionalization of "Open Science" ', Rishab Aiyer Ghosh(Ed.), *Code* (Cambridge, MA/ London: MIT Press, 2005)

30. Alessandro Nuvolari, 'Open Source Software Development: Some Historical Perspectives', Eindhoven Centre for Innovation Studies Working Paper 03.01(2003); Koen Frenken and Alessandro Nuvolari, 'The Early Development of the Steam Engine: An Evolutionary Interpretation Using Complexity Theory', Eindhoven Centre for Innovation Studies Working Paper 03.15(2003)

3장

1. Andrew Brown, *In the Beginning Was the Worm* (Pocket Books, 2003)

2. Eric S. Raymond, *The Cathedral and the Bazaar* (O' Reilly, 2001)

3. Doc Searls, 'Making a New World', in Chris DiBona, Danese Cooper and Mark Stone(Eds.), *Open Sources 2.0* (O' Reilly, 2006)

4. Glyn Moody, *Rebel Code: Linux and the Open Source Revolution* (Penguin, 2002)

5. 파격적인 혁신들이 그렇듯이, 리눅스는 겉보기처럼 혁명적인 것이 아니다. 컴퓨터 과학자들과 기술자들은 수십 년째 장비와 코드를 공유하고 있다. 컴퓨터 과학자이자 해커인 리처드 스톨만은 1980년대 중반에 오픈소스 운영체제와 관련된 활동을 뛰어들었고, 1985년에 일반 공중 라이선스General Public License를 만들었다. 일반 공중 라이선스는, 사용자가 변경한 프로그램을 다른 사람들이 무료로 이용할 수 있도록 허용할 경우에 한해서 사용자들이 특정한 프로그램을 복사하고 변경하고 개량판을 판매할 수 있도록 허용했다. 리눅스는 교수 보조용으로 제작된 미닉스Minix 프로그램을 토대로 1960년대에 제작된 유닉스Unix 프로그램의 개량판이다. 1992년 1월, 토발즈가 스톨만의 혁신적인 일반 공중 라이선스에 따라서 리눅스 두 번째 개량판을 내놓으면서 급격히 상승하기 시작했다. 며칠 만에 리눅스 활동가의 메일링 리스트에 포함된 인원은 196명으로 늘어났다.

6. Ilkka Tuomi, *Networks of Innovation: Change and Meaning in the Age of the Internet* (Oxford University Press, 2002)

7. 다음 자료를 보라. http: //counter.li.org/

8. David A. Wheeler, 'More than a GigabuckL: Estimating GNU/Linux' s Size', *www.dwheeler.com*/sloc/redhat71−v1/redhat71sloc.html

9. Juan José Amor−Iglesias, Jesús M. González−Barahona, Gregorio Robles− Martínez and Israel Herráiz−Tabernero, 'Measuring *Libre* Software Using Debian 3.1(Sarge) as a Case Study: Preliminary Results', *UPGRADE* 6.3, June 2005. 이 자료는 다음 웹사이트에서 찾을 수 있다. http: //www.upgrade-cepis.org/issues/2005/3/ups6−3Amor.pdf

10. Steven Weber, *The Success of Open Source* (Cambridge, MA/London: Harvard University Press, 2004)

11. Thomas Kuhn, *The Structure of Scientific Revolutions* (University of Chicago Press, 1962), p. 10

12. Richard K. Lester and Michael Piore, *Innovation: The Mission Dimension* (Cambridge, MA/London: Harvard University Press, 2004)

13. Andrew Hargadon, *How Breakthroghs Happen* (Boston, MA: HBS Press, 2003)

14. James Surowiecki, *The Wisdom of Crowds* (Little, Brown, 2004)

15. Scott E. Page, *The Difference: How the Power of Diversity Creates Better Groups, Firms, Schools, and Societies* (Princeton University Press, 2007)

16. Bart Nooteboom, *Learning and Innovation in Organizations and Economies* (Oxford University Press, 2000)

17. Steven Weber, *The Success of Open Source* (Cambridge, MA/London: Harvard University Press, 2004)

18. Joseph Feller, Brian Fitzgerald, Scott A. Hissam, Karim R. Lakhani(Eds), *Perspectiveson Free and Open Source Software* (Cambridge, MA: MIT Press, 2005) 에 실린 Lakhani, Ghosh와 Lerner의 논문들을 보라.

19. Josh Lerner and Jean Tirole, 'The Simple Economics of Open Source', NBER Working Paper W7600(2000). 이 자료를 다음 웹사이트에서 찾을 수 있다. http://www.nber.org/papers/w7600

20. Robert Wright, *Nonzero*(Abacus, 2001)

21. Carliss Y. Baldwin and Kim B. Clark, *Design Rules* (Cambridge, MA: MIT Press, 2000)

4장

1. Richard Sennett, *The Culture of the New Capitalism* (New Haven, CT/London: Yale University Press, 2006)

2. Mitch Kapor, *blog.kapor.com*

3. Henry Chesbrough, Wim Vanhaverbeke and Joel West (Eds), *Open Innovation: Researching a New Paradigm* (Oxford University Press, 2006)

4. John Hartley, 'Culture Business and the Value Chain of Meaning', *The New Economy, Creativity and Consumption—A Symposium* (Brisbane: Queensland University of Technology Publications, 2002), pp. 39~46

5. http://www.blizzard.com/inblizz/profile.shtml

6. Nicolas Ducheneaut, Nicholas Yee, Eric Nickell and Robert J. Moore, 'Alone Together? Exploring the Social Dynamics of Massively Multiplayer Online Games', *Conference on Human Factors in Computing Systems*, 2006, p.3. 이 자료는 다음 웹사이트에서 찾을 수 있다. http://www.parc.xerox.com/research/publications/files/5599.pdf

7. David Barboza, 'Ogre to Slay? Outsource it to Chinese', *New York Times*,

December 2005.

8. Dominic Rushe, 'Fantasy Game Turns Internet Into Goldmine', *The Sunday Times*, September 2006

9. 다음 자료를 보라. http: //www.ige.com

10. 다음 자료를 보라. http: //www.worldofwarcraft.com

11. Christian Luthje, Cornelius Herstatt and Eric von Hippel, 'The Dominant Role of "Local" Information in User Innovation: The Case of Mountain Biking', MIT Sloan School of Management Working Paper No. 4377−02, July 2002.

12. Sonali Shah, 'Open Beyond Software', in Christ DiBona, Danese Cooper and Mark Stone(Eds), *Open Sources 2.0* (O'Reilly, 2006)

13. Henry Jenkins, *Convergence Culture* (New York University Press, 2006)

14. Henry Jenkins, *Fans, Bloggers, and Gamers* (New York University Press, 2006)

15. Pekka Himanen, *The Hacker Ethic and the Spirit of the Information Age* (London: Secker & Warburg, 2001)

16. John Roberts, *The Modern Firm* (Oxford University Press, 2004)

17. Jane Jacobs, *The Death and Life of Great American Cities* (Vintage, 1992)

18. John Micklethwait and Adrian Wooldrige, *The Company* (London: Weidenfeld & Nicolson, 2003)

19. Henry Hansmann, *The Ownership of Enterprise* (Cambridge, MA: Belknap Harvard, 1996)

20. James Boyle, 'The Second Enclosure Movement and the Construction of the Publice Domain', *Law and Contemporary Problems* 66.1&2(2003), pp.33~74. http: //www.law.duke.edu/journals/66LCPBoyle

21. Lawrence Lessig, *Free Culture* (New York: Penguin Press, 2004)

5장

1. William C. Taylor and Polly LaBarre, *Mavericks at Work: Why the Most Original Minds in Business Win* (London: HarperCollins, 2006)

2. Sonali Shah, 'Open Beyond Software', in Chris DiBona, Danese Cooer and Mark Stone(Eds), *Open Sources 2.0* (O'Reilly, 2006)

3. Don Tapscott and Antony D. Williams, *Wikinomics: How Mass Collaboration Changes Everything* (Penguin, 2007)

4. Freeman Dyson, 'Our Biotech Future', *The New York Review of Books*

54.12, July 2007

5. 다음 자료를 보라. http: //www.bookcrossing.com

6. Timothy Ferris, *Seeing in the Dark* (New York: Simon & Schuster, 2002)

7. Chris DiBona, Sam Ockman and Mark Stone(Eds), *Open Sources: Voices from the Open Source Revolution* (O'Reilly, 1999); Philip Ball, 'Life, But Not as We Know it', *Prospect*, August 2007

6장

1. Dick Morris, *Vote.com* (Renaissance Books, 1999)

2. Joe Trippi, *The Revolution Will Not Be Televised* (New York: HarperCollins, 2004)

3. Pippa Norris, *Democratic Phoenix* (Cambridge University Press, 2002)

4. Amartya Sen, *The Unwanted Indian: Writings on Indian History, Culture and Identity* (Penguin, 2006)

5. Jeffrey Rosen, *The Unwanted Gaze: The Destruction of Privacy in America* (New York: Vintage Books, 2001)

6. Charles Taylor, *The Ethics of Authenticity* (Cambridge, MA: Harvard University, 1991)

7장

1. Vannevar Bush, 'As We May Think', *Atlantic Monthly*, July 1945.

2. Lewis Hyde (1983), *The Gift: How the Creative Spirit Transforms the World* (Edinburgh: Canongate, 2007)

3. Mark Dodgson, David Gann and Ammon Salter, *Think, Play, Do: Technology, Innovation and Organization* (Oxford University Press, 2005)

4. Charles Taylor, *The Ethics of Authenticity* (Cambridge, MA: Harvard University, 1991)

5. Avner Offer, *The Challenge of Affluence* (Oxford University Press, 2006)

6. Jonathan L. Zittrain, 'The Generative Internet', *Harvard Law Review* 119.1974(2006)

7. Aaron Betsky, *False Flat: Why Dutch Design Is So Good* (Phaidon, 2004)

■ 관련 연구

더 자세한 참고문헌은 이 책의 연구원인 안나 메이뱅크가 축적한 관련 연구 논문에서 찾을 수 있다. 이 논문들은 내 웹사이트인 www.charlesleadbeater.net에서 내려받아 이용할 수 있다. 그 논문들이 다루는 토픽은 다음과 같다.

- 위키피디아: 온라인 백과사전의 정확성과 경제성에 대한 검토
- 오마이뉴스: 온라인 뉴스 사이트에 대한 요약 보고
- 리눅스: 널리 이용되는 오픈소스 운영체제의 역사와 리눅스 커뮤니티의 개관. 리눅스 커뮤니티 팽창에 대한 개요도 포함되어 있다.
- 디지털 격차: 웹이 평등에 미치는 영향
- 국제 극지의 해: 기후 과학에서의 다국적 협업활동의 성과
- 2008년 미국 대통령 선거유세: 웹 2.0과 소셜 네트워크가 2008년 미국 대통령 선거에 미친 영향
- 오픈소스 제작: 웹은 제작을 사람들 손으로 넘겨줄까?
- 포크소노미Folksonomy 통계학: 웹에서 '태그'의 부상
- 게리 카스파로프: 이 체스 챔피언은 어떻게 수천 명으로 구성된 집단적인 지성에게 도전했을까?
- 생명백과사전: 생물 각 종에게 고유한 웹페이지를 지정하는 프로젝트
- 웹의 성장: 지난 십년간 웹의 성장을 도표로 제시한다.
- 심즈몰: 가상의 인물들을 위한 가상의 쇼핑
- 공용어: 영어의 성장과 확산
- 인간 게놈 프로젝트: 우리의 유전적 본성을 밝히는 협업적인 사업

- **브라질과 오픈소스:** 브라질의 국가 주도 오픈소스 운동과 그 이후에 대한 검토
- **엠페샤:** 돈의 이동이 활발해지면서 아프리카에 정착한 초소형 은행의 혜택
- **유분투:** 리눅스를 토대로 한 오픈소스, 커뮤니티 개발 운영체제
- **아파치:** 오픈소스 웹사이트의 성공
- **월드오브워크래프트:** 컴퓨터 전략 게임이 창조한 가상의 세계가 800만 명 이상의 게임 참여자들의 현실적인 생활을 어떻게 바꾸어놓고 있는가
- **웹 2.0:** 블로그, 위키, 포크소노미, RSS와 소셜 네트워크 등 웹의 새로운 면모에 대한 검토

■ 참고문헌

Amor-Iglesias, Juan José, Jesús M. González-Barahona, Gregorio Robles-Martínez and Israel Herráiz-Tabernero,, 'Measuring *Libre* Software Using Debian 3.1(Sarge) as a Case Study: Preliminary Results', *UPGRADE* 6.3, June 2005. 이 자료는 다음 웹사이트에서 찾을 수 있다. http: //www.upgrade-cepis.org/issues/2005/3/ups6-3Amor.pdf

Audretsch, David B., *Innovation and Industry Evolution* (Cambridge, MA: MIT Press. 1995)

Bak, Per, *How Nature Works* (New York: Copernicus, 1996)

Baldwin, Carliss Y., and Kim B. Clark, *Design Rules* (Cambridge, MA: MIT Press, 2000)

Ball, Philip, 'Life, But Not as We Know it', *Prospect*, August 2007

Barboza, David, 'Ogre to Slay? Outsource it to Chinese', *New York Times*, December 2005. 이 자료는 다음 웹사이트에서 찾을 수 있다. http: //www.nytimes.com/2005/12/09net/chnology/09gaming.html?ex=1291784400&en=48a72408592dffe6&ei=5088

Battarbee, Katja, *Co-Experience: Understanidng User Experiences in Social Interaction* (Helsinki: University of Art and Design, 2004)

Battram, Arthur, *Navigating Complexity* (The Industrial Society, 1998)

Benkler, Yochai, *The Wealth of Networks* (New Haven, CT/London: Yale University Press, 2006)

Bentley, *Tom, Learning Beyond the Classroom* (Routledge, 1998)

Bessen, James, *Open Source Softeware: Free Provision of Complex Public Goods*, July 2005. 이 자료는 다음 웹사이트에서 찾을 수 있다. http://papers.ssrn.com/so13.papers.cfm?abstract_id=588763#PaperDownload.

Betsky, Aaron, *False Flat: Why Dutch Design Is So Good* (Phaidon, 2004)

Bhidé, Amar V., *The Origin and Evolution of New Business* (Oxford University Press, 2000)

Blitz, Roger, 'Costs Made Council Stick With Microsoft', *Financial Times*, 17 August 2004

Blood, Rebecca, 'Weblogs: A History and Pesrpective', *Rebecca's Pocket*, September 2000. 이 자료는 다음 웹사이트에서 찾을 수 있다. http://www.rebeccablood.net/esssays/weblog_history.html

Bodden, Margaret A., *The Creative Mind: Myths and Mechanisms* (Routledge, 2004)

Boyd, Danah, 'None of This is Real: Identity and Participation in Frienster', University of California, Berkeley. 이 자료는 다음 웹사이트에서 찾을 수 있다. http://www.danah.org/papers/NoneofThisisReal.pdf

Boyle, James, 'The Second Enclosure Movement and the Construction of the Publice Domain', *Law and Contemporary Problems* 66.1&2(2003), pp.33–74. http://www.law.duke.edu/journals/66LCPBoyle

Brady, Mark, 'Blogging: Personal Participation in Public Knowledge–Building on the Web', Chimera Working Paper, University of Essex 2005. 이 자료는 다음 웹사이트에서 찾을 수 있다. http://www.essex.ac.uk/chimera/content/pubs/wps/CWP–2005–02–Blogging–in–the–Knowledge–Society–MB.pdf

Bragg, Melvyn, *The Routes of English* (BBC Factual and Learning, 2000)

Bragg, Melvyn, *The Adventure of English* (Hodder & Stoughton Ltd, 2003)

Brown, Andrew, *In the Beginning Was the Worm* (Pocket Books, 2003)

Brown, John Seely, and Paul Duguid, *The Social Life of Information* (Boston, MA: HBS Press, 2000)

Bush, Vannevar, 'As We May Think', *Atlantic Monthly*, July 1945. 이 자료는 다음 웹사이트에서 찾을 수 있다. http://www.theatlantic.com/doc/194507/bush

Byrne, David, *Complexity Theory and the Social Sciences* (Routledge, 1998)

Castells, Manuel, *The Rise of the Network Society* (Malden, MA: Blackwell, 1996)

Castells, Manuel, and Pekka Himanen, *The Information Society and the Welfare State* (Oxford University Press, 2006)

Chesbrough, Henry, *Open Innovation* (Boston, MA: HBS Press, 2003)

Chesbrough, Henry, Wim Vanhaverbeke and Joel West (Eds), *Open Innovation: Researching a New Paradigm* (Oxford University Press, 2006)

Cristensen, Clayton M., *The Innovator's Dilemma* (Boston, MA: HBS Press, 1997)

Clippinger III, John H.(Eds), *The Biology of Business: Decoding the Natural Laws of Enterprise* (San Fransico: Jossey–Bass, 1999)

Cooke, Philip, and Kevin Morgan, *The Associational Economy* (Oxford University Press, 1998)

Coyne, Richard, *Technoromanticism* (Cambridge, MA/London: MIT Press. 1999)

Csikszentmihalyi, Mihaly, *Creativity: Flow and the Pshchology of Discovery and Invention* (New York: HarperCollins, 1996)

Csikszentmihalyi, Mihaly, *Flow: The Classic Work on How to Achieve Happiness* (Rider, 2002)

Cukier, Kenneth, 'A Market of Ideas', *The Economist*, 22 October 2005

Dave K., Viégas F. B. and Wattenberg M., 'Studying Cooperation and Conflict Between Authors with History Flow Visualizations', CHI(2004), pp. 575~582. 이 내용이 요약되어 있는 책은 다음과 같다. William Emigh and Susan C. Herring, 'Collaborative Authoring on the Web: A Genre Analysis of Online Encyclopaedias' (2005). 이 자료는 다음 웹사이트에서 찾을 수 있다. http://ella.slis.indiana.edu/~herring/wiki.pdf

David, Paul A., 'From Keeing "Nature's Secrets" to the Institutionalization of "Open Science", in Rishab Aiyer Ghosh(Ed.), *Code* (Cambridge, MA/London: MIT Press, 2005)

De la Mothe, John, and Gilles Paquet(Eds), *Evolutionary Economics and the New International Political Economy* (Pinter, 1996)

Dennis, Carina, 'Biologists Launch "Open Source Movement"', in *Nature* 431(2004), p. 494

Descartes, René, *Discourse on Method and the Meditations*, Translated by F. E. Sutcliffe (Penguin Books, 1976)

De Vries, Marc J., *80 Years of Thinking at the Phillips Natuurkundig*

Laboratorium 1914-1994 (Amsterdam: Pallas, 2005)

DiBona, Chris, Danese Cooer and Mark Stone(Eds), *Open Sources 2.0* (O'Reilly, 2006)

DiBona, Chris, Sam Ockman and Mark Stone(Eds), *Open Sources: Voices from the Open Source Revolution* (O'Reilly, 1999)

Di Maggio, Paul(Eds), *The Twenty-first-Century Firm* (Princeton University Press, 2001)

Doctorow, Cory, et al. 'On "Digital Maoism: The Hazards of the New Online Collectivism" By Jaron Lanier', *Edge*(2006). http: //www.edge.org/discourse/digital_maoism.html

Dodgson, Mark, David Gann and Ammon Salter, *Think, Play, Do: Technology, Innovation and Organization* (Oxford University Press, 2005)

Dodson, Sean, 'Show and Tell Online', *Guardian*, 3 February 2006

Dravis, Paul, *Open Source Software: Perspectives for Development* (Washington, DC: InfoDev, 2003)

Ducheneaut, Nicolas, Nicholas Yee, Eric Nickell and Robert J. Moore, 'Alone Together? Exploring the Social Dynamics of Massively Multiplayer Online Games', *Conference on Human Factors in Computing Systems*, 2006, p.3. 이 자료는 다음 웹사이트에서 찾을 수 있다. http: //www.parc.xerox.com/research/publications/files/5599.pdf

Dyson, Freeman, 'Our Biotech Future', *New York Review of Books* 54.12, July 2007

Economist, The, 'The Wiki Principle', April 2006. 이 자료는 다음 웹사이트에서 찾을 수 있다. http: //www.economist.com/surveys/displaystory.cfm?story_id=6794228

Edgerton, David, 'From Innovation to Use: Ten (Eclectic) Theses on the History of Technology', *History and Technology* 16 (1999), pp. 1~26. 이 글은 원래 프랑스어로 출판되었다. 'De l' innovation aux usages. Dix thèses éclectiques sur l'histoire des tecgbuques', *Annales HSS* 4-5(1998), pp. 815~837

Edgerton, David, *The Shock of the Old: Technology in Global History since 1900* (Profile Books Ltd, 2007)

Ellison, Nicole, Charles Steinfield and Cliff Lampe, 'Spatially Bound Online Social Networks and Social Capital: The Role of Facebook', Department of Telecomunication Information Studies and Media, Michigan State University,

2006. 이 자료는 다음 웹사이트에서 찾을 수 있다. http: //msu.edu/%7enellison/facebook_ica_2006.pdf

Feller, Joseph, Brian Fitzgerald, Scott A. Hissam, Karim R. Lakhani(Eds), *Perspectives on Free and Open Source Software* (Cambridge, MA: MIT Press, 2005)

Ferris, Timothy, *Seeing in the Dark* (New York: Simon & Schuster, 2002)

Flichy, Patrice, *The Internet Imaginaire* (Cambridge, MA: MIT Press. 2007)

Florida, Richard, *The Rise of the Creative Class* (New York: HarperBusiness, 2005)

Florida, Richard, *The Flight of the Creative Class* (New York: HarperBusiness, 2005)

Frayn, Mickael, *Copenhagen* (Methuen, 2003)

Frenken, Koen, and Alessandro Nuvolari, 'The Early Development of the Steam Engine: An Evolutionary Interpretation Using Complexity Theory', Eindhoven Centre for Innovation Studies Working Paper 03.15(2003)

Garud, Raghu, Arun Kumearaswamy and Richard N. Langlois(Eds), *Managing in the Modular Age* (Malden, MA: Blackwell, 2003)

Gawer, Annabelle, and Michael A. Cusumano, *Platform Leadership: How Intel, Microsoft and Cisco Drive Industy Innovation* (Boston, MA: HBS Press, 200

Ghosh, Rishab Aiyer(Ed.), *Code* (Cambridge, MA/ London: MIT Press, 2005)

Gillmor, Dan, *We the Media* (Farnham: O'Reily, 2004)

Gladwell, Malcolm, *The Tipping Point* (Little, Brown, 2000) .

Granstrand, Ove (Eds), *Economics of Technology* (Amsterdam/London: North-Holland, 1994)

Gratton, Lynda, *The Democratic Enterprise* (Harlow: Pearson, 2004)

Gray, Matthew, 'Web Growth Summary', *www.mit.edu.* 이 자료는 다음 웹사이트에서 찾을 수 있다. http: //www.mit.edu/peoplellll/mkgray/net/web-growth-summary.html

Häikiö, Martti, *Nokia: The Inside Story* (Pearson, 2002)

Hall, Peter A. and David Soskice(Eds), *Varieties of Capitalism* (Oxford University Press, 2001)

Hansmann, Henry, *The Ownership of Enterprise* (Cambridge, MA: Belknap Harvard, 1996)

Hardin, Garrett, 'The Tragedy of the Commons', *Science* 162(1968), pp. 1243~1248

Hargadon, Andrew, *How Breakthroghs Happen* (Boston, MA: HBS Press, 2003)

Hartley, John, 'Culture Business and the Value Chain of Meaning', *The New Economy, Creativity and Consumption−A Symposium* (Brisbane: Queensland University of Technology Publications, 2002), pp. 39~46

Hayward, Peter J., *A Natural History of the Seashore* (HarperCollins, 2004)

Himanen, Pekka, *The Hacker Ethic and the Spirit of the Information Age* (London: Secker & Warburg, 2001)

Homer−Dixon, Thomas, *The Upside of Down: Catastrophe, Creativity, and the Renewal of Civilisation* (Souvenir Press Ltd, 2007)

Hyde, Lewis(1979), *The Gift: How the Creative Spirit Transforms the World* (Edinburgh: Canongate, 2007)

InterAcademy Council, *Inventing a Better Future* (Amsterdam: IAC, 2004)

Illich, Ivan, *Tools for Conviviality* (New York: Harper & Row, 1973)

Illich, Ivan, *Energy and Equity* (Calder & Boyars, 1974)

Illich, Ivan, *Limits to Medicine* (Marion Boyars, 2002)

Illich, Ivan, *Deschooling Society* (Marion Boyars, 2004)

Isaacs, Williams, *Dialogue and the Art of Thinking Together* (Currency, 1999)

Israel, Paul, *Edison: A Life of Invention* (John Wiley, 1998)

Jacobs, Jane, *The Death and Life of Great American Cities* (Vintage, 1992)

Jenkins, Henry, *Convergence Culture* (New York University Press, 2006)

Jenkins, Henry, *Fans, Bloggers, and Gamers* (New York University Press, 2006)

Jensen, Mallory, 'Emerging Alternatives: a Brief History of Weblogs', 2003. 이 자료는 다음 웹사이트에서 찾을 수 있다. http://www.cjr.org/issues/2003/5/blog−jensen.asp

Joyce, Patrick, *The Rule of Freedom* (Verso, 2003)

Kapor, Mitch, *blog.kapor.com*

Kapor, Mitch, 'Does the Open Source Model Apply Beyond Software?', http://blogs.osafoundation.org/mitch/000815.html, January 2005

Kelley, Tom, *The Art of Innovation* (Doubleday, 2001)

Kerstetter, Jim, 'The Linux Uprising', *BusinessWeek*, 3 March 2003

Kochan, Thomas A., and Paul Osterman, *The Mutual Gains Enterprise* (Boston, MA: HBS Press, 1994)

Kotro, Tanja, *Hobbyist Knowing in Product Development* (University of Art and Design, Helsinki, 2005)

Kuhn, Thomas, *The Structure of Scientific Revolutions* (University of Chicago Press, 1962), p. 10

Lakhani, Karim, and Eric von Hippel, 'How Open Source Software Works: "Free" User–to–User Assistance', MIT Sloan School of Management Working Paper No. 4117 (2000)

Lanchester, John, 'Should We Fear Google?', *Guardian*, 26 January 2006

Lane, Christel, and Reinhard Bachmann(Eds), *Trust Within and Between Organizations* (Oxford University Press, 1998)

Larsson, Ulf (Ed), *Cultures of Creativity* (Canton, MA: Science History Publications, 2002)

Leadbeater, Charles, "The DIY State", *Prospect* 130, January 2007

Lencek, Lena, and Gideon Bosker, *The Beach: The History of Paradise on Earth* (New York: Penguin, 1999)

Lerner, Josh, and Jean Tirole, 'The Simple Economics of Open Source', NBER Working Paper W7600(2000). 이 자료는 다음 웹사이트에서 찾을 수 있다. http://www.nber.org/papers/w7600

Lessig, Lawrence, *Code and Other Laws of Cyberspace* (New York: Basic Books, 1999)

Lessig, Lawrence, *Free Culture* (New York: Penguin Press, 2004)

Lester, Richard K., and Michael Piore, *Innovation: The Mission Dimension* (Cambridge, MA/London: Harvard University Press, 2004)

Lethem, Jonathan, 'The Ecstasy of Influence', *Harper's Magazine*, February 2007

Levine, Rick, Christopher Locke, Doc Searls and David Weinberger, *The Cluetrain Manifesto* (Perseus Books, 2000)

Levy, Pierre, and Robert Bonomo (trans.), *Collective Intelligence: Mankind's Emerging World in Cyberspace* (Perseus Books, 1997)

Levy, Steven, and Brad Stone, 'The New Wisdom of the Web', *Newsweek*, April 2006. 이 자료는 다음 웹사이트에서 찾을 수 있다. http://www.msnbc.msn.com/id/12015774/site/newsweek

Lewin, Roger, *Complexity: Life at the Edge of Chaos* (Phoenix, 1993)

Lewin, Roger, and Birute Regine, *The Soul at Work* (Orion, 1999)

Lewin, Roger, and Birute Regine, *Weaving Complexity & Business: Engaging the Soul at Work* (New York/London: Texere, 2001)

Leydesdorff, Loet, and Peter Van Den Besselaar (Eds), *Evolutionary Economics and Chaos Theory: New Directions in Technology Studies* (New York: St Martins' s Press, 1994)

Loudon, Alexander, *Webs of Innovation: The Networked Economy Demands New Ways to Innovate* (Harlow: FT.com, 2001)

Luthje, Christian, Cornelius Herstatt and Eric von Hippel, 'The Dominant Role of "Local" Information in User Innovation: The Case of Mountain Biking', MIT Sloan School of Management Workign Paper No. 4377−02, July 2002. 이 자료는 다음 웹사이트에서 찾을 수 있다. http: //userinnovation.mit.edu/papers /6.pdf

Malone, Thomas W., *The Future of Work* (Boston, MA: HBS Press. 2004)

Markoff, John, *What the Dormouse Said: How the Sixties Counterculture Shaped the Personal Computer Industry* (Penguin, 2006)

McGonigal, Jane, 'Why I Love Bees: A Case Study in Collective Intelligence Gaming', February 2007. 이 자료는 다음 웹사이트에서도 구할 수 있다. http: //www.avantgame.com/McGonigal_WhyILoveBees_Feb2007.pdf

McKelvey, Maureen, *Evolutionary Innovations* (Oxford University Press, 2000)

Mercer Management Consulting, *Audiences with Attitude* (Marsh & McLennan Companies)

Micklethwait, John, and Adrian Wooldrige, *The Company* (London: Weidenfeld & Nicolson, 2003)

Miller, Paul, and Paul Skidmore, *The Future of Organizations* (Demos, 2004)

Moody, Glyn, *Rebel Code: Linux and the Open Source Revolution* (Penguin, 2002)

Moore, Mark H., *Creating Public Value* (Cambride, MA/London: Harvard University Press, 1995)

Morgan, Gareth, *Images of Organization* (Sage, 1997)

Morris, Dick, *Vote.com* (Renaissance Books, 1999)

Myerson, Jeremy, *IDEO: Masters of Innovation* (Lawrence King, 2001)

Nalebuff, Barry J., and Adam M. Brandenburger, *Co−opetition* (HarperCollinsBusiness, 1996)

Nature magazine editorial, 'Open−Source Biology', *Nature* 431 (2004), p. 491

Naughton, John, *A Brief History of the Future: The Origins of the Internet* (Weidenfeld & Nicolson, 1999)

Nelson, Richard R., and Sydney G. Winter, *An Evolutionary Theory of Economic Change* (Cambridge, MA/London: Harvard University Press, 1996)

Nohria, Nitin, and Robert G. Eccles (Eds), *Networks and Organizations* (Boston, MA/HBS Press, 1992)

Nooteboom, Bart, *Learning and Innovation in Organizations and Economies* (Oxford University Press, 2000)

Norris, Pippa, *Democratic Phoenix* (Cambridge University Press, 2002)

Nuvolari, Alessandro, 'Open Source Software Development: Some Historical Perspectives', Eindhoven Centre for Innovation Studies Working Paper 03.01(2003)

Offer, Avner, *The Challenge of Affluence* (Oxford University Press, 2006)

Oram, Andy (Ed.), *Peer-to-Peer: Harnessing the Benefits of a Disruptive Technology* (Cambridge, MA: O'Reilly, 2001)

O'Reilly, Tim, 'What is Web 2.0?', *www.oreillynet.com*, November 2005. 이 자료 는 다음 웹사이트에서 찾을 수 있다. http://www.oreillynet.com/pub/a/oreilly/ tim/news/2005/09/30/what-is-web-2.0.html

Ormerod, Paul, *Why Most Things Fail* (Faber & Faber, 2005)

Ostrom, Elenor, *Governing the Commons* (Cambridge University Press, 1990)

Page, Scott E., *The Difference: How the Power of Diversity Creates Better Groups, Firms, Schools, and Societies* (Princeton University Press, 2007)

Petrosky, Henry, *Success Through Failure* (Princeton University Press, 2006)

Prahalad, C. K., and Venkat Ramaswamy, *The Future of Competition* (Boston, MA: HBS Press, 2004)

Prencipe Andrea, Andrew Davies and Michael Hobday (Eds), *The Business System Integration* (Oxford University Press, 2003)

Putnam, Robert D., *Bowling Alone* (New York: Simon & Schuster, 2000)

Raymond, Eric S., *The Cathedral and the Bazaar* (O'Reilly, 2001)

Rheinggold, Howard, *Smart Mobs* (Perseus Books, 2002)

Rivlin, Gary, 'Leader of the Free World', *Wired*, November, 2003, pp. 153-54

Roberts, John, *The Modern Firm* (Oxford University Press, 2004)

Rosen, Jay, 'Journalism Is Itself a Religion', Production Values, Demos, http://journalism.nyu.edu/pubzone/weblogs/pressthink/2003/10/16/radical_ten.ht

ml(2006)

Rosen, Jay, 'What's Radical About the Weblog Form in Journalism?', *Pressthink*, http: //journalism.nyu.edu/pubzone/weblogs/pressthink/2003/10/16/radical_ten.html(2003)

Rosen, Jay, 'Bloggers vs. Journalists Is Over', *Pressthink*, http: //journalism.nyu.edu/pubzone/weblogs/pressthink/2005/01/21/brek_essay.html(2005)

Rosen, Jeffrey, *The Unwanted Gaze: The Destruction of Privacy in America* (New York: Vintage Books, 2001)

Rushe, Dominic, 'Fantasy Game Turns Internet Into Goldmine', *The Sunday Times*, September 2006

Schienstock, Gerd, and Timo Hämäläinen, *Transformation of the Finnish Innovation System: A Network Approach* (Helsinki: Sitra Reports Series 7, 2001)

Schwartz, Barry, *The Paradox of Choice: Why More Is Less* (New York: HarperCollins, 2004)

Sen, Amartya, *The Unwanted Indian: Writings on Indian History, Culture and Identity*(Penguin, 2006)

Sennett, Richard, *The Culture of the New Capitalism* (New Haven, CT/London: Yale University Press, 2006)

Shaw, Patricia, *Changing Conversation in Organizations* (Routledge, 2002)

Spufford, Frances, *Backroom Boys* (Faber & Faber, 2003)

Stacey, Ralph D., *Complex Responsive Processes in Organizations* (Routledge, 2001)

Stacey, Ralph D., Douglas Griffin and Patricia Shaw, *Complexity and Management* (Routledge, 2002)

Stebbins, Robert A., *Amateurs, Professionals, and Serious Leisure* (Montreal /Kingston: McGill–Queen's University Press, 1992)

Steil, Ben, David G. Victor, and Richard R. Nelson (Eds), *Technological Innovation & Economic Performance* (Princeton University Press, 2002)

Sunstein, Cass, *Republic.com* (Princeton University Press, 2001)

Surowiecki, James, *The Wisdom of Crowds* (Little, Brown, 2004)

Sutton, Robert I., *Weired Ideas that Work* (Penguin, 2001)

Tapscott, Don, and Antony D. Williams, *Wikinomics: How Mass Collaboration Changes Everything* (Penguin, 2007)

Taylor, Charles, *The Ethics of Authenticity* (Cambridge, MA: Harvard University, 1991)

Taylor, Charles, *Sources of the Self: The Making of the Modern Identity* (Cambridge University Press, 1992)

Taylor, William C., and Polly LaBarre, *Mavericks at Work: Why the Most Original Minds in Business Win* (London: HarperCollins, 2006)

Teece, David J., Gary Pisano and Amy Shuen, 'Dynamic Capabilities and Strategic Management' *Strategic Management Journal*, 18.7, pp. 509~533, 1997

Thackara, John, *In the Bubble* (Cambridge, MA/London: MIT Press, 2005)

Trippi, Joe, *The Revolution Will Not Be Televised* (New York: HarperCollins, 2004)

Tuomi, Ilkka, *Networks of Innovation* (Oxford University Press, 2002)

Turner, Fred, *From Counterculture to Cyberculture* (Chicago, IL/London: Universityl of Chicago Press, 2006)

Vaidhyanathan, Siva, *The Anarchist in the Library: How the Clash Between Freedom and Control Is Hacking the Real World and Crashing the System* (New York: Basic Books, 2004)

Volberda, Henk W., *Building the Flexible Firm* (New York: Oxford University Press, 1998)

Von Hippel, Eric, 'Horizontal Innovation Networks—By and For Users', MIT Sloan School of Management Working Paper No. 4366-02 (2002)

Von Hippel, Eric, *Democratizing Innovation* (Cambridge, MA: MIT Press, 2005)

Von Hippel, Eric, Christian Luthje and Cornelius Herstatt, 'The Dominant Role of "Local" Information in User Innovation: The Case of Mountain Biking', MIT Sloan School of Management Working Paper (2002)

Von Hippel, Eric, and Georg von Krogh, 'Open Source Software and the Private—Collective Innovation Model: Issues for Organization Science', *Organization Science* (2003)

Von Hippel, Eric, *The Sources of Innovation* (Oxford University Press, 1995)

Walderman, Simon, 'Who Knows?', *Guardian*, 26 October 2004

Walton, John, K., *The British Seaside* (Manchester University Press, 2000)

Walton, John, K., *Fish & Chips and the British Working Class 1870-1940* (Leicester University Press, 2004)

Weber, Steven, *The Success of Open Source* (Cambridge, MA/London: Harvard University Press, 2004)

Weick, Karl E., *Making Sense of the Organization* (Malden, MA/ Oxford: Blackwell, 2001)

Weinberger, David, *Small Pieces Loosely Joined* (Cambridge, MA: Perseus Books, 2002)

Wheatley, Margaret J., *Leadership and the New Science* (San Francisco, CA: Berret-Koehler, 1999)

Wheatly, Margaret J, and Myron Kellner-Roger, *A Simpler Way* (San Francisco, CA:Berrett-Koehler, 1998)

Wheeler, David A., 'More than a Gigabuck: Estimating GNU/Linux's Size', *www.dwheeler.com*, July 2002. 다음에서도 볼 수 있다. http://www.dwheeler.com/sloc/redhat71-v1/redhat71sloc.html

Williams, Eliza, 'The Future of TV?', *Creative Review*, August 2006

Wright, Robert, *Nonzero* (Abacus, 2001)

Zeldin, Theodore, *Conversation* (Harvill Press, 1998)

Zittrain, Jonathan L., 'The Generative Internet', *Harvard Law Review* 119.1974(2006)

Zuboff, Shoshana, and James Maxim, *The Support Economy: Why Corporations Are Failing Individuals and the Next Episode of Capitalism* (Allen Lane, 2002)

웹사이트

www.blizzard.com/inblizz/profile.shtml

www.bookcrossing.com

c2.com/cgi/wiki?WikiHistory

counter.li.org

english.ohmynews.com

www.fark.com

www.ige.com

www.plastic.com

portal.eatonweb.com

www.slashdot.org

www.technorati.com/about

www.worldofwarcraft.com